EL CAZADOR
DE SOMBRAS

EL CAZADOR
DE SOMBRAS

Un agente de los Estados Unidos infiltra
los mortales carteles criminales de México

Hipólito Acosta

con Lisa Pulitzer

ATRIA ESPAÑOL

Nueva York   Londres   Toronto   Sídney   Nueva Delhi

ATRIA ESPAÑOL

Una división de Simon and Schuster, Inc.
1230 Avenue of the Americas
New York, NY 10020

Primera edición en rústica de Atria Español, junio 2012

ATRIA ESPAÑOL y su colofón son sellos editoriales de Simon & Schuster, Inc.

Para obtener información respecto a descuentos especiales en ventas al por mayor,
diríjase a Simon & Schuster Special Sales al 1-866-506-1949 o a la siguiente dirección
electrónica: business@simonandschuster.com.

La Oficina de Oradores (Speakers Bureau) de Simon & Schuster puede presentar
autores en cualquiera de sus eventos en vivo. Para más información o para hacer
una reservación para un evento, llame al Speakers Bureau de Simon & Schuster,
1-866-248-3049 o visite nuestra página web en www.simonspeakers.com.

Diseñado por Kyoko Watanabe

Impreso en los Estados Unidos de América

10 9 8 7 6 5 4 3 2 1

ISBN 978-1-4516-6647-2
ISBN 978-1-4516-6671-7

Le dedico este libro a mi querida esposa Terrie,
por su constante apoyo, paciencia y sacrificio

Índice

Índice

Introducción

LA CONVERSACIÓN TELEFÓNICA del 14 de mayo de 2003 me alteró. Como jefe de la oficina distrital del Servicio de Inmigración y Naturalización de Estados Unidos en Houston, Texas, estaba acostumbrado a recibir llamadas informativas sobre las situaciones en curso a cualquier hora del día pero... esta fue diferente. Diecinueve personas habían muerto sofocadas en la parte trasera de un camión con remolque cerca de Victoria, Texas. Entre los muertos había un niño de cinco años.

El camión de dieciocho ruedas llevaba de contrabando a Estados Unidos una carga de inmigrantes ilegales mexicanos y centroamericanos. Cuando el conductor comprendió que algunos de sus pasajeros habían muerto, entró en pánico, desenganchó el remolque y lo dejó abandonado en una parada de camiones. Sorprendentemente, cincuenta y un personas fueron encontradas con vida cuando se descubrió el vehículo a unas 100 millas al sur de Houston. Los arañazos en el aislamiento del camión daban fe de la desesperación de la carga humana atrapada allí y sus intentos de obtener aire.

Mientras todos los principales medios masivos comenzaban a contactarme para conocer mis comentarios sobre la tragedia, recordé las veces en que había infiltrado las redes de contrabandistas y enfrentado el mismo tipo de situación de vida o muerte.

Soy hijo de obreros agrícolas méxico-americanos y crecí en Redford, Texas, un diminuto pueblo que mira hacia México desde la orilla del Río Grande. Mi familia, con mis catorce hermanos y hermanas, constituía diecisiete de los 132 residentes de mi pueblo natal. Tras llegar a ser Agente Especial de los Servicios de Inmigración y Naturalización de Estados Unidos, mi herencia mexicana me fue útil ya que me permitía involucrarme y hacer el papel de muchos de los participantes en el arriesgado juego del tráfico ilegal de personas: un mexicano en la miseria, un cruel traficante de drogas, un inmoral traficante de seres humanos, un contrabandista mujeriego con avión privado, un aspirante a falsificador. Me costaba no simpatizar con los *pollos* —los hombres y mujeres que buscaban libertad, asilo y una mejor vida para sus familias en Estados Unidos— así que pasé mi carrera persiguiendo a los "coyotes", los contrabandistas que con frecuencia eran responsables de herir y asesinar a las personas que les pagaban para que los llevaran al otro lado de la frontera. En mi trabajo, fui testigo, evité y vengué la brutalidad contra los inmigrantes, no solo por parte de los coyotes sino también de miembros inescrupulosos de las autoridades de Estados Unidos.

Los reporteros que me llamaban esa trágica mañana de mayo simplemente estaban haciendo su trabajo y yo los respetaba por ello. Nunca podría expresarles —al menos no oficialmente— mi determinación de rastrear a los idiotas responsables y encerrarlos todo el tiempo que la ley lo permitiera. Este no era el primer asesinato masivo de inmigrantes indefensos del que me enteraba y no sería el último.

Siempre que oigo sobre una víctima, lamento no haber podido prevenir los hechos, deseando haber estado en el lugar apropiado a la hora correcta. Sé que he salvado muchas vidas y que he llevado tras las rejas a muchos criminales inescrupulosos, pero también soy consciente de que soy tan solo un ser humano. Soy Hipólito Acosta y estas son algunas de mis historias...

Nota del autor

Los nombres de algunas personas mencionadas en el libro han sido cambiados para proteger su identidad y seguridad personal.

EL CAZADOR
DE SOMBRAS

CAPÍTULO UNO

Jugando al *pollo* de Juárez a Chicago

EL FRÍO DEL río recorrió mi cuerpo como una descarga eléctrica. La noche estaba oscura y sin estrellas, y el agua subía hasta mi cuello. Sentía que me sofocaba, el frío del agua y el aire me dejaban sin respiro.

Mi miedo se convirtió en pánico cuando la corriente amenazó tragarme. Había avanzado demasiado en el río para regresar y no estaba suficientemente cerca de la otra orilla para sentir confianza. Nuestro zalamero guía se movía sin esfuerzo en las rápidas aguas del Río Grande pero no se molestó en darnos ánimo. Había hecho este viaje muchas veces.

Era su forma de vida. Detrás de nosotros, más cerca de

Ciudad Juárez, divisé lo que parecía ser un grupo de mujeres y niños. Los más jóvenes viajaban en los hombros de los mayores. Sabía que no pertenecían a nuestro grupo, pero todo el que llegaba hasta acá se encontraba exhausto tras días de viaje desde Centroamérica y otras partes de México para alcanzar el Río Grande. Estaban arriesgando la vida de todos los miembros de su familia en las implacables corrientes. Entre cuatrocientas y quinientas personas se ahogan cada año intentando cruzar el Río Grande, que constituye la frontera entre México y Estados Unidos, pero muchas de las muertes no son oficialmente informadas o registradas.

Pensaba en mi joven esposa e hijos esperando en Chicago mi regreso tras esta misión, tal como los inmigrantes que me seguían debían estar pensando en la familia que dejaban atrás. A nuestra manera, todos queríamos lo mismo. Simplemente, yo había nacido y crecido en el otro lado del río, aquel lugar por el que estas personas arriesgaban todo, incluso la vida.

Yo había viajado cinco días antes a Ciudad Juárez como agente secreto del gobierno de Estados Unidos. Mi tarea era infiltrar una red de tráfico ilegal de seres humanos… era la primera vez que nuestra agencia intentaba una misión de este tipo. Me había visto obligado a reconocer que nuestros esfuerzos para capturar y deportar a los ilegales en Chicago no estaban teniendo ningún resultado, y yo estaba resuelto a hacer algo más proactivo: rastrear a los contrabandistas mismos en el punto de inicio de sus negocios.

Uno de tales lugares era el Bar La Rueda, un sitio abarrotado, lleno de humo, en una calle atestada de establecimientos similares en el centro de Juárez. No me tomó mucho tiempo encontrarlo. Según mis investigaciones previas, era uno de los principales lugares de contacto entre contrabandistas y *po-llos* en Juárez. Se diferenciaba de los otros establecimientos de mala muerte de la zona por su estridente y feo color verde lima, y la inmensa rueda de vagón que colgaba sobre la entrada lateral. Los clientes mexicanos y americanos que holgazaneaban a la sombra en la acera, tomaban cerveza fría o tequila. La mayoría ignoraba totalmente las maquinaciones y negocios de tráfico de migrantes que se realizaban en su entorno.

Ciudad Juárez, México, es una ciudad pobre, sucia y peligrosa. Fue fundada en 1659 por exploradores españoles, pero su población se multiplicó en la década de 1970 cuando oleadas de inmigrantes mexicanos comenzaron a llegar de todo el país con la esperanza de conseguir trabajo en las plantas ensambladoras —conocidas como maquiladoras— de propiedad de los americanos.

Estas plantas contrataban obreros mexicanos para fabricar productos con materias primas americanas, una situación en que todos ganaban sin necesidad de cruzar la frontera: los obreros mexicanos y los propietarios de las inmensas granjas agrícolas americanas. A pesar de los miles de empleos seguros pero mal pagados que ofrecían las maquiladoras, los mucho más lucrativos negocios de drogas, prostitución y tráfico de personas atrajeron a gran cantidad de criminales despiadados a la ciudad. Juárez es una ciudad fronteriza que derivaba lentamente hacia la ilegalidad.

La vida nocturna de la ciudad no se vio afectada. Los americanos atravesaban por uno de los tres puentes fronterizos de control entre El Paso y Juárez para pasar una noche de diversión barata en la "Franja de Juárez", una zona con más de cincuenta bares y clubes nocturnos ofreciendo bebidas, baile, comida y sexo. El Bar La Rueda siempre fue un destino especialmente popular.

Yo había visitado Juárez dos noches consecutivas para vigilar el lugar. En ambas ocasiones el antro era un hervidero de actividad: lleno a reventar de locales, prostitutas luciendo diminutas faldas y exhibiéndose con sus clientes, y borrachos en diversos grados de intoxicación. Yo me hacía pasar por un *pollo*. Un *pollo* es una persona que busca ingresar ilegalmente a Estados Unidos. Muchos en Estados Unidos se refieren a ellos despectivamente como los *wetbacks* (espaldas mojadas). Se los denominaba *pollos* por la forma en que siguen al contrabandista como pollos asustados a punto de perder la cabeza. Siendo hispano, mi disfraz no me exigía gran esfuerzo.

En mi investigación previa a la misión, había reunido suficiente información de informantes de la calle en Chicago —donde tenía mi sede— para saber que La Rueda era uno de los principales centros de contrabando de extranjeros. Como pollo, yo era el eslabón más bajo en la cadena alimenticia de dicho tráfico. Otros agentes se habían hecho pasar anteriormente por *pollos* pero solo en operaciones en Estados Unidos y con respaldo. Ningún agente había infiltrado una red de contrabando en México y, menos aun, solo.

Mi misión secreta me daría una visión real del funcionamiento de una organización de tráfico ilegal de personas que me facilitaría identificar a los líderes de la red y desmantelar la organización una vez reuniera suficiente evidencia. Estaría tratando directamente con los principales contrabandistas. También tendría que soportar el terrible viaje que miles de inmigrantes ilegales hacían a diario, arriesgando sus vidas para escapar de la miseria y pobreza de su tierra natal.

Llevaba varios años trabajando en la oficina de Chicago —fundamentalmente deportando ilegales— algo frustrante por decir lo menos. La deportación no es más que un inconveniente —nunca un elemento disuasorio— para las personas desesperadas. Yo sabía que los extranjeros deportados estaban de regreso en las calles de Estados Unidos a más tardar una semana después. La deportación es una reacción ante los extranjeros que ya habían cruzado la frontera. Pero lo que más me preocupaba era el negocio de contrabando de humanos que los llevaba hasta allí.

La Unidad Anti-Contrabando había sido tan solo un nombre hasta que mi colega Gary Renick llegó a Chicago dos años antes que yo. La unidad no tenía agentes asignados exclusivamente a ella, pero tenía un objetivo prioritario: la familia Medina. Los Medina eran un sindicato de traficantes de migrantes y drogas, extremadamente cerrado e impenetrable, bien conocido por los agentes del Servicio de Inmigración y Naturalización en Chicago y El Paso. Su lucrativo negocio funcionaba entre Juárez, en México, y Chicago y yo tomé la decisión de hacer lo que fuera necesario para destruirlos, incluyendo pasar a la clandestinidad en México para infiltrar sus operaciones en el origen de las mismas.

La misión puede haber sido imprudente pero no teníamos un modelo a seguir. Nos encontrábamos totalmente frustrados con los procedimientos normales de inmigración que estaban, francamente, estancados y eran poco efectivos —como intentar curar una hemorragia con una curita. Ansiábamos ensayar algo diferente. Nuestra información decía que los Medina usaban el Bar La Rueda como base para sus operaciones de contrabando y narcotráfico, así que ese era el lugar en el que podría establecer contacto con la familia.

Volé a El Paso con varios días de antelación a la fecha establecida para la operación. Mi hermana Minnie y su familia viven allí, así que me hospedé en su casa. Aproveché el tiempo para hacer un reconocimiento de la zona de Juárez que era mi objetivo.

La Rueda bullía todas las noches. Durante mis dos días de reconocimiento, había visto campesinos reunidos en la calle probablemente decidiendo quién entraría a negociar. Eventualmente, uno de ellos se dirigía al bar y regresaba con el contacto. El dinero cambiaba de manos en la calle sin que nadie se preocupara por ser arrestado.

Los uniformados mexicanos también ingresaban al bar y salían riendo y bromeando. Tenían que estar involucrados también, probablemente recibían sobornos.

Brutos al volante de inmensas camionetas iban y venían toda la noche. Los vi descender de sus vehículos luciendo armas calibre .45 en sus cinturones. Eran, obviamente, fichas clave del negocio de drogas que también funcionaba en el bar.

Mis jeans viejos y una camiseta desteñida lucían como los de cualquier trabajador mexicano, pero mi corte de pelo era un problema. Antes de esta misión, había acorralado a varios grupos criminales en Chicago y, para ello, me había dejado crecer un afro. Dicho corte pasaba desapercibido en las calles de Chicago pero no estaba seguro de que lo mismo sucediera aquí. Afortunadamente, en la multitud de inadaptados nadie me miró dos veces.

Pedí a mi hermana Minnie y su esposo Dick Hartnett que me dejaran a unas manzanas de La Rueda. Minnie siempre había sido un pilar de fortaleza en la familia y estar con ellos, cuando me preparaba para ingresar en ese mundo de sombras, era reconfortante. Aunque la misión que comenzaba era peligrosa, no había riesgos en el hecho de que Minnie y Dick me llevaran a Juárez. Los viajes durante el día a El Paso y otras ciudades de la frontera sur de Estados Unidos eran algo común debido a que los precios eran muy buenos en México. Además, me consolaba saber que un miembro de mi familia sabría dónde buscarme si me topaba con problemas.

Guardamos silencio mientras atravesábamos el Puente Internacional con destino a Juárez. Al acercarnos a mi destino, la voz preocupada de mi hermana rompió el silencio:

—¿Realmente necesitas hacer esto? —preguntó suplicante—. Y, ¿si te pasa algo? ¿Quién estará allí contigo?

Antes de que pudiera responder, mi cuñado saltó en defensa de mi decisión.

—Él sabe lo que está haciendo —aseguró—. Alguien tiene que hacerlo. Estará bien.

—No te preocupes —sonreí mientras colocaba mi mano en el hombro de mi hermana. De debajo de mi asiento extraje una pequeña bolsa de ropa vieja que había preparado para mi aventura. Llevarla haría parecer más convincente mi papel de alguien que ha estado de viaje por México. Mi hermana me observó mientras descendía de la camioneta. Desde la acera la vi alejarse... aquí comenzaba el show.

Crucé la calle e ingresé a La Rueda por la puerta lateral. Además de mi corte de pelo, mi español tex-mex no era el de un nativo mexicano así que tendría que ser cuidadoso con lo que decía. Esta gente no dudaría en asesinarme aun si me identificaban como agente del gobierno americano.

Avancé nerviosamente entre la multitud hacia la barra en forma de herradura. Me habría sentido mejor estando acompañado, pero habíamos tomado la decisión de que iría solo debido a restricciones de presupuesto. Mis ojos se adaptaron lentamente a la penumbra. Los únicos clientes visibles a través del humo de cigarrillo eran las prostitutas. Sonaba una de mis canciones favoritas, "Tragos de amargo licor" de Ramón Ayala, pero las risas impedían entender la letra y nadie ponía atención. Me apretujé entre dos matones que tomaban tequila con un par de señoritas y me senté en un taburete en la barra. Coloqué mi mochila a mis pies. Tenía conmigo, en el bolsillo derecho trasero, una pequeña Derringer calibre .25.

Sin decir palabra, uno de los cantineros se acercó a mí desde el otro lado de la barra. Pedí una cerveza y coloqué en la barra un billete de veinte dólares.

—Me llamo José Franco. Busco a alguien que me lleve a Chicago —le dije. Escogí el apodo José Franco porque me era fácil recordarlo. José era un nombre común en México y Franco era el segundo nombre de mi padre.

El cantinero sirvió mi cerveza y tomó mi billete. Cuando regresó con el cambio, exigió saber quién me había enviado.

—Cuando pregunté en la estación de autobuses cómo llegar al norte, alguien me dijo que viniera aquí —respondí, pasándole diez dólares del cambio.

—Espere —me dijo— veré qué puedo hacer. Cuando entre alguien que le pueda ayudar, le avisaré.

Mientras observaba los rostros en el bar, sentí sanas dosis de miedo y respeto por el lío en que me había metido. Tal vez mi nerviosismo contribuyó a convencer a los contrabandistas de que era un verdadero *pollo*. Estaban acostumbrados a ver la angustia en el rostro de los campesinos desamparados que ponían sus vidas en sus inescrupulosas manos.

Tenía que proceder con cautela. Esperaba ser escogido por alguno de los miembros del clan Medina, pero escoger al coyote que acabaría haciéndose cargo de mí estaba fuera de mis manos, como tantas otras cosas en esta misión. Llevaba conmigo un poco de dinero más del que necesitaba y no tenía ninguna insignia o respaldo en caso de tener problemas. Bebí mi cerveza y observé con fingida indiferencia a la multitud. Vi unos cinco o seis *pollos* entrar y salir del bar tras hablar con un pequeño grupo de hombres, presumiblemente coyotes.

Dos horas después pensé que el cantinero se había olvidado de mí o me engañaba. Quería acercarme a un grupo de coyotes por mi cuenta pero decidí que sería mejor tener paciencia. Finalmente, cerca de la una de la mañana, noté a tres hombres conversando en voz baja con el cantinero. El cantinero señaló a varias personas sentadas en el salón y, por último, me señaló a mí. Cada coyote escogió un *pollo* y se le acercó. El hombre que se dirigió hacia mí había estado en medio del pequeño grupo cuando ingresaron al bar. Era más bajo y delgado que los otros dos pero, sin duda, era el líder del grupo. Lo reconocí. Era José Medina, uno de los principales miembros de la familia Medina. Lo había logrado.

—Oye güey, me dicen que quieres ir al norte —exclamó con un gesto arrogante.

Acordamos un precio y le informé que pagaría el total cuando llegáramos al destino.

José esbozó una sonrisa sarcástica en su duro rostro:

—No amigo, tienes que pagar la mitad del dinero por adelantado y ya. Claro, si quieres ir...

Dudé, haciéndome el que contemplaba mis opciones.

—Mira, tienes que confiar en nosotros —agregó Medina y procedió a explicarme el sistema. Los *pollos* eran despachados dependiendo de una combinación de factores: destino, personas en el grupo y orden de llegada. No había ninguna posibilidad de que yo partiera inmediatamente, pero de todas maneras tendría que acompañarlo a cierto lugar si estaba interesado. En el mejor de los casos, haría el cruce en uno o dos días.

—No te apures güey, tiene mi palabra —prometió—. De todas formas siempre me encuentro aquí.

Los líderes del clan Medina obligaban a los *pollos* a hacer un pago inicial y comprometerse. Le entregué a José Medina mis billetes y pedí otra cerveza. Dos compañeros se unieron a José y le pasaron generosamente varios billetes de veinte dólares al cantinero... su comisión.

Terminé mi cerveza y me puse de pie cuando José nos lo indicó a mí y otros de sus "clientes". Nos guió en dirección a una camioneta estacionada cerca. Yo había escuchado demasiadas historias sobre inmigrantes que pagaban las tarifas y luego eran llevados en vehículos a unas cuantas millas de la ciudad para ser golpeados, robados, abandonados o asesinados al lado de la carretera. Muchos desaparecían. Aun así, me subí a la camioneta con los otros *pollos*.

Para mi alivio, nunca abandonamos la ciudad. Fuimos directamente al Hotel El Correo, un establecimiento de mala muerte a diez minutos de La Rueda —a esa hora, cuando las calles están desiertas. El vestíbulo, poco iluminado, se encontraba invadido por veinte hombres, mujeres y niños, listos para comenzar su viaje tan pronto llegara el guía y las camionetas. Pasamos frente a una pequeña recepción y un anciano que dormía con la cabeza apoyada en el mostrador. Si era empleado del hotel, no se estaba tomando la molestia de registrar a los huéspedes.

El término "hotel" era poco apropiado. El Correo no era un hotel de guía turística. Era un centro de distribución del tráfico ilegal de personas, utilizado por varios traficantes de Juárez. Al igual que otros establecimientos de este tipo, las actividades que se realizaban allí eran bien conocidas y aceptadas por las autoridades, quienes también recibían parte de las ganancias del negocio. Algunas veces realizaban batidas en los hoteles para sobornar a los migrantes, pero lo normal era que los traficantes les pagaran por mantenerse alejados. En el interior, quince o veinte personas dormían en el suelo, ya fuera sentados en sillas de metal o recostados contra una pared usando sus mochilas como almohada. Otras cinco personas se amontonaban en una cama sencilla en medio de la habitación. Nadie se molestó en mirar dos veces a nuestro grupo cuando ingresamos con José. Nos acomodamos como pudimos, pasando por encima de las personas que estaban en el suelo. Al ver a José, las mujeres estrechaban a sus hijos contra su pecho.

Me dirigí a un rincón ocupado por un joven que dormía sentado. Cuando apoyé mi mano en la alfombra para sentarme a su lado, descubrí cucarachas, pulgas y chinches dedicados a su parásita misión. Afortunadamente, media hora después de sentarme, un contrabandista abrió la puerta y llamó a cuatro *pollos* por sus nombres. Uno de los hombres se puso de pie y yo ocupé su silla. Prefería descansar y dormir en la silla y no en el suelo pero, a pesar de ello, cuando partí dos días después, seguía con picazón de pies a cabeza.

Dormir periodos largos era imposible debido a la incomodidad y el ruido. Tan pronto algunos de los compañeros de habitación salían para ser despachados a través de la frontera, llegaban nuevos grupos a reemplazarlos. Cada dos o tres horas, un contrabandista abría la puerta y llamaba por su nombre a unos cuantos *pollos* que recogían nerviosamente sus exiguas posesiones y lo seguían en menos de dos minutos. Para la segunda noche, ya me había adaptado a dormir todo lo posible antes de caer de mi silla.

Para el tercer día, yo era uno de los veteranos en la habitación. Tomé una ducha fría, la única posible en El Correo. A pesar del frío de noviembre, me hizo sentir bien. Me enjaboné y enjuagué rápidamente, me sequé y volví a vestirme con mis ropas sucias, sintiéndome un hombre nuevo. Nunca había estado cautivo y me había sorprendido lo pronto que la libertad se disuelve en la oscuridad y desesperación. Una breve ducha fría fue suficiente para recordarme cuánto agradecía mis libertades, sin importar su magnitud.

Durante tres días había estado observando los rostros detrás de las historias que se contaban en la habitación. Los sacrificios que habían hecho para llegar a Estados Unidos eran aterradores e increíbles. Algunos ya habían vivido allí pero habían sido deportados tras ser descubiertos por nuestras autoridades de inmigración. Otros hacían la travesía por primera vez. Cada uno tenía su propio sueño americano; educación para sus hijos, alimentos para la familia y, tal vez, un viaje a México para visitar a los parientes, si se presentaba la oportunidad. Un hombre joven anunció que se alistaría en el ejército americano para probar que era capaz de sacrificar su vida a cambio de la oportunidad de ser ciudadano estadounidense.

Algunos hablaban sobre el cruce del río y me sorprendió que no sintieran más miedo. El principal tema era lograr cruzar el río y alejarse de la frontera tan rápidamente como fuese posible. Para ese momento ya no había marcha atrás. El miedo se reservaba para los familiares aun en el pueblo, sin frijoles o tomates en la huerta, al borde de la inanición y con un futuro sombrío marcado únicamente por el continuo ciclo de enviar a sus miembros al norte y darles esperanzas. En comparación, las raudas corrientes y los poco confiables guías parecían amenazas menos serias.

Muchos de los inmigrantes habían tomado dinero prestado con exageradas tasas de interés solo para poder hacer el pago inicial del viaje. Los parientes que los esperaban al otro lado pagarían el resto de la tarifa cuando llegaran. Niños tan pequeños como los míos, de edad preescolar, se acurrucaban con sus madres, ajenos a los peligros que les esperaban. Recé para que todos lográsemos reunirnos con nuestras familias, sin importar el resultado del caso que investigaba.

Tras tres interminables días con sus noches, en una habitación privada de todo e invadida por el olor de cuerpos humanos y orina, José Medina entró y gritó dos nombres: José Franco y Alejandro Cortez. Un hombre moreno, de hombros anchos y un bigote juvenil se puso de pie conmigo y se limpió las manos en sus ya mugrientos jeans. Le había oído decirle a otro *pollo* que él se dirigía a Chicago a hacer dinero para enviarle a su madre y sus cinco hermanos menores que sobrevivían de la limosna que les daban otros parientes también cortos de dinero. Su padre había seguido esta misma ruta cuando la exigua producción de la granja ya no alcanzó para sostener a la creciente familia. Desafortunadamente, nunca volvieron a saber de él y probablemente fue uno de los muchos que mueren en el camino, nunca son identificados y quedan sepultados por cientos en tumbas sin nombre a lo largo de la frontera.

Tomamos nuestras mochilas y, en silencio, seguimos a José hasta una pequeña camioneta en la que se amontonaban por lo menos otros diez *pollos* y guías en los asientos traseros. Nos dirigíamos hacia Zaragoza, un polvoriento pueblo en las afueras de Juárez plagado de hoteles baratos y bulliciosos bares. Unas pocas millas antes del pueblo, nos detuvimos en un punto conocido como "la curva", donde el río se curva oscureciendo la vista de la orilla opuesta. Yo conocía bien este punto. Los agentes de fronteras estadounidenses patrullaban agresivamente su orilla en las noches, arrestando a tantos contrabandistas y sus cargas como les era posible. Desde luego, muchos aprovechaban cuando los agentes se encontraban atareados y salían disparados; como conductores que rebasan a un policía que multa a otro. Los bandidos en el lado mexicano se aprovechaban de los insensatos que se lanzaban a cruzar el río sin un coyote a su lado. Se sabía que los contrabandistas conspiraban con estos ladronzuelos, señalándoles a aquellos que creían llevaban bastante dinero u objetos valiosos.

Se ordenó a todos, excepto a Alejandro y a mí, que abandonaran la camioneta. José era el jefe de los coyotes del grupo y se encargaría de nosotros. Nos explicó que nos dividiríamos en grupos más pequeños para llamar menos la atención. La camioneta avanzó unos cientos de metros antes de estacionar tras unos arbustos. José, Alejandro y yo nos bajamos y la camioneta continuó su camino con las luces apagadas.

El aire gélido de la noche me golpeó como una ráfaga tras el húmedo ambiente de la camioneta. La temperatura del desierto estaba cerca de los 32 grados. Nos dirigimos lentamente hasta el río y nos despojamos de nuestras ropas hasta quedar en ropa interior. Metimos nuestras ropas en las mochilas y las sostuvimos sobre la cabeza. Mi pistola estaba a salvo, enrollada en mis jeans. Luego, seguimos a José Medina hasta las gélidas aguas del Río Grande.

Reuniendo todas mis fuerzas seguí adelante. Me encontraba en perfectas condiciones físicas pero, aun así, a duras penas podía con la fuerza del río. No sabía mucho sobre la resistencia de Alejandro, pero parecía defenderse bien. Cruzar nos tomó unos diez minutos interminables.

Alcancé a ver en la distancia una patrulla verde de fronteras estadounidense, pero nosotros nos encontrábamos tras el dique y la patrulla iba en la dirección opuesta. Nuestro coyote conocía bien su trabajo.

José no necesitó tiempo para recuperarse. Yo esperaba tener unos minutos para descansar pero José se aproximó y me golpeó en la mejilla con el pie. Mi odio hacia él aumentaba por segundos.

—Vístase —me ordenó.

Me había concentrado tanto en seguir con vida que había olvidado el frío hasta que comprendí que estaba temblando. Me vestí rápidamente y me reuní con José y Alejandro.

—Vámonos antes de que la patrulla regrese —nos indicó José en voz baja.

Siguiéndolo, corrimos alejándonos del río y en dirección a las luces de El Paso, atravesando la peligrosa franja de carretera conocida como la Autopista de Frontera. Además de estar fuertemente vigilada, la autopista interestatal de cuatro carriles tenía en su haber un preocupante número de muertes de peatones: inmigrantes que habían logrado atravesar el Río Grande pero no la autopista.

Habían pasado tres días desde que hiciera mi primer contacto con José Medina. Había tenido que esperar en un hotel de mala muerte lleno de pulgas, cruzar un frígido y rápido río, y atravesar una autopista interestatal, todo para cubrir una distancia de menos de una milla… una caminata de veinte minutos en condiciones normales. Había viajado una distancia tan corta que, cuando llegamos a la sede de los Medina, aun podía ver las luces de los carteles publicitarios de Juárez al otro lado del río.

La diminuta casa de la granja estaba justo al lado de la autopista, separada de ella tan solo por una alambrada. José nos ordenó pasar por encima de ella y diez segundos después nos encontrábamos en el escondite de la familia. Ingresamos al 5500 de Flower Street por un porche iluminado en la parte trasera. Según el reloj de la cocina, eran las 4 a.m. Guadalupe Medina, la madre de José y matriarca de la familia, nos esperaba al lado de la estufa, hirviendo una olla de frijoles. Nos saludó con un gruñido. Era una mujer fornida, fuerte para sus cincuenta y ocho años. Su oscuro cabello liso estaba atado con un gancho en la nuca, su falda ancha le caía debajo de las rodillas. Cuando le pedí algo de comer, se negó.

—Comemos una vez al día y ustedes llegan tarde. Tendrá

que esperar hasta mañana para comer —me informó con indiferencia.

Además de Alejandro y yo, otros trece inmigrantes ilegales esperaban para ser llevados a Chicago. Todos ocupábamos una habitación sin muebles. Casi todos dormían sobre el suelo de cemento cuando llegamos. Gracias al rayo de luz que entraba por una pequeña ventana cubierta con papel aluminio, vi a una niña adolescente de largos cabellos negros que yacía en posición fetal. Vestía unos jeans y un suéter de color oscuro, miraba fijamente al frente desaprovechando la oscuridad para dormir.

—¿Qué le sucede? —pregunté a una mujer que se presentó como Consuelo Márquez.

—La violaron antes de cruzar el río ayer —me susurró—. No ha querido comer ni pronunciar palabra desde que llegamos acá.

La niña formaba parte del grupo de Consuelo que había atravesado el río el día anterior. La pequeña de catorce años viajaba sola. Cuando estaban en el río, José y otro contrabandista habían apartado a ésta y otra joven del resto del grupo, convenciéndolas de que no necesitaban cruzar el río... que podrían cruzar la frontera por el puente internacional. Los dos contrabandistas intentaron llevarse también a una de las hijas de Consuelo pero ella les declaró que la familia no se separaría. Cruzarían todos juntos o no cruzaban.

Consuelo viajaba con sus cinco hijos. José Pedro de ocho años, Fabiola de seis, y sus tres hijas adolescentes: Hermelinda, Elia y Brinda. También estaba con ellas el reciente esposo de Brinda, Raúl. El esposo de Consuelo, Pedro Márquez, había contratado a los Medina por $550 por persona, $3.850 por la familia. Habían viajado más de veinticuatro horas en autobús desde Jerez, Zacatecas, para llegar a la ciudad fronteriza de Juárez. En el viaje en autobús habían oído muchas historias de contrabandistas aprovechándose de los inmigrantes en la frontera y sobre las palizas que daban los agentes americanos a los *pollos* que la cruzaban.

Tras llegar al Hotel El Correo, Consuelo le informó a la persona de la recepción que se dirigían a Chicago. Ella y su familia fueron llevadas a una habitación y se les ordenó esperar a José Medina. Todo había salido de acuerdo con el plan, excepto por la preocupante separación de las dos jóvenes en el río. Hacia la medianoche, una de las niñas se presentó en el refugio de los Medina en El Paso, desaliñada y llorando. Le dijo a Consuelo que la habían violado. La otra niña no formaba parte del grupo que iba a Chicago. La habían traído al escondite pero rápidamente la trasladaron a algún otro lugar.

Desafortunadamente no me encontraba en condiciones de investigar la acusación pero, si resultaba cierta, me prometí que ese canalla lo pagaría muy caro. Me dolía ver a esta niña joven y vulnerable sufriendo de esa manera, probablemente deseando tener cerca a su madre o padre para abrazarla y asegurarle que todo saldría bien, que estaba protegida. Este canalla había violado su ternura, su fe en la bondad de la humanidad, y nada me habría gustado más en ese momento que ir a la habitación contigua y darle una paliza que lo dejara sin vida.

Consuelo acomodó la cabeza de sus dos hijos menores en las mochilas. Los había vestido con sus mejores trajes domingueros para el gran viaje al norte. El niño estaba acurrucado contra su hermana Hermelinda. Vestía traje completo y pajarita, mientras Fabiola lucía un traje de holanes rosado. Esos eran sus trajes para reunirse con los parientes que los esperaban en Chicago.

Había otras familias viajando rumbo al norte. Tres primos de alrededor de veinte años, provenientes de una pequeña aldea al sur de Chihuahua, se usaban el uno al otro de almohada. Uno de ellos ya había realizado el cruce dos veces, pero ambas veces había sido deportado. Los otros dos hacían el viaje por primera vez.

Todos estábamos ansiosos de ponernos en camino, pero nuestros coyotes Medina estaban al mando. La sopa de frijol parecía más aguada cada mañana.

La patrulla fronteriza aun era un problema, aunque estábamos en Texas. Todas las mañanas, un contrabandista abandonaba el 5500 de Flower Street para reconocer un puesto de control de inmigración cercano. El puesto era ocupado esporádicamente y nuestro guía necesitaba que estuviera desierto para proceder. Los rumores decían que nuestro refugio estaba siendo vigilado por agentes, cosa que incrementaba la tensión. El rumor era cierto. Con frecuencia observé por la ventana y vi el automóvil de las autoridades estacionado en la sombra a una manzana de la casa. Supuse que no harían una redada, solo vigilaban la casa, porque sabían que yo me encontraba en una misión secreta y ellos eran mi respaldo. Con Gary habíamos afinado el plan y establecido nuestras señales antes de que yo partiera para Juárez.

El día antes de pasar a la clandestinidad, nos habíamos reunido con nuestros homólogos de la Unidad Anti-Contrabando de la Patrulla Fronteriza en El Paso. Les informamos sobre toda la operación y revisamos qué hacer en caso de que yo necesitara ayuda o respaldo. Los agentes ya tenían información sobre la familia Medina. Inclusive, tenían identificados a algunos de los operadores de los escondites, sabían dónde se almacenaban las cargas de inmigrantes ilegales o drogas, y conocían otros detalles sobre sus operaciones. Estábamos tan seguros de que todo estaba bajo control en El Paso que Gary se quedó en Chicago para coordinar la acción de desmantelamiento de la banda.

Sin que yo lo supiera, conflictos personales en la oficina de la Patrulla Fronteriza de El Paso interfirieron con los planes y yo no tenía respaldo. Sin importar la situación, la presencia de los agentes estaba retrasando nuestro viaje.

La actividad alrededor de la casa se incrementó realmente el tercer día. Los contrabandistas estaban tan ansiosos por partir como nosotros. Su operación dependía de una rápida rotación en El Paso. Sus clientes en Juárez se estaban retrasando y los Medina temían perder negocios ante sus rivales.

Cuando finalmente apareció nuestro medio de transporte, el corazón se me cayó a los pies. Un camión de alquiler, estacionado frente a la casa, nos llevaría hasta Chicago. Desde la bodega de carga, donde viajaríamos, no sabría hacia donde nos dirigíamos ni lo que sucedía en el exterior. Todos estaríamos a merced de nuestro conductor, Gonzalo Manzano. Gonzalo era otro immigrante ilegal, fiel empleado de los Medina. Se portaba realmente mal con los ilegales. Parecía tener unos veinte años y necesitaba con urgencia una rasurada. La punta de sus botas de vaquero sobresalía bajo sus andrajosos jeans.

No podía ver sus ojos, escondidos tras unas gafas de aviador, pero podía adivinar su pésimo humor. Guadalupe Medina nos acosaba para que nos formáramos ante la puerta del frente, listos para partir. Ella sabía que los agentes que vigilaban la casa notarían el camión, así que intentaba embarcarnos durante una tregua en la vigilancia. Le tenía sin cuidado si regresábamos a México o íbamos a Chicago… tan solo quería deshacerse de nosotros. Alrededor del medio día, Gonzalo estacionó el camión en el camino de entrada y comenzaron a cargarlo.

Gonzalo colocó un tablón entre la plataforma del camión y el suelo. La víctima de la violación, aun muy traumatizada, subió con ayuda de otros *pollos* y todos se acomodaron en la bodega. Yo quería estar en capacidad de identificar a los traficantes así que me entretuve antes de subir al camión, grabando en mi memoria los rostros de los coyotes. A uno de ellos no le causó gracia. Molesto y agresivo, me empujó por el tablón gritando:

—¿Qué hace hijo de la chingada? ¡Meta su trasero allá adentro y deje de estar echando ojo!

Perdí el equilibrio y me golpeé la cabeza contra el borde de la plataforma, quedando momentáneamente aturdido.

Me arrastré hacia la parte trasera sintiendo un profundo dolor en el cuello. Gonzalo lanzó una patada al último *pollo* y falló el golpe, dándole al camión. Me causó placer ver esa pequeña retribución a su crueldad, verlo saltar de dolor. Tuvo que abrirle un agujero a la bota para dar espacio a su dedo hinchado.

Una mujer de nuestro grupo que se rehusó a viajar en la bodega fue abandonada a su suerte y, finalmente, partimos: catorce inmigrantes y Gonzalo, nuestro conductor. Una unidad enviada como señuelo pocos minutos antes regresó para informar que los puestos de control de vehículos estaban desiertos y nos dio vía libre. La puerta trasera fue cèrrada y asegurada, y partimos rumbo a Chicago.

Durante mucho tiempo viajamos en silencio, pensando que cualquier ruido significaba que nos habían descubierto. El camión traqueteaba y todos intentábamos acomodarnos, sabiendo que pasaríamos tres o cuatro días encerrados allí. Los traficantes no nos habían dado agua ni comida. La señora Medina incluso había confiscado un bloque de queso que los Márquez traían desde Zacatecas para dárselo a Pedro en Chicago. La herida resultado del golpe en mi cabeza era grande y dolorosa, contribuyendo a mi miseria. Eventualmente fue necesaria una cirugía, pero en el momento no podía hacer nada para aliviar el dolor.

Mis ojos se adaptaron lentamente a la oscuridad y vi a la adolescente sentada cerca de mí, llena de angustia. Cuando intenté consolarla, se alejó muy asustada. Siguió mirándome fijamente sin responder.

—Todo saldrá bien —le aseguré—. Tus parientes en Chicago te cuidarán.

Tomé mi mochila y la coloqué bajo su cuello. Cerró los ojos y pareció que se sentía segura por primera vez. Yo mismo moría de ansiedad. Mis reacciones estaban totalmente limitadas en el interior del camión. Recé para que llegáramos a nuestro destino sin que nadie resultara herido.

Yo admiraba la valentía de mis compañeros de viaje, especialmente el de la excepcionalmente valiente Fabiola a sus seis años y su hermano José Pedro. A pesar de las dificultades, eran amables y obedientes. Mantenían en sus regazos unos sombreros traídos de su tierra natal. Nadie se quejaba. El camión iba cargado de sueños de una nueva vida en Chicago. Esperaba que cuando el viaje terminara, algunas de estas desesperadas y humildes personas, cuyo único crimen era ingresar a nuestro país sin los documentos apropiados, encontraran formas legales para quedarse. Me costaba pensar en mi obligación de arrestarlos cuando llegara el momento.

Tres horas después de iniciar el viaje, el camión se detuvo de repente, dio marcha atrás y volvió a detenerse. Gonzalo abrió la puerta corrediza del camión dando paso a la brillante luz del sol. Cuando nuestros ojos se adaptaron, quedamos anonadados al descubrir que estábamos de regreso en el 5500 de Flower Street. Guadalupe Medina corría a toda velocidad hacia nosotros, gritando a Gonzalo:

—¿Qué diablos sucedió? —preguntó entre otros juramentos—. José acaba de llamar a decir que acababan de atravesar un puesto de control, pero no sabía dónde estaban ustedes. ¡¡¡No tienes los huevos para manejar!!!

—No habríamos podido pasar —respondió Gonzalo dócilmente—, tendremos que intentarlo otra vez mañana.

Guadalupe continuó gritándole al conductor, ignorando a los pasajeros de la bodega. Yo aproveché la oportunidad para adelantarme.

—Señora Guadalupe —le dije con calma— su conductor es un cobarde, pero yo estoy dispuesto a conducir el camión hasta Chicago sin cobrar. No tengo nada que perder. Por favor, deme la oportunidad.

—¿Ves Gonzalo? —exclamó bruscamente la señora Medina, mirándolo con furia— Hasta este pinche *pollo* ignorante puede ser mejor que tú. Él te ayudará cuando vuelvan a partir —con esas palabras, nos dejó y regresó a la casa.

Gonzalo estaba furioso.

—Quedamos pendientes baboso, después me encargaré de ti —me amenazó, pero yo no me quedé atrás.

—Ya sabes dónde encontrarme —le respondí.

Sabía que los Medina tomarían partido por su conductor... yo era prescindible. Pero tenía que aprovechar esa oportunidad para viajar en la cabina. José Rodríguez, el conductor del auto que reconocía la zona, regresó a la casa con un par de cajas de cerveza para los coyotes, y la carga de *pollos* fue encerrada de nuevo en la habitación. Desde nuestra fallida partida había llegado otro grupo, así que el espacio era muy escaso.

Todo el mundo se comportaba lo más amablemente posible. Mi grupo, admirándome por haber enfrentado a Gonzalo, me lanzaba miradas de aprobación. Muchos permanecimos despiertos conversando sobre nuestros viajes recientes y nuestras esperanzas para el futuro. La historia de Consuelo era tan memorable como valerosa.

Pedro Márquez, su marido, había comenzado a cruzar la frontera durante el programa Bracero, en la época en que los "braceros" —obreros no calificados— estaban autorizados a ingresar al país y trabajar en las cosechas de temporada de la frontera sur occidental para luego regresar a México al terminar la cosecha. El programa Bracero terminó en 1964. Pedro, al igual que otros muchos mexicanos, se quedó en el país ilegalmente debido a que cruzar la frontera antes y después de las cosechas se convirtió en algo imposiblemente costoso y peligroso. Eventualmente, se trasladó a Chicago y consiguió un empleo como aseador de vagones de carga en una compañía ferroviaria.

Enviaba dinero a Consuelo para mantener a sus nueve hijos en México. Cuando a la mayor de sus hijos, Irma, se le diagnosticó un problema cardiaco y se le informó que su expectativa de vida serían dieciocho años, Consuelo e Irma cruzaron la frontera ayudadas por traficantes. Cuando la enfermedad de Irma se estabilizó, Consuelo regresó a Zacatecas a cuidar del resto de sus hijos, quienes se habían quedado con parientes.

Pedro y Consuelo no deseaban que la familia se separara, así que Consuelo se dirigía con el resto de la familia a Chicago. También sabían que era solo cuestión de tiempo para que sus hijos decidieran aventurarse al norte y escapar de la nefasta pobreza en que vivían, sin oportunidad de recibir una educación ni opción de vivir decentemente. Pedro no había conseguido localizar a los mismos contrabandistas que habían llevado a su mujer e hija en el primer viaje, así que pidió referencias a otros mexicanos recién llegados. El nombre de los Medina surgía una y otra vez, y Pedro decidió llamarlos.

Contactó a José y éste le aseguró que cuidaría bien de su familia. La seguridad era importante para Pedro. Además de su esposa, viajarían cuatro de sus hijas y él había oído historias de contrabandistas que abusaban de las mujeres a lo largo del camino. Quería contrabandistas confiables, si es que existían.

Los Medina no eran confiables. Me sentía como si la seguridad de todo nuestro grupo dependiera de mí.

A la mañana siguiente encontré a Guadalupe Medina sola en la cocina preparando la sopa de frijoles del día. No estaba nada contenta de tener dos grupos allí... el doble de bocas para alimentar.

—Buenos días —la saludé en un tono especialmente amable—. Huele muy bien. ¿Le puedo ayudar en algo?

Me pidió que lavara los platos, agradeciendo la oportunidad de quejarse ante alguien nuevo. Mientras lavaba los platos, me explicó su dilema con Gonzalo.

—Ha estado trabajando con nosotros mucho tiempo y conozco a su familia —me explicó—. Es un cobarde, pero es leal y no puedo relegarlo y permitir que usted conduzca.

—Está bien. Solo quiero ayudar —le respondí—. No quiero quitarle el trabajo. Tan solo deseo llegar a Chicago y rápidamente.

No quería parecer excesivamente ansioso. Sabía que había mayores posibilidades de que Gonzalo buscara mi ayuda si era en sus propios términos.

Tras lavar los platos y ollas, regresé a la habitación para esperar el segundo intento de partida. Muy pronto, los encargados de reconocer los puestos de control comenzaron a gritar y arrearnos hacia el camión para aprovechar otro momento de relajación en la vigilancia fronteriza. Tomé de la cocina, sin preguntarle a nadie, cuatro recipientes de agua de un galón y los distribuí entre mis compañeros. Pregunté descaradamente a Gonzalo si debía acompañarlo en la cabina. Me respondió con un empujón tan fuerte que acabé en la bodega sin necesidad de usar el tablón. Me ubiqué en la parte trasera, cerca de la puerta, para poder escuchar cualquier conversación de último minuto entre los Medina y su conductor.

No estaba tan ansioso como el día anterior. Una vez más, nos acomodamos en nuestros lugares. Encontrarme nuevamente encerrado en la bodega de un camión de carga era desesperante, especialmente cuando el viaje anterior de tres horas no nos había llevado a ninguna parte. Teníamos que confiar en que esta vez avanzaríamos. Parecía que Gonzalo había decidido tomar una ruta local. El camión se detenía cada pocos minutos, como si se encontrara en una zona de mucho tráfico y semáforos. Posteriormente me enteré que Gonzalo se había perdido en El Paso al tratar de evitar posibles patrullas fronterizas, y le había tomado dos horas retornar a la autopista interestatal 10 y tomar la ruta a Nuevo México.

Después de tres o cuatro horas de viaje tranquilo, Gonzalo volvió a detener repentinamente el camión. Con un alarido, abrió la puerta trasera y me miró fijamente. Nos encontrábamos en un tramo rural de carretera en medio de la nada. Me ubiqué de manera que pudiera alcanzar mi pistola calibre .25 en caso de necesitarla.

—¡Órale güey, salte! —me ordenó. No sabía qué esperar—. Es su turno de conducir —gruñó para mi tranquilidad. Me indicó que lo siguiera. Salté al suelo antes de que volviera a cerrar la puerta de la bodega. Cuando me senté en el puesto del conductor, le pregunté dónde nos encontrábamos y en qué dirección viajábamos. Una vez más, estábamos perdidos… En algún punto, Gonzalo había tomado una carretera equivocada y ahora necesitábamos orientarnos.

—No hay problema —le dije mientras encendía el motor. Yo conocía el área pero Gonzalo consideró que mi sentido de ubicación era un golpe de suerte y, poco después, estábamos en la ruta correcta.

Desafortunadamente, aun nos encontrábamos en el lado incorrecto de un puesto de control fronterizo cerca a Alamogordo, Nuevo México. Al acercarnos al puesto, vi a los agentes colocando los conos de tráfico… muy pronto comenzarían a detener vehículos. Los pasé cautelosamente y no nos detuvieron. Una vez más, pensé que los agentes seguían mis movimientos y me protegían.

Ahora que conducía el camión me sentía más tranquilo. Me encontraba fantaseando con la idea de detenerme en un restaurante de carretera y llenarme de comida para recuperar los cinco kilos que había perdido en los últimos tres días, cuando vi en el retrovisor las luces intermitentes de una patrulla de policía del Estado de Nuevo México.

—¡Ya nos chingaron, estamos jodidos! —exclamó Gonzalo, agradecido de no estar al timón—. Diga que soy solo un pasajero y me aseguraré de que lo vuelvan a contratar como conductor. Si menciona a la señora Medina, sus hijos lo chingan.

Sabía que tendría que negociar con el oficial fuera del camión, así que salté a tierra y me dirigí hacia la patrulla. Asumí que el oficial no era consciente de que estaba interfiriendo en mi misión secreta o que sabía que lo estaba haciendo y buscaba discretamente establecer contacto conmigo.

—¡Deténgase donde está! ¡NO SE MUEVA! —gritó el patrullero cuando me acercaba. Agradecí lo que consideré era todo un acto teatral pero no podía responderle en inglés pues aun me encontraba muy cerca de Gonzalo. Mi aspecto descuidado y mal olor no contribuirían a que me creyera. Yo tampoco me habría creído.

El oficial desabrochó su pistolera y yo levanté los brazos para que viera que no portaba nada amenazador. Me acerqué lentamente para discutir la situación con él en privado. En voz baja le informé que era agente del Servicio de Inmigración y Naturalización, pero o no me oyó o no me creyó.

—¡Abra la bodega del camión! —me ordenó. Cuando no respondí, se dirigió a la puerta trasera y tomó el picaporte.

—Usted no quiere hacer eso —le advertí. Giró hacia mí con gesto de incredulidad, tomando una posición defensiva con la mano en su arma. El patrullero no estaba acostumbrado a toparse con mexicanos que hablaran inglés perfectamente, mucho menos con mexicanos que le dieran órdenes. Solicitó refuerzos por el radioteléfono sin quitarme los ojos de encima.

Decidí que mi mejor opción era sentarme en el asiento trasero de la patrulla, dejando la puerta abierta. El policía la cerró con fuerza antes de sentarse en el asiento del frente. Cuando tomaba el radio para contactar la central de policía, me dirigí a él por el nombre que lucía en su placa:

—Oficial Skinner, soy un agente federal en una misión secreta. Llevo una carga de ilegales en ese camión. Es una operación legítima y le ruego que nos permita proseguir el viaje.

—Si es un agente, ¿podrá explicarme por qué hay una alerta de seguridad sobre su camión, expedida en El Paso? —respondió.

Me agarró totalmente por sorpresa. Había asumido que la Patrulla Fronteriza de El Paso nos había dado paso, y ahora comprendí con desazón que este policía no era parte de mi grupo de protección. Estaba muy enfadado. Me encontraba en una peligrosa misión secreta y nadie, nadie sabía dónde estaba. Skinner aceptó sin discutir que el camión llevaba una carga de inmigrantes ilegales pero, en cuanto a mi papel, consideró que era un asqueroso coyote inventando una novela para salvar el pellejo.

—La semana pasada, otro mezzzzicano intentó lo mismo durante un control de narcóticos —me informó.

—Central, envíe unidades de apoyo para colaborar con un cargamento de ilegales y un sospechoso ya en custodia —oí que decía por encima de la estática de su radio. Luego, comenzó a llenar su informe, registrando la hora y las circunstancias de la detención.

—Oficial Skinner —continué —si yo fuera un verdadero criminal, podría haberle puesto un tiro en la nuca.

No me agradaba hacerlo sentir tan vulnerable pero no me quedaban muchas opciones. Él había omitido esposarme, un procedimiento estándar antes de permitir a un sospechoso subir a una patrulla.

Le entregué mi pequeña pistola como gesto de buena fe y le prometí que una simple llamada le permitiría comprobar mi historia. Skinner volvió a llamar a la central, pospuso el envío de patrullas de apoyo y transmitió el número que saqué de mi billetera —un contacto del sector de El Paso. Para mi horror, el desgraciado me había dado un número fuera de servicio y la llamada no tuvo éxito. Le di otro contacto, el de un oficial de la central de la Patrulla Fronteriza que podría o no recordar mi nombre e identidad. Esta vez el número funcionó y el oficial Skinner me devolvió mi pistola y abrió la puerta sin decir palabra. ¡Qué imbécil, al menos podría haberme deseado suerte! Sé que yo lo habría hecho si me hubiese topado con una agente secreto en una misión tan peligrosa.

Aunque me sentía increíblemente aliviado, aun tenía la tarea de explicarle la escena a Gonzalo. Regresé al asiento del conductor buscando una historia convincente. Gonzalo había estado siguiendo con incredulidad mis movimientos por el espejo retrovisor. Tomé mi lugar y puse el camión en marcha sin decir palabra. Cuando Gonzalo estuvo seguro de que no nos detendrían otra vez, me preguntó qué había sucedido.

—Fue fácil —le dije—: le entregué mis últimos cien dólares y espero que ustedes me los devuelvan cuando lleguemos a Chicago. —Gonzalo murmuró que pensaba que los policías corruptos se encontraban solo en México y aceptó la deuda sin pensarlo más. Viajamos en silencio más de una hora.

Nos detuvimos en un área de descanso en Tularosa, Nuevo México, para cambiar de conductor y reabastecer de combustible. Yo puse gasolina mientras Gonzalo iba a la tienda. En su ausencia, revisé a los pasajeros de la bodega. Estaban hambrientos pero cómodos, y les prometí que de alguna manera les conseguiría alimentos cuando anocheciera. Permitir que viajaran hasta Chicago en tan deplorables condiciones no era fácil para mí. Realmente me caían bien. Yo iba tras los coyotes y sus jefes, pero tenía que recordar que los *pollos* también estaban infringiendo la ley. Traté de consolarme con la idea de que me encargaría lo mejor posible de su bienestar hasta que llegáramos a Chicago.

Gonzalo regresó de la tienda con un paquete de seis cervezas y patatas fritas, y tomó el lugar del conductor. Avanzamos lentamente y yo consumí sin reparos varias cervezas. Ahora era el copiloto y prefería que él no condujera con seis cervezas en su organismo.

Me quedé dormido y desperté varias veces en las siguientes horas, mientras Gonzalo me aseguraba que no necesitaba que lo relevara. En medio de la noche me desperté para encontrarme con la nieve que golpeaba el parabrisas. Una señal iluminada por las luces del camión indicaba que nos encontrábamos a cien millas de Amarillo, Texas. Eran las tres de la mañana, llevábamos más de quince horas en la carretera y aun no llegábamos a Amarillo. No sentía frío en la cabina, pero la bodega de carga no tenía calefacción.

—¿Dónde estamos? —pregunté a Gonzalo. Su mirada vacía me lo dijo todo. La nevada se intensificó hasta que la visibilidad fue casi nula, el combustible escaseaba y estábamos perdidos. Gonzalo explicó que había abandonado la I–40 para buscar un área de descanso y se había mantenido en carreteras secundarias pensando que tendrían mejores áreas de servicio. Encendí el radio y descubrí que nos encontrábamos en medio de la peor tormenta de nieve en los últimos cincuenta años. Tomé el puesto del conductor nuevamente y, cuando imaginaba el camión lleno de personas inocentes volcado en una cuneta y sin combustible por culpa de la tormenta, descubrí una tienda rural en medio de la nada.

Para mi sorpresa, se encontraba abierta y sus luces lo confirmaban. Le dije a Gonzalo que teníamos que permitir que los pasajeros se calentaran pero él no tenía compasión.

—¡Que se jodan! —gruñó—. Descubra dónde estamos, consiga combustible y nos vamos.

Estacioné al lado de las bombas de combustible y dejé que Gonzalo se encargara de eso mientras yo entraba a la tienda y compraba cuatro cobijas. Las lancé rápidamente en la parte trasera del camión para evitar que la tormenta acabara con el poco calor logrado por los cuerpos de los pasajeros. El grupo se encontraba con frío, exhausto y muy incómodo. Llevaban dos días dando tumbos en la bodega del camión y sin calefacción. La temperatura allí era tan solo un poco más alta que en el exterior, que estaba en 22 grados.

Alejandro y otro joven se encontraban en el extremo cercano a la puerta, la zona más fría, sabiendo que estaban en mejor condición física. Todos aguantaban el viaje a pesar de las condiciones inhumanas. No habían podido estirar los músculos o utilizar un cuarto de baño. Por ningún motivo se les permitía abandonar el camión y habían recurrido a los envases de agua vacíos para orinar. Para mantener el calor, llevaban encima toda la ropa que tenían.

Continué como conductor y logré regresar a la I-40 gracias a las indicaciones que me dieron en la tienda. Poco a poco la tormenta amainó y las condiciones mejoraron. El camión continuó su viaje hacia Oklahoma mientras Gonzalo roncaba a mi lado.

Al amanecer nos acercábamos a Oklahoma City por la Autopista de Oklahoma. En cierto punto, una patrulla de Fronteras nos siguió durante treinta minutos a partir de un peaje, pero nunca nos interceptó y eventualmente la perdimos de vista. Cuando finalmente pasamos Tulsa, comencé a pensar en la necesidad de planear con Gary el final del juego pero, para ello, necesitaba un teléfono público. Gonzalo se rehusó a dejarme abandonar el camión para hacer una llamada o echar un vistazo a los pasajeros en la bodega. Con crueldad me espetó:

—¡Me importa madre si alguno allá atrás está muerto! No hay nada que pueda hacer.

Me sentí asqueado por esta sabandija pero, lógicamente, no podía rebelarme. Equivaldría a arriesgar las vidas de todos los pasajeros. Ya me las pagaría cuando los arrestáramos.

Varias horas después nos detuvimos en una gasolinera al norte de Springfield, Misuri. Corrí al retrete sin esperar la autorización de Gonzalo. Escondido en un cubículo, saqué una servilleta de papel que había recogido en el mostrador de comidas de nuestra última parada y el lápiz de mi bolsillo para escribir el número de teléfono de mi casa y un mensaje para mi esposa, quien muy probablemente estaría en casa con nuestros dos hijos:

Terrie, estamos en Misuri. Por favor, dile a Gary que llegaremos alrededor de medianoche el 21 de noviembre a la gasolinera Standard en Joliet, donde concluimos el caso de Arizona. Ahí mismo podremos tumbar la carga.

Sin perder de vista a Gonzalo, esperé hasta que el empleado del mostrador estuviera solo. Le susurré que era un agente federal y necesitaba su ayuda. Le entregué la nota, rogándole que transmitiera el mensaje a mi esposa. No me creyó, probablemente debido a mi desaliñado aspecto y pésimo olor.

El empleado me amenazó con llamar a la policía pero, a pesar de ello, escondió mi nota cuando se acercó Gonzalo —seguramente guiado por mi mirada de desesperación. Si hacía la llamada o no, estaba más allá de mi control.

Regresé al camión antes que Gonzalo y me apropié del asiento del conductor. Estar al volante era esencial para mi plan, incluso si Gary no recibía el mensaje con mis instrucciones. Si no asumía el control ahora, terminaría en el escondite de los Medina en Chicago y sin refuerzos. Sabía que Terrie debía estar enferma de angustia sin saber cómo y en dónde me encontraba. Siempre se preocupaba cuando trabajaba en misiones secretas y hacía ya seis días que no sabía de mí.

La carretera a lo largo de Misuri parecía no tener fin. Gonzalo dormía a ratos y ocasionalmente se ofrecía a conducir. Durante una de las pocas conversaciones que mantuvimos, me contó que planeaba quedarse con la joven uno o dos días para abusar de ella antes de que se comunicara con sus parientes. Quedó desconcertado cuando le dije que no sucedería nada por el estilo. Nuestra lucha por el poder se intensificaba pero yo estaba harto del canalla y no podía aguantarlo más. Al atardecer cruzamos la frontera estatal de Illinois. Los pasajeros llevaban casi treinta y seis horrendas horas sin comida, ejercicio, servicios o agua —a excepción de los cuatro galones que yo había tomado en El Paso. Estacioné el camión en una estación de servicio con un restaurante en una de las salidas, le indiqué a Gonzalo que se encargara del combustible y ordené a un cocinero de 130 kilos de peso:

—Quiero diecinueve hamburguesas con papas fritas, diecisiete chocolates calientes y dos cafés, para llevar.

Ya no me importaba lo que pensara Gonzalo. Regresé al camión, abrí la puerta corrediza y repartí la comida. A excepción de un hombre que sufría de congelamiento, todos parecían estar en condiciones aceptables de salud. A pesar de su estado, el hombre quería continuar hasta Chicago sin recibir atención médica. Invité a quien quisiera estirar las piernas y dar una vuelta en el exterior a que lo hicieran pero nadie aceptó. Todos temían ser reportados o abandonados. Aceptaron la comida amablemente e insistieron en que continuáramos el viaje, especialmente cuando les informé que estábamos a pocas horas de Chicago.

Gonzalo me tomó por sorpresa cuando le ordenó a la joven que abandonara la bodega y subiera a la cabina. La niña, sentada entre Gonzalo y yo, estaba aterrada de ambos. No respondió a ninguna de las burdas insinuaciones de Gonzalo y, cuando él la tomó por la barbilla para obligarla a mirarlo, le exigí que se detuviera. Por fortuna, obedeció y no la molestó más.

Continuamos nuestro viaje en silencio, con el tiempo pasando cada vez más lentamente a medida que nos acercábamos a nuestro destino. Mi cálculo de la hora de llegada había sido perfecto. Diez minutos antes de medianoche nos acercamos a la salida para la estación Standard donde, ojalá, Gary estaría esperando con un equipo de respaldo. Habíamos usado esa gasolinera anteriormente para cerrar un caso de Arizona en el que unos contrabandistas habían transportado un grupo de mexicanos en una casa rodante. En aquella ocasión la estación nos había sido muy útil y yo esperaba que esta vez las cosas se dieran de la misma manera.

Cuando disminuí la velocidad para tomar la salida, Gonzalo comenzó a preocuparse.

—Sigue güey —me exigió—. Podemos llegar a Chicago sin problema con la gasolina que tenemos. —Hice caso omiso a sus palabras y me dirigí hacia la estación de servicio, estacioné el camión lejos de las bombas de gasolina. Gonzalo comenzaba a sospechar.

Extraje las llaves del camión y descendí sin saber qué esperar. Para mi inmensa satisfacción, Gary y varios agentes más nos estaban esperando. El empleado del restaurante se había comunicado con mi esposa y ella había llamado a Gary. Gary, los otros agentes y yo decidimos rápidamente los detalles del resto de la operación y yo regresé al camión con nuevas energías.

—Ahora es dónde. ¡Bájate cabron! —le ordené a Gonzalo.

Sin dudarlo, Gonzalo saltó del camión, los puños listos. Le lancé un golpe directo a la mandíbula que lo dejó estirado en el pavimento. Cuando se levantó, logré pisarle el dedo herido. Seguía pegando alaridos cuando lo arresté. La jovencita no podía creer lo que estaba viendo. Con las autoridades presentes en la escena, su ya espantoso viaje terminaba en otra pesadilla. Traté de tranquilizarla pero, desde su punto de vista, yo era ahora su enemigo. Aunque nuestra operación exigía que continuáramos el viaje en el camión hasta el escondite de los Medina en Chicago, la hice descender de la cabina y la trasladé al automóvil de los agentes, con la esperanza de evitarle más traumas.

Registramos a Gonzalo y encontramos un pequeño cuaderno con muchos de los teléfonos de los Medina, incluyendo uno de Chicago. Marqué el número desde un teléfono público de la estación, con la esperanza de que me respondiera alguien en el escondite.

—¿Dónde diablos se metieron y dónde está el baboso Gonzalo? —preguntó un hombre furioso al otro lado de la línea. Le expliqué que existía el riesgo de que nos atraparan, que Gonzalo estaba atareado con la carga y que yo era el copiloto y necesitaba que me diera la dirección e indicaciones rápidamente; estábamos rodeados de policías. Él aceptó y me explicó que nos tomaría aproximadamente una hora llegar desde donde estábamos y que nos aseguráramos de que no nos siguieran.

Gary y yo acordamos no informar a los pasajeros la situación. Abrí la puerta con la excusa de informarles que nos encontrábamos a tan solo una hora del destino y me pareció que nadie había notado la conmoción producida con Gonzalo. Eran pacientes y controlados; esperaban tranquilos el tramo final.

El recorrido hasta el escondite me pareció muy breve. Muy pronto me encontré en un callejón en la zona sur de Chicago. Ahora tenía un radioteléfono, así que podía comunicarme con Gary y el resto del equipo. El hombre que respondió mi llamada telefónica me había informado que el apartamento estaba en el segundo piso de un edificio de tres pisos, y que debía entrar por el callejón hasta la puerta trasera. Debido a la hora, no se veía a nadie en las calles del lóbrego vecindario; las rejas corredizas de las tiendas —llenas de grafitis— estaban cerradas y aseguradas.

Al llamar a la puerta trasera del apartamento del segundo piso, me abrió un mexicano de mediana edad, con un bigote poblado y una panza de cervecero sobresaliendo bajo una camiseta blanca sucia. Era el mismo que había contestado al teléfono.

—¿Dónde está el pinche Gonzalo? —volvió a preguntarme.

La puerta de la bodega del camión había sido abierta para permitir a los pasajeros seguirme hasta el segundo piso. Les dije que esperaran unos pocos minutos mientras subía y me abrían el apartamento. Siguiendo mis instrucciones, comenzaron a subir y el mandamás no tuvo más opción que dejarnos entrar. Su prioridad ahora era recoger los pagos de los inmigrantes ilegales y despacharlos a sus familias eficientemente, pero la situación seguía siendo muy tensa. Los otros traficantes que estaban en la casa tampoco se sentían tranquilos con la ausencia de Gonzalo.

Me preocupaba menos que pensaran que era un agente federal a que resolvieran que era un traficante perteneciente a otro sindicato robándoles su cargamento. Antes de que la situación se complicara más, saqué el arma que me había entregado uno de los agentes en la estación de servicio y grité:

—Están todos arrestados. ¡Al suelo! —ordené. Aun si mi presencia allí no era oficial, mi arma era suficientemente convincente. Llamé a mis oficiales de refuerzo que esperaban en las sombras del callejón.

Llevamos nuevamente al camión a las personas que habían viajado conmigo más de 2.400 kilómetros, desde el desierto en El Paso hasta los oscuros callejones del sur de Chicago, para poder trasladarlos al edificio federal en el centro de la ciudad para procesarlos. Fui testigo de su sufrimiento desde una perspectiva que ningún otro agente de inmigración estadounidense había visto y la difícil situación de los inmigrantes me impactó. No era muy reconfortante saber que todos ellos serían detenidos pero... la ley es la ley. La pobreza y desesperación llevaban a estas personas decentes a violar las leyes de inmigración de Estados Unidos que yo había jurado defender. Eso no me facilitaba las cosas. Todos los inmigrantes, que ahora eran testigos, estaban aterrados y confundidos. El hombre del congelamiento tuvo que ser hospitalizado.

Esa noche arrestamos a cuatro traficantes. Conseguimos órdenes de arresto para otros seis en El Paso, incluyendo a José y Guadalupe Medina. Desafortunadamente, José Medina no se encontraba en la casa de El Paso cuando los agentes notificaron la orden y no fue apresado. Los rumores decían que se había enterado de la orden y había huido a México. Tendría que tener paciencia, pero estaba seguro de que ese canalla y yo nos volveríamos a encontrar.

A lo largo de la misión secreta, yo sabía que mis derechos

estaban protegidos por la Constitución de los Estados Unidos
y que, cuando el trabajo terminara, regresaría a mi hogar y
a mi familia. Es posible que mi vida haya estado en peligro
pero mi libertad en los Estados Unidos estaba garantizada.
Los *pollos,* por su parte, estaban abandonando su hogar para
ir a un mundo desconocido. Arriesgaban ser explotados, dis-
criminados, deportados y sus vidas mismas a cada momento.
Eran ilegales y vulnerables, siempre en peligro, viviendo ate-
morizados en la tierra de sus sueños. El Río Grande fluía
entre su desesperada pobreza y sus cautelosas esperanzas.
Sin embargo, el problema era que sus estadías en los Estados
Unidos iban contra la ley. Se hicieron los arreglos para que
algunos de mis compañeros de viaje testificaran contra los
Medina en el juicio. Las cortes federales exigían que los testigos permanecieran en Estados Unidos hasta que terminara
el juicio. Obviamente, no podíamos mantenerlos a todos en
custodia durante todo ese periodo, así que fueron puestos en
libertad condicional y se les permitió reunirse con sus familias
en Chicago. La bonita y vulnerable adolescente y Alejandro,
quien cruzó el río conmigo, estaban entre ellos. Todos ellos
tenían que presentarse una vez al mes y reportar su ubicación
hasta que se llegara a una decisión final sobre su deportación
a México.

La terrible experiencia desde la frontera hasta Chicago
había sido angustiosa para todos nosotros. Mi juramento de
hacer cumplir la ley y todas las responsabilidades relativas me
había sido inculcado desde el primer día de mis doce semanas
de entrenamiento en la Academia de la Patrulla Fronteriza de
Estados Unidos. Otra lección igualmente importante era controlar siempre nuestras emociones. Allí no hay medios tonos:

si no apoyamos la ley, no estamos cumpliendo con nuestro juramento. A pesar de las duras condiciones y los maltratos que presencié durante nuestro viaje al norte, mis compañeros de viaje habían quebrantado la ley e ingresado ilegalmente al país. Se habían asociado a una conspiración con criminales para que los llevaran de contrabando hasta Chicago. Desde el comienzo hasta el final del caso, en mi mente no existió duda sobre lo que tenía que hacer y haría —arrestaría a todos los participantes.

En las etapas críticas de una misión secreta no caben las emociones. Mostrar debilidad o dudas en una operación da pie a situaciones que pueden rápidamente salirse de las manos. La seguridad de todos —los agentes, las víctimas, los testigos y los criminales— es la prioridad. Eso no quiere decir que yo sea inmune a los sufrimientos de otros.

Mi habilidad para mantenerme ecuánime y controlado durante una misión es el resultado de haber estudiado metódicamente la situación y de haber tenido en cuenta todas las posibilidades desde el principio hasta todas las posibles conclusiones. En mi mente había revisado muchas, muchas veces mi papel en la misión de Juárez a Chicago.

Tras una redada, siempre pasaba por un periodo de reflexión emocional. Después de todo, soy humano. Era frecuente que me reuniera con mis compañeros del servicio en un bar. Nuestros inflados egos necesitaban apoyo y nos encantaba reunirnos en un bar en el cual nuestros colegas estuviesen reunidos para recibirnos emocionados con palmaditas en la espalda.

—¿Viste la cara de ese desgraciado? —me dirían. Podía discutirlo entre aquellos que entendían. Con mis colegas podíamos condolernos por las dificultades emocionales de nuestro trabajo; era un grupo de apoyo. El trabajo en el tráfico de personas es diferente al del tráfico de drogas. Nosotros no podíamos simplemente etiquetar la evidencia y archivarla. El caso tenía que construirse cuidadosamente y los acusados tenían que ser juzgados. Nuestro rango de emociones era enorme, con altibajos, pero sin términos medios. Me consideraba la mejor persona del mundo pero, cuando trabajaba en esos casos, era un agente inconmovible. El trabajo era desgarrador pero nunca habría permitido que mis emociones tomaran el control.

Consuelo y sus hijos no me creyeron cuando les aseguré que serían liberados, así que quedaron gratamente sorprendidos cuando Pedro los recogió en la Oficina de Inmigración en Chicago. Habían aceptado testificar en contra de los Medina y, de hecho, fueron entrevistados numerosas veces por agentes federales y abogados del gobierno.

Los inmigrantes ilegales eran la materia prima del caso. Habían ingresado ilegalmente y, a su vez, eran los mejores testigos para describir todos los eventos y personas involucrados en su ingreso ilegal. En algunos casos, estos inmigrantes ilegales eran retenidos como testigos materiales pero seguían siendo elegibles para fianza. Al defenderse, los acusados tienen derecho a confrontar a sus acusadores. En los casos de tráfico de personas, los individuos ingresados ilegalmente tienen que estar disponibles para atestiguar y ser interrogados, así que no podíamos deportarlos inmediatamente.

Nuestras dos opciones eran tener a los testigos encerrados hasta que el caso concluyera y luego deportarlos de Estados Unidos, o permitirles fijar una fianza y salir libres. Si optábamos solamente por la primera opción, nuestras cárceles se llenarían rápidamente así que, en la mayoría de los casos, los testigos eran liberados con una fianza condicional siempre y cuando aceptaran presentarse cuando llegara la hora de dar testimonio. No eran considerados una amenaza para la comunidad y no era probable que se fugaran.

Con los niños la situación era más difícil. En este caso, no teníamos problema en liberar a la familia Márquez bajo fianza para que se reuniera con su padre. Aun hoy día, a los testigos que son inmigrantes ilegales se les permite pagar una fianza o ser liberados condicionalmente si su testimonio es necesario. De hecho, todos los sobrevivientes del incidente del Victoria fueron liberados y recibieron autorización para trabajar en Estados Unidos. No me sorprendería que la mayoría de ellos siga acá.

Aunque todos los pasajeros de nuestro caso se presentaron durante las diligencias judiciales contra los traficantes, finalmente solo Consuelo atestiguó. Los demás quedaron en manos de la Oficina de Deportaciones de la agencia. Se les dieron entradas de 18 a 24 meses y permiso para trabajar legalmente si eran mayores de dieciocho años. Al final, se les ordenó regresar voluntariamente a México o sus países de origen. Con frecuencia me pregunto cuántos de ellos realmente se devolvieron.

Gonzalo, Guadalupe y los arrestados posteriormente se declararon culpables de los cargos de contrabando. Manzano y la señora Medina fueron sentenciados a tres años cada uno por dos delitos graves y a pagar una multa de $2.000. Sin embargo, sus sentencias fueron suspendidas. Manzano fue deportado a México y Guadalupe Medina, ciudadana estadounidense, regresó a El Paso. Gary y yo quedamos frustrados de que la duración y peligros de nuestra misión secreta produjeran una bonanza de contrabandistas criminales pero con un impacto mínimo en el panorama general. Diez traficantes eran un gran golpe para la agencia. El problema era que las condenas por tráfico de ilegales no son tan severas como quisiéramos, probablemente ni siquiera lo suficientemente duras para disuadir a quienes acababan de caer de retornar al negocio tan pronto estuvieran libres. Desde el punto de vista del tratamiento totalmente infrahumano que daban a los inmigrantes en tránsito, como me constaba, esto era una farsa. Sin embargo, ese hecho no disminuyó nuestra satisfacción por el éxito de nuestra misión. Habíamos demostrado a los Medina que no eran tan intocables como se creían.

CAPÍTULO DOS

En la frontera: el comienzo

SORPRENDENTEMENTE, EL VIAJE de inmigrantes en el que había tomado parte durante mi misión en Juárez se repite miles de veces cada día en nuestras fronteras y puntos de ingreso al país. Sin importar la altura de las alambradas, el alto costo de las tarifas de los coyotes o el buen desempeño de los agentes de fronteras estadounidenses, para esta gente la desesperación justifica el riesgo. Cada vez que se incrementa el presupuesto gubernamental para la frontera mexicana, los coyotes recurren a métodos y rutas aun más peligrosos. Las cifras de muertes de inmigrantes por insolación o deshidratación son tan poco oficiales como las de muertes por ahogamiento en el Río Grande, pero todas son significativas y trágicas.

La travesía por el seco e inhóspito suroeste con un coyote

como guía se considera la forma más económica de cruzar a Estados Unidos, pero toma entre 15 y 30 horas y cuesta más de $1.000 por persona, en condiciones en las que la temperatura sobrepasa fácilmente los 110° F durante el día y desciende bajo el punto de congelación en las noches de invierno.

Si se utiliza un vehículo para atravesar la frontera, las tarifas del contrabando aumentan tres o cuatro veces. Algunos inmigrantes pagan para cruzar directamente en un punto de entrada, escondidos en el vehículo, ya sea en el tablero o bajo el auto. Los contrabandistas también pasan inmigrantes ilegales apretados en automóviles por las zonas más agrestes y menos patrulladas del desierto, o los empacan tras recogerlos en potreros o casas de paso previamente acordadas. Lamentablemente, las muertes y heridas en accidentes relacionados con estos sobrecargados vehículos se incrementan, sin importar si son o no perseguidos por las autoridades. Los contrabandistas y sus conductores frecuentemente estrellan sus vehículos contra las vallas de la carretera al intentar escapar, haciendo caso omiso de las consecuencias —de vida o muerte— para sus pasajeros, con maniobras de evasión dignas de las películas. Aunque los mexicanos constituyen el estereotipo del inmigrante, personas de todas las razas y culturas pagan formidables tarifas y arriesgan sus vidas a diario por la oportunidad de comenzar una nueva vida en Estados Unidos. Las personas de Sur y Centroamérica ahora pagan algunas veces entre $7.000 y $15.000 por viajar en bodegas de carga de botes que no cumplen las mínimas condiciones para navegar. Los nativos del Medio Oriente, Pakistán y China pagan hasta $30.000 por ser introducidos en nuestro país, muchos de ellos utilizando organizaciones de traficantes bien afianzadas y protegidas a lo largo de Latinoamérica y el hemisferio occidental. Los servicios de estos traficantes son utilizados por el 80 al 90 por ciento de los aspirantes a inmigrantes en países alrededor del mundo. Solo unos pocos intentan ingresar sin ayuda.

A diferencia de mi aventura como agente secreto, en la que los coyotes y los *pollos* discuten el negocio en un bar de la frontera, la mayoría de los tratos hoy día se realiza en el pueblo natal del viajero, utilizando coyotes de contacto, o son acordados por los parientes que ya se encuentran en los Estados Unidos y han usado la organización anteriormente. El cruce con un coyote guía es considerado más seguro que hacerlo de manera independiente, pero sigue siendo muy arriesgado como lo demuestran las altas cifras de cadáveres encontrados cada año en el desierto de Arizona, en vagones de tren e, incluso, a lo largo de México.

Sin importar su origen, aquellos que son atrapados son inmediatamente deportados. La mayoría vuelve a intentarlo. De hecho, las tarifas de transporte incluyen típicamente "intentos gratuitos garantizados" hasta tener éxito, de manera que no tienen necesidad de soltar más dinero. El 95 por ciento eventualmente tiene éxito. Gastan los ahorros de toda la vida para llegar a los Estados Unidos, de manera que al final no tienen absolutamente nada de valor monetario que les permita regresar a casa.

Mis compañeros de viaje en el camión de arriendo abandonaron México porque sus familias estaban muriendo de hambre y no tenían forma de producir dinero. El cruce de la frontera no era ni remotamente tan riesgoso para sus vidas como el hecho de no tener arroz o frijoles. Para la familia Márquez, el sueño era ahorrar suficiente dinero para regresar a

México y construir una casa y criar a la familia. No planeaban quedarse, pero Pedro y sus hijos se convirtieron en ciudadanos legales de Estados Unidos como resultado de la Ley de Reforma de la Inmigración de 1986. Bajo esa ley, más de tres millones de inmigrantes ilegales fueron amnistiados con la condición de que hubieran estado en Estados Unidos desde antes de 1982.

Sus primeros años en Chicago fueron muy duros. Todos tenían que conseguir trabajo, incluida Brinda, de quince años. Pedro logró alquilar un pequeño apartamento de dos habitaciones en un vecindario de bajos recursos. Supervisores de mala pinta y los administradores de las fábricas los explotaban cobrándoles una tarifa de $100 para darles el empleo y, luego, despidiéndolos después de unas pocas semanas para extorsionar a alguien más.

Hoy, los hijos de Pedro y Consuelo tienen buenas condiciones económicas, se educaron y son estadounidenses productivos y orgullosos.

Pedro siempre tuvo la intención de regresar a México y, eventualmente, él y su esposa lo hicieron para dedicarse a criar ganado.

Si no hubiera tenido trabajo en los Estados Unidos, no se habría quedado. El resto de la familia tampoco habría venido si no hubiesen tenido la posibilidad de encontrar empleo. La aplicación de las leyes de inmigración internamente siempre ha tenido poca prioridad. Ese descuido por parte de nuestros líderes ha llevado a la situación en que nos encontramos: entre diez y quince millones de inmigrantes ilegales residen en Estados Unidos sin que haya una solución a la vista.

Según los registros públicos, la familia Medina sigue siendo la propietaria del 5500 de Flower Street. El nuevo muro fronterizo que corre a lo largo del Río Grande en el lado de El Paso puede verse desde la ventana de la cocina. No obstante, el muro no mantiene afuera a los *pollos* más decididos que, eventualmente, encuentran formas de cruzarlo.

Allí donde el principal riesgo para los inmigrantes eran el río y los agentes de la Patrulla de Fronteras en el lado estadounidense, las guerras del narcotráfico han multiplicado cientos de veces el peligro. Cruzar la frontera no debería ser una condena a muerte. Los capos de la droga son tan viles que los inmigrantes sin conexiones con el narcotráfico son víctimas de una brutalidad inimaginable. Una dinastía del narcotráfico, el cartel de Los Zetas, ha tomado la costumbre de secuestrar grandes grupos de inmigrantes que se dirigen al norte con el fin de robarlos y extorsionarlos. Les exigen pagar un rescate, obligando a que sus contactos en Estados Unidos paguen por su liberación, o los convierten en peones de su cartel.

En agosto de 2010, 72 inmigrantes de El Salvador, Honduras, Ecuador y Brasil fueron encontrados asesinados a balazos en un aislado rancho en San Fernando, México, a unos 22 kilómetros de Brownsville, Texas. Un infante de marina mexicano fue asesinado en el rancho durante un enfrentamiento con los miembros de la banda, luego de que un sobreviviente alertó a una patrulla de tráfico sobre el tiroteo. También murieron tres hombres pertenecientes al cartel. Los 58 hombres y 14 mujeres fueron encontrados apilados unos sobre otros, muchos con los ojos vendados y con las manos atadas a la espalda. Los sobrevivientes dijeron que la masacre comenzó cuando algunos inmigrantes se opusieron a pagar el rescate.

A pesar de las afirmaciones del gobierno mexicano de que habían resuelto los crímenes y capturado a los responsables, unos pocos meses después las autoridades encontraron una fosa común con los cuerpos de 177 individuos que habían sido capturados en autobuses con destino al norte. El lugar de la fosa no estaba muy lejos del rancho donde se cometió la masacre. Aun más preocupante, las empresas de autobuses temían tanto las represalias de las bandas, que ni siquiera informaban sobre los secuestros. La evidencia, más de 400 piezas de equipaje no reclamadas, se encontraba en la estación de autobuses de Matamoros, Tamaulipas, México, exactamente enfrente —al otro lado del Río Grande— de Brownsville, Texas. Pertenecían a viajeros que nunca llegaron a la ciudad fronteriza por haber encontrado una muerte horrible a manos de las bandas de secuestradores.

En abril de 2011, 16 oficiales de la policía local fueron acusados de ofrecer protección a los matones responsables de los asesinatos masivos. Fue necesario ponerlos en prisión preventiva debido a la furia de la comunidad. Las autoridades mexicanas también arrestaron a otras doce personas, siendo la más importante el despiadado jefe de Los Zetas, Omar Martín Estrada Luna. Las autoridades consideran que Estrada Luna es el cerebro detrás de las dos masacres. Tristemente, los inmigrantes son sistemáticamente secuestrados para que actúen como peones y pistoleros para los carteles de la droga.

Algunos cálculos dicen que cada mes son secuestrados más de 1.600 inmigrantes… otro ingrediente en la inconmensurable miseria y peligro del viaje. El hecho de que muchos policías mexicanos se encuentren en la nómina de las bandas, hace que los secuestros sean prácticamente imposibles de reportar.

Yo, al igual que cualquiera, simpatizo con la angustia de mis vecinos mexicanos de las costas del Río Bravo, como se conoce al Río Grande en México. El río divide una de las más largas áreas metropolitanas fronterizas en el mundo: El Paso en el costado estadounidense y Juárez en el mexicano. Como el muro de Berlín que alguna vez dividió una ciudad entre dos naciones, el empobrecido Berlín Oriental a un lado del muro y el próspero Berlín Occidental en el otro, el río que corre a través de la metrópoli de El Paso/Juárez separa dos ciudades, dos países y dos mundos.

Conozco el mundo de pobreza en el que habitan los mexicanos. El hecho de haber tenido la suerte de nacer y crecer en el costado estadounidense del río no significa que haya crecido en la riqueza o sin sentir empatía por la miseria de otros; de hecho, mi educación fue todo lo opuesto. Aun así, cuando me convertí en agente de la Patrulla de Fronteras de Estados Unidos, juré defender la ley de nuestra gran nación y cruzar la frontera sin autorización o permiso es contra la ley, sin importar qué tan justificables u honorables sean las intenciones para usted mismo.

Llevo la tierra fronteriza de Texas en mi sangre. Nací en una ciudad fronteriza en 1953, siendo el noveno de los quince hijos de mis padres, en la casa de una partera en Presidio, Texas, al otro lado del Río Grande de Ojinaga, México. Pancho Villa, el gran guerrero a caballo de la Revolución Mexicana, lideró allí a su ejército rebelde en una batalla decisiva en 1913, haciendo huir a las últimas tropas federalistas del gobierno por el río hasta Presidio. Después de nacer, mi madre me llevó de regreso a la hacienda familiar en Redford, a veintiséis kilómetros al sureste atravesando el desierto de Chihuahua.

Las seis habitaciones de la casa a duras penas acomodaban ya a mis padres y mis ocho hermanos y hermanas mayores y, aunque yo era el menor en ese momento, faltaban por llegar seis más. Mi padre había heredado la casa de mi abuelo. Mi abuelo, Facundo Acosta, era una mezcla de indios Apache y Jumano de Chihuahua, al norte de México, y fue uno de los primeros colonos de Redford.

Las estructuras en la propiedad cambiaban a medida que la familia crecía. La casa original había sido de dos habitaciones con piso de adobe, pero había sido remodelada una o dos veces. Para cuando yo nací, se había construido una segunda casa más grande, con cemento cubriendo el adobe para fortalecer los muros. Ambas casas se encontraban a unos sesenta metros de un canal regional de irrigación que surtía el agua para los cultivos de algodón en las llanuras de Presidio.

Debido a que nunca tuvimos instalaciones de agua o agua corriente, para nuestra higiene personal y oficios del hogar usábamos agua transportada desde el pozo de un vecino en contenedores de cincuenta y cinco galones. La casa no tuvo electricidad hasta que cumplí seis años. Hasta entonces, usábamos lámparas de queroseno para iluminación.

La casa grande estaba construida en una pequeña colina que daba sobre una extensión de quince acres entre los cuales había unos diez de tierra cultivable. Detrás de la casa pequeña crecía uno de los árboles de pacana más grandes de la ciudad. El árbol era lugar de reunión para muchos de nuestros amigos durante los meses de invierno. Todo el mundo tenía árboles frutales a lo largo del canal: moras, granadas y duraznos a disposición.

Plantábamos parcelas de tomates, sandías, chiles y calabazas para nosotros y manteníamos una pequeña cantidad de vacas, cabras y *pollos* por su leche y huevos. Cada diciembre, un seleccionado cerdo era llevado a nuestra mesa para la fiesta del cerdo, una maravillosa celebración familiar. La educación disponible era de segunda categoría. Incluso nuestros libros de texto eran saldos de las escuelas de distritos más acomodados. La escuela tenía tres salones. Uno estaba dividido por una lámina de madera desmontable, y allí se enseñaba a los de primero y lo que llamábamos primero-alto. En nuestra escuela, normalmente, después de primer grado pasábamos un año en primero-alto porque, la mayoría, si no todos nosotros, no hablábamos inglés al ingresar a la escuela y teníamos que tomar un año de inglés antes de estar listos para pasar a segundo grado. Otro salón estaba dividido para acoger a segundo/tercer grado y cuarto/quinto grado. Mi maestra favorita era la de segundo y tercer grado, la señora Lucia Madrid. Era una mujer sorprendente. Creó una biblioteca en nuestro pueblo con su colección personal de 10.000 libros y hacía las tarjetas de préstamo en la parte trasera de las cajas de cereal. En una ceremonia en la Casa Blanca en 1990, fue honrada como uno de los Mil Puntos de Luz (Thousand Points of Light) del Presidente George W. Bush y premiada con el Premio del Presidente a Actos Voluntarios (President's Volunteer Action Award) y el Premio Ronald Reagan a la Excelencia en el Voluntariado (Ronald Reagan Award for Volunteer Excellence).

Su cuñado, Edmundo Madrid, también fue un gran mentor para mí. Él ocupaba el tercer salón de nuestra escuela, en el que enseñaba a los estudiantes de sexto, séptimo y octavo grado. El señor Madrid había prestado servicio en Francia en el ejército de los Estados Unidos durante la Segunda Guerra Mundial y me enseñó francés con un texto de segunda mano que compré en una tienda de Presidio. Con las historias de sus aventuras en Europa, despertó mi interés en los viajes y supe que algún día yo también exploraría el mundo.

Los Madrid alimentaron mi amor por la lectura. Sin importar lo poco adecuado del currículo, me gustaba aprender. Mi madre no había pasado de quinto grado y yo estaba resuelto a aprovechar al máximo mi educación.

El año escolar comenzaba en septiembre y terminaba a principios de mayo, cuando las cebollas y los melones estaban listos para cosechar. Las cebollas crecían en hileras e hileras en los inmensos campos irrigados alrededor de Presidio. En nuestra familia, todo el que podía trabajar ayudaba y nos pagaban por costal. Arrancábamos los tallos verdes a manotadas, luego cortábamos con las podaderas las raíces y, por último, los colocábamos en un cesto. Cuando el cesto se llenaba, lo desocupábamos en un costal y, cuando el costal se llenaba, lo dejábamos en la hilera para que el supervisor lo contara y mandara recoger. Cada costal pesaba unos 25 kilos. Al final del día, un cosechador ganaba $4 o $5... Afortunadamente, en nuestra familia éramos muchos los que trabajábamos.

A los cargadores, quienes cargaban los costales en el camión, les pagaban mejor que a nosotros. Al jefe de la cuadrilla —de cuatro hombres— le pagaban por el número de costales recogidos y cargados por su grupo. A pesar de ser un mocoso me atraía la idea de ganar más, así que a los doce años pedí que me permitieran ser cargador. El día de la prueba de fuego, el piso del camión estaba a la altura de mis ojos. Los cargadores mayores que yo tomaban los costales y los lanzaban en el camión con un solo movimiento. Yo tenía que alzar el costal hasta mis rodillas y luego un poco más antes de poder darle el empujón final hasta el piso del camión. Pero perseveré. Todos los cargadores ganaban lo mismo y yo tuve que esforzarme. No descansaba un momento. Cuando la familia regresó a casa esa tarde, me acosté en el piso de cemento y no desperté hasta el amanecer. En mayo y junio recogíamos melones. Atábamos las bolsas de recolección en nuestros hombros y nos agachábamos a recoger el melón. No podía enderezarme del todo porque, si lo hacía, la bolsa se me resbalaba y caía al suelo, arruinando los melones ya recogidos. Tras la cosecha de cebolla y melón debíamos trasladarnos más lejos para recoger otras cosechas. Nos dirigíamos a otros pueblos, como Pecos o Muleshoe, para recoger pepinos y repollos. Encontrábamos las cosechas de algodón entre Muleshoe y Artesia, y más al norte en Nuevo México, en Portales. Viajábamos de lugar en lugar en una furgoneta que normalmente pertenecía a quien supervisaba la cuadrilla. En los costados tenía huecos a los que podíamos atar varas y lonas para proteger nuestras cosas. Mi madre solía viajar en la cabina del camión pero, por lo menos, diez de nosotros viajábamos en la parte trasera con nuestras posesiones.

Perdíamos una buena parte del comienzo del año escolar cuando trabajábamos en las cosechas de fin de verano y otoño. Las granjas más grandes tenían alojamientos rudimentarios con camas para nosotros. Algunas tenían pequeñas chozas o edificaciones anexas que se prestaban a los inmigrantes para alojarse. La choza en Pecos nos costaba $10 a la semana. Nos quedábamos allí cuatro o cinco semanas cada año. Desyerbábamos los cultivos de algodón y recogíamos melones y cebollas. La choza era una construcción de una habitación, sin ningún aislamiento, de madera en el interior, y cemento y yeso en el exterior. Cuando llegábamos, la limpiábamos, trapeábamos los pisos, sacudíamos las tres camas, fregábamos el antiguo refrigerador y luego desempacábamos nuestros dos o tres pares de pantalones, zapatos de trabajo y las ollas para estar listos en dos o tres horas. Otros lugares tenían barracas en las que cada familia tenía un área asignada pero ninguna privacidad. Todos compartían una cocina equipada con algunos hornillos de dos fogones.

Mi madre se levantaba a las tres de la mañana y trabajaba con nosotros todo el día en un calor infernal, luego en la noche nos hacía la comida. Normalmente nos hacía frijoles y papas pero, los fines de semana después de que nos pagaban, nos consentía con deliciosos platos como el chili con carne. Mi madre era una excelente cocinera y nunca dejó de servirnos un montón de tortillas humeantes con cada comida.

Teníamos conciencia comunitaria y todas las familias se ayudaban unas a otras. Si a Pecos llegaba una familia sin dinero, nuestro supervisor se aseguraba de conseguirle lo necesario a crédito o a su nombre. Cuando llegaban nuestros cheques, él honorablemente los cambiaba, pagaba nuestras deudas y nos entregaba nuestro dinero. No nos acomplejaba nuestra situación económica. La única vez que nos sentíamos diferentes era cuando entrabamos a algún pueblo de camino hacia el norte y, en las tiendas, no nos dejaban entrar a todos al tiempo. Eso solía dolernos porque sabíamos que no íbamos a robar nada pero los propietarios habían sufrido robos y no cedían.

En el viaje de regreso, después de la última cosecha, los niños dábamos brincos y botes en la parte trasera del camión viendo desaparecer la carretera. Los largos viajes de regreso nos llevaban por diminutos conjuntos de lindas casitas, en vecindarios bien planeados, de ciudades como Lovington, Nuevo México, o Seminole, Texas. Yo sentía punzadas de esperanza y deseo a medida que los conjuntos desaparecían en la distancia. Las casas eran modestas y sin adornos, a excepción de un par de sillas plegables o una bandera, pero representaban la seguridad del sueño americano. Yo amaba a mi familia. Era una familia feliz, saludable, robusta y afectuosa, pero no podía evitar desear que algún día una de esas casas me perteneciera.

Con frecuencia le decía a mis hermanos y hermanas:

—Un día, si estudiamos y trabajamos duro, podremos vivir en una casa como esas.

Ya a esa corta edad sabía que vivíamos en un país maravilloso y que esos sueños podrían convertirse en realidad.

De regreso en Redford nos preparábamos para los meses de invierno. Hacíamos las compras para el año escolar en Presidio, incluyendo nuestro nuevo par de zapatos, dos pares de jeans y algunas camisas. Mi madre se encargaba de comprar grandes sacos de frijoles, harina, manteca y papas que nos duraban algunos meses.

Mi madre, Esperanza, era una mujer pequeña —no más alta que 1,50 metros— pero estaba llena de determinación y orgullo. Era la fortaleza de toda la familia y su responsabilidad de protegernos era inquebrantable. Teníamos muy pocos recursos pero a ella le encantaba ir a que la peinaran cuando podía darse el lujo. Cuando estábamos en Redford, mantenía arregladas sus gruesas y femeninas uñas, y sus manos siempre fueron bellas a pesar de las duras labores que realizaba todo el año en los campos. Su piel clara se quemaba con el sol, por lo que ella siempre tenía a mano un pote de Crema Esotérica para desvanecer las manchas causadas por el sol. Su ética de trabajo era tan admirable que trabajó hasta después de sus ochenta años y, si se lo hubieran permitido, habría seguido haciéndolo.

Mi padre, Salvador, normalmente se quedaba en Redford durante nuestros viajes anuales al norte. Se encargaba de las cosechas de algodón de nuestra granja y cuidaba a los animales que criábamos. A decir verdad, podría haber trabajado más, pero era un hombre muy cariñoso. Parecía más alto que sus 1,76 metros, siempre alto y erguido. Su piel, como la de mi madre, estaba curtida y quemada por el sol de Texas. Cuando mis padres se casaron, mi padre tenía veinticinco y mi madre quince años. Él la vio en Presidio, de camino a la escuela con su uniforme, y quedó enamorado. El noviazgo fue breve. Mi padre le prometió que sería bueno con ella y, con la aprobación de sus padres, se casaron y trasladaron a vivir en la casita de adobe de la granja Acosta en Redford.

Mis padres criaron a unos hijos maravillosos a pesar de sus escasos recursos. El número de habitantes bajo nuestro techo fluctuaba permanentemente, con los hijos mayores abandonando el hogar incluso antes de que los menores nacieran.

Fernando, mi hermano mayor, se fue a trabajar como paisajista en una comunidad del norte cuando tenía tan solo trece años. Eventualmente, cuando yo tenía trece años era el mayor de los hijos en casa y me tomaba muy en serio mi responsabilidad.

Ese verano, cuando estábamos en Pecos, el peor hueco de la tierra, tuve mi primera experiencia con las pandillas después de un día de trabajo en el campo. Los King Hawks, una pandilla hispana, tenían influencia en ese pueblo. Se promocionaban mucho a sí mismos, luciendo trajes distintivos y el cabello peinado hacia atrás, y fomentaban descaradamente las drogas, la violencia y el comportamiento rebelde. Eran locales y a veces los veíamos cuando se dirigían al cine los sábados o haraganeaban por ahí. Poseían cosas que cualquier pobre envidiaría: buena ropa, joyas y uno que otro auto *low-rider*. A mi vulnerable edad, su actitud me parecía tentadora.

Un día, Bobby Martínez, un miembro de la pandilla, de quince años, me hizo frente buscando pelea. Acordamos encontrarnos para resolver el problema esa noche detrás de nuestra choza. Cuando salí con mi hermano menor, Leonard y dos amigos, fuimos emboscados por treinta encapuchados mayores que nosotros blandiendo cadenas. Sobra decir que perdí la pelea pero gané la guerra. Me golpearon una y otra vez, y cada vez que lograba ponerme de pie volvía a caer de inmediato. No me defendí pues sabía que si lo hacía, mi hermano también se convertiría en su víctima.

Los King Hawks se tatuaban con una cruz y el nombre de sus madres. Pensando en unirme a la pandilla yo me había tatuado ya media cruz antes de aquella pelea. Hoy en día sigo cargando con ese recordatorio de mi cuasi-iniciación nunca realizada. Sin embargo, nunca más me sentí atraído por su mundo. De hecho, este pequeño encuentro con los King Hawks me llevó de regreso al sendero correcto. Yo era una importante influencia para mis hermanos menores y me horrorizaba la idea de que se involucraran en la vida de las pandillas. De un momento a otro pasé de la esperanza de convertirme en uno de ellos a optar por el trabajo honesto y el honor en lugar de una vida de crimen en los bajos fondos, para poder ser un buen modelo para Leonard y Salvador. El atractivo de ser miembro de una pandilla realmente desapareció cuando entendí que esos individuos no tenían honor, que eran simples criminales. En ese instante supe que ser miembro de una pandilla no era lo que quería en la vida y tampoco lo que quería para mis tres hermanos menores.

Cuando regresamos a Redford ese otoño, me dediqué a estudiar. Aparte de mi carga académica, trabajaba en una estación de gasolina en Presidio, a veintiséis kilómetros, para ayudar a mis padres. A los quince años ya había cumplido con los créditos que necesitaba para recibir mi diploma de bachiller y, al graduarme, me matriculé un semestre en la Universidad de Texas en El Paso, pero era demasiado joven para sentirme a gusto.

Ante la falta de oportunidades en Redford, me trasladé a California donde trabajé en una industria de confección en San Diego y en un restaurante del aeropuerto de San Francisco. Regresé a Nuevo México a trabajar en una torre petrolera… una excelente paga por un trabajo agotador. Una tarde, cuando la cuadrilla regresaba de la torre a la oficina central en overoles empapados en petróleo, vi por la ventana unos marineros en su traje de servicio impecable. Salían de una estación de reclutamiento de la Marina de Estados Unidos. Tan solo sus blancos trajes me convencieron de unirme a la marina.

Tras algún papeleo y un examen físico, me encontré en el campamento de entrenamiento en Orlando, Florida. Después del entrenamiento fui asignado a la Estación Aérea del Cuerpo de Marines de Miramar, cerca de San Diego, donde completé mi primer año de servicio. Durante el cuarto y último año de mi compromiso, me presenté como voluntario para un periodo de servicio en el U.S.S. Hancock, un viejo portaaviones de la Segunda Guerra Mundial. Amaba el mar y viajar por el Pacífico Sur, haciendo escalas en Hawai, Japón, Hong Kong y las Filipinas. Me sentía orgulloso de servir a nuestro país y representar a nuestra Marina.

Aproximadamente en la misma época, un encuentro accidental en la escuela de mi hermano pequeño cambió mi vida.

Mi madre había trasladado a la familia a Marfa y fui a visitarlos. Ella y mi padre se habían divorciado tras treinta años de matrimonio. Marfa se encontraba a ciento veinte kilómetros al norte de Redford y tenía excelentes servicios, tiendas, salones de belleza e, incluso, una estación de tren. Era un bonito pueblo en un cruce de caminos, rodeado por el desierto y montañas. Allí no había sucedido mucho desde que Elizabeth Taylor y Rock Hudson filmaron la película *Gigante* en 1956.

Me molestó descubrir que habían puesto a mi hermano menor en un grado que ya había completado solo porque mi madre lo había inscrito tarde por estar siguiendo las cosechas. Aunque se había informado del error al maestro, nadie hizo nada. Me dirigía a hablar con el director cuando, por el rabillo del ojo, vi descender por las escaleras de la escuela a la niña más linda que había visto en mi vida. Técnicamente ya la había visto antes; cuando era estudiante de segundo grado en Redford y jugaba en el patio con su hermana mayor Rosario. Su padre adoptivo, A. M. Parsley, era el director de nuestra escuela. Ahora vivían en Marfa y su bella hija, Terrie, era una niña de doce años que asistía al octavo grado. Supe que ella formaba parte de mi destino. Tendría que esperar pero había heredado la determinación de mi padre y mi madre. Sin importar el tiempo que tomara, supe que algún día me casaría con ella.

Debido a su edad, no podía contarle a nadie lo que sentía por ella, así que comencé a enviarle postales a sus padres desde los puertos de escala a sabiendas de que ella las vería. También le pedí a mi hermano Leonard, quien salía con la hermana mayor de Terrie, que me mantuviera informado. Cuando cumplí con mi compromiso naval de cuatro años, me trasladé a Marfa para ayudarle a mi madre y me matriculé en

Sul Ross State University, en Alpine, al programa de Administración de Empresas. Hice mi carrera mientras seguía perteneciendo a la Reserva de Marina. Más importante aún, quería estar cerca a Terrie, mi bella doncella latina.

Cuando ella tenía catorce años, bailamos por primera vez en la boda de mi amigo de infancia Pablo Carrasco y su nueva esposa Nancy, en Valentine, Texas. Le regalé una pulsera de plata y le pedí que fuera mi novia. Quince meses después nos casamos en una bella ceremonia en El Paso, Texas. Yo tenía veintidós años y ella casi dieciséis, pero sus padres nos dieron su bendición. Ambos habíamos crecido en la pobreza y con padres divorciados, y estábamos resueltos a hacer que nuestro futuro fuera diferente.

Después de la boda, alquilamos un pequeño apartamento de una habitación en un complejo de vivienda gubernamental en Marfa. No asistí a la universidad durante ese semestre pero aprendí a conducir grandes camiones y acepté un empleo mal pagado transportando ganado a través del oeste de Texas y el sur de Nuevo México. Terrie me acompañaba con frecuencia y compartíamos las carreteras. Con mi esposa a mi lado, el trabajo se convertía en una aventura. Igual, yo no quería ser conductor de camión por mucho tiempo. Mi intención había sido, tras terminar mi carrera en la universidad, continuar mi carrera en la Marina estadounidense como oficial. Mientras, como por capricho, había postulado para la Patrulla de Fronteras estadounidense. Cuando me llamaron para asistir a una entrevista y me ofrecieron un empleo, acepté.

La Patrulla de Fronteras era, y sigue siendo, una importante e ilustre organización, responsable de patrullar y asegurar nuestras fronteras con México y Canadá. Hasta la reorganización de muchas de nuestras agencias federales bajo el Departamento de Seguridad Nacional en 2003, la Patrulla de Fronteras dependía del Servicio de Inmigración y Naturalización de Estados Unidos, la principal agencia del Departamento de Justicia, encargado de todos los temas relacionados con la inmigración en nuestro país.

Fundada en 1924, la Patrulla de Fronteras creció de 450 a 1.800 agentes en 1976 lo cual, en realidad, seguía siendo poco adecuado si tenemos en cuenta que solo la frontera sur de Estados Unidos tiene tres mil doscientos veinte kilómetros. Incluso con tan poco personal en la Patrulla de Fronteras, la agencia reportaba arrestos de entre uno y dos millones de ilegales intentando cruzar la frontera cada año. La triste realidad era que muchos de esos arrestos eran los mismos individuos apresados cerca a la frontera, procesados, llevados de regreso a la frontera y escoltados hasta México... una y otra vez. En lugar de retornar a sus hogares, ellos simplemente volvían a la frontera y comenzaban su viaje otra vez.

Terrie estuvo conmigo durante parte de las dieciséis semanas de entrenamiento en la Academia de la Patrulla de Fronteras en Los Fresnos, Texas, donde me gradué de cuarto en mi clase de 112 aprendices. Me asignaron a Marfa para mi año de entrenamiento de prueba. Me sentí orgulloso de regresar a casa con una posición importante. El área de Marfa era una muy desolada y con poca actividad.

Durante parte de mi primer año, me asignaron a un equipo de instaladores y reparadores de sensores de terreno a lo largo de la frontera. Los aparatos, ubicados en carreteras o senderos utilizados por los inmigrantes ilegales que se dirigían al norte, informaban a los agentes cuántas personas conformaban un grupo y si el grupo seguía un determinado sendero. Eso nos permitía interceptarlos cuando atravesaban con rumbo al norte la inmensa y remota área que teníamos bajo vigilancia. Además de rastrear ilegales, también revisábamos los trenes con destino al este que se detenían en Valentine. Así mismo, organizábamos retenes de carretera temporales en las vías que llevaban de la frontera a Marfa y Alpine.

Un sábado, cuando me encontraba solo revisando unos sensores, noté una camioneta estacionada cerca de una pequeña tienda en Candelaria en la cual los contrabandistas solían esperar a los inmigrantes que se dirigían al norte. El conductor parecía estar matando el tiempo y sospeché que esperaba a sus clientes. Me estacioné detrás de unos mezquites y llamé por radio a nuestra oficina central para advertirles de que estaba a punto de hacerse un cargamento y solicitar que revisaran los registros de la placa de la camioneta. El supervisor de turno me ordenó no hacer nada ya que me encontraba solo y en entrenamiento.

Continué vigilando el lugar y, muy pronto, un hombre se subió a la caja de la camioneta y se acostó, quedando invisible. Once más lo siguieron y se comportaron en la misma forma. El último ingresó a la tienda y salió con el conductor; ambos se subieron a la cabina y la camioneta se alejó del lugar. Mi corazón latía previendo mi primer arresto.

A pesar de las instrucciones que me habían dado, los seguí manteniéndome a una distancia prudente mientras la camioneta se dirigía hacia Marfa, a cincuenta y seis kilómetros al norte. Una hora después, a unos pocos kilómetros al sur del límite de la ciudad, el conductor descubrió mi auto, aceleró y se salió de la carretera atravesando una cerca de alambre y deteniéndose en una cuneta a unos ciento ochenta metros.

Llegué a donde estaban cuando los hombres se dispersaban en todas las direcciones. Gene "the Rock" Henderson, un agente con el que me había comunicado, llegó para apoyarme. Muy pronto habíamos capturado a ocho hombres que se escondían tras unos arbustos. Cuando informamos esto a la central, nuestro supervisor consideró que ya habíamos hecho suficiente pero yo me rehusé a retirarme hasta no encontrar a los otros cuatro con la ayuda del piloto de una avioneta de la patrulla a quien le había pedido asistencia.

De regreso en la central, los ilegales implicaron al conductor y el contrabandista. Nos dijeron que les habían cobrado $250 por persona, se dirigían a Odessa y que allí tenían un contacto que los llevaría el resto del viaje.

Llamé al oficial fiscal encargado ya que él debía decidir si se juzgaba al contrabandista o se deportaba al grupo a México. Normalmente los grupos eran deportados sin ser juzgados pero las declaraciones de estos testigos eran muy persuasivas. El oficial decidió acusar al contrabandista por tráfico de ilegales. Yo estaba realmente emocionado de que mi trabajo fuese a terminar en un caso criminal. Los patrulleros en entrenamiento, especialmente en una pequeña estación como la de Marfa, no solían tener la oportunidad de trabajar en casos que llegaran a juicio. Aunque no era un arresto de mucha importancia, esta investigación me había dado mi primera experiencia de lo que quería hacer en mi carrera como oficial de la ley. Estaba encantado pero comprendí que si quería participar en investigaciones de mayor importancia y tamaño, tendría que cambiar de cargo y ubicación, muy probablemente en un distrito totalmente diferente.

Realmente había disfrutado mi trabajo allí, revisando

granjas y ranchos en busca de trabajadores ilegales, organizando retenes de carreteras, registrando trenes en terminales y vías muertas y "vigilando la línea" —observando la frontera desde vehículos estacionados— pero estaba listo para asumir mayores responsabilidades. Así que cuando se publicó una vacante para Investigador Criminal en la Oficina de Chicago, me presenté como candidato.

El Servicio de Inmigración tenía más de treinta oficinas distritales en el país, incluyendo algunas en grandes ciudades del interior. Las oficinas del distrito eran las responsables de supervisar las inspecciones en los puertos de entrada terrestres, marítimos y aéreos; realizar el trabajo administrativo de los casos de deportación y audiencias; detener y deportar ilegales; administrar los centros de detención; adjudicar las solicitudes para beneficios de inmigración y, finalmente, investigar y apresar a los trabajadores ilegales en Estados Unidos u otros ilegales dedicados a actividades criminales. Cada distrito tenía investigadores criminales, un cargo muy atractivo para los agentes de la Patrulla de Fronteras por estar dos posiciones encima en la jerarquía, los agentes trabajaban vestidos de paisanos y en ciudades del interior en las que —generalmente— la Patrulla no funcionaba. Las oficinas distritales se beneficiaban al contratar agentes de la Patrulla de Fronteras porque éstos tenían bastante experiencia en hacer cumplir la ley tras su servicio en la frontera suroeste y habían superado un riguroso entrenamiento en la Academia de la Patrulla de Fronteras, que incluía aprender español. Quedé muy entusiasmado cuando me enteré de que la Oficina de Chicago me había escogido para convertirme en Investigador Criminal.

CAPÍTULO TRES

Chicago, mi tipo de ciudad

CHICAGO NO PARECÍA ser el lugar más apropiado desde el cual manejar los problemas de inmigración de Estados Unidos. Sin embargo, nuestra agencia había comenzado a enfocarse en Chicago y otras ciudades que se habían convertido en puntos de llegada para los inmigrantes ilegales que esperaban conseguir trabajo. Pensaban que el trabajo ilegal y remunerado lejos de la frontera llamaría menos la atención de las autoridades. Cuando llegué a Chicago, su población hispana se estaba disparando, en parte debido a los cambios en la política de inmigración de mediados de la década de 1960 que acabaron con el Programa Braceros. Durante sus veinte años, de 1944 a 1964, el programa pareció resolver dos problemas: la escasez de mano de obra en Estados Unidos para las cosechas y el exceso de mano de obra en México; mano de obra dispuesta y capaz de realizar las labores agrícolas. No obstante, una oleada de quejas sobre abusos y esclavitud legalizada llevó al gobierno a reconsiderar el programa y, finalmente, a cancelarlo el 31 de diciembre de 1964.

Gran cantidad de braceros que dependían del dinero ganado en Estados Unidos decidieron quedarse ilegalmente en lugar de regresar a México cuando se acabó el periodo de cosechas. La decisión de Pedro Márquez de quedarse fue resultado de la desaparición del programa. Muchos mexicanos se alejaron de la frontera y llegaron a Chicago, donde buscaron trabajos en sectores distintos a la agricultura. Las familias y amigos comenzaron a llegar poco después. Crueles y oportunistas traficantes de humanos explotaron la situación y comenzaron sus propias operaciones criminales, y la situación se salió de control. El trabajo de nuestra agencia ahora era enfrentar tanto el problema de los residentes ilegales como el de los contrabandistas que los transportaban al país y abusaban de ellos.

Chicago era un lugar muy distinto a los alrededores del oeste de Texas donde mi esposa y yo habíamos crecido. Yo ya tenía 23 años y Terrie 17. Teníamos un hijo de cinco meses, Gabriel. No estábamos acostumbrados a los rascacielos, las tormentas de nieve ni la animación de Chicago. Yo sabía que la decisión era buena para mi carrera, pero despedirme de mis padres y hermanos fue difícil en aquellos tiempos de escritura de cartas y llamadas de larga distancia solo en ocasiones especiales.

A pesar de ello, Terrie y yo estábamos entusiasmados. Pasamos los dos primeros meses acostumbrándonos a la vida de la gran ciudad. Obviamente, nuestro recién comprado Oldsmobile Cutlass Supreme, estacionado frente a nuestro pequeño apartamento, fue robado a los pocos días de llegar, junto con las cosas que aun no habíamos desempacado. La compañía de seguros se tomó diez meses para tramitar nuestro reclamo, dejándonos sin auto. Lo bueno de todo ello fue que no tuve que pagar por el estacionamiento en nuestro edificio y que conocí la ciudad usando el transporte público. Yo era uno de los veintiocho nuevos aprendices que llegaron a Chicago en octubre de ese año. Éramos entre cincuenta y sesenta investigadores criminales para cubrir cuatro estados: Illinois, Indiana, Wisconsin y Iowa. Las funciones de la Oficina Distrital estaban divididas entre cuatro unidades: Investigaciones Generales, que se encargaba de asuntos relacionados con inmigración y fraudes tales como documentos de matrimonio falsificados o los falsificadores; Investigaciones Especiales, que supervisaba los casos de subversión o criminales relacionados con inmigración; Anti-Contrabando, terriblemente escasa de personal, con un solo agente asignado; y el Área de Control, que era básicamente la que supervisaba lugares de trabajo para detectar a los inmigrantes ilegalmente contratados.

Los nuevos agentes fuimos asignados al Área de Control. Nuestra labor incluía visitar diversos sitios de trabajo conocidos por contratar ilegales —sobre todo restaurantes y pequeñas fábricas— e identificar a los trabajadores ilegales. Aunque el trabajo no era tan atractivo, yo me sumergí completamente en él.

Los sitios no se escogían al azar. Nuestra oficina recibía todos los días informes del público en general, las autoridades y soplones anónimos sobre sitios que contrataban trabajadores ilegales. Generalmente, los soplones eran empleados que iban a ser despedidos o competidores con la esperanza de crearle problemas a sus rivales. Los informes enumeraban los negocios, algunas veces datos de los propietarios y, cuando se conocían, los nombres de los ilegales empleados allí. Con esa información se organizaban las redadas —unas más grandes que otras— y se hacían visitas sorpresa a los establecimientos. Muchos de esos negocios ya habían sido visitados. Ubicábamos agentes en las salidas traseras para evitar que los trabajadores huyeran y un pequeño equipo ingresaba por la puerta principal.

Se solicitaba permiso a los administradores o propietarios para requisar las instalaciones. Una vez dentro, se interrogaba a los empleados y si resultaba que estaban en el país ilegalmente, los deteníamos. La mayoría de las veces teníamos una buena idea de cuántos encontraríamos en cada lugar, ya que con frecuencia vigilábamos el sitio durante un par de días para observar el tráfico y planear la acción.

Cuando se terminaba la inspección, ofrecíamos a los detenidos la posibilidad de visitar sus hogares para recoger sus cosas. La mayoría de ellos rechazaba la oferta para evitar que descubriéramos dónde vivían y que arrestáramos a otros allí. Nos esmerábamos en asegurarnos de que ningún menor quedara solo en casa, sin sus padres. Algunas veces los arrestados no nos daban esta información, pero les permitíamos hacer una llamada para que alguien se hiciera cargo de sus familias.

Una vez los detenidos eran llevados a la oficina principal en el centro de la ciudad, diligenciábamos un formato I-213, el Registro de ilegal deportable y, si el individuo se oponía a su deportación, expedíamos una "Orden de Justificación" por la cual el ilegal se presentaría en la corte para una vista. Cuando escogían presentarse ante un juez de inmigración, tenían que quedarse en custodia hasta después de la vista o dar una garantía. La gran mayoría prefería abandonar voluntariamente el país porque así el viaje era costeado por el gobierno. Los nativos de otros países centroamericanos se hacían pasar por mexicanos para evitar que los enviaran más lejos y tener que hacer un viaje de regreso aun más largo.

Si encontrábamos a alguien con antecedentes penales, automáticamente se le fijaba una vista de deportación con un juez de inmigración y se le informaba que si regresaba podría ser acusado por delitos criminales. Hasta donde puedo decirlo, todo el procedimiento era inútil y un desperdicio de recursos. La mayoría de los ilegales daban por sentado que estarían de regreso en Chicago en unos pocos días, tras un rápido viaje a la frontera y una breve negociación con algún contrabandista conocido del lado mexicano. Para ellos, ser deportados era tan solo un leve inconveniente.

Hoy existen grandes diferencias en la forma en que los agentes de la ley manejan sus tareas. Un buen ejemplo de ello es la redada del Servicio de Inmigración y Control de Aduanas de Estados Unidos (ICE, por sus siglas en inglés) en la planta de empaque de carnes AgriProcessors, en Pottsville, Iowa en mayo de 2008. Según agentes que participaron en la operación, la redada llevaba planeándose un año, participaron cerca de mil personas entre agentes y otro personal, y costó más de diez millones de dólares. Hosam Amara, uno de los administradores del negocio, huyó a Israel después de la redada pero finalmente fue arrestado por las autoridades israelís el 11 de abril de 2011 y esperaba ser extraditado a Estados Unidos para ser juzgado por delitos penales. Apruebo la acción realizada por el ICE contra los propietarios de AgriProcessors, que ciertamente merecían ir a prisión, pero ¿gastar diez millones de dólares para arrestar a 391 ilegales, de los cuales 50 fueron liberados posteriormente?

Cuando yo estaba en Chicago, teníamos una pequeña cantidad de investigadores criminales asignados a nuestra oficina pero, aun así, nuestras operaciones eran altamente efectivas y podíamos encargarnos de las grandes cantidades de ilegales que arrestábamos.

Poco después de mi llegada a Chicago conocí a Gary Renick. Gary me pidió que participara en una redada en el Aeropuerto Internacional O'Hare, una acción no probada hasta entonces. Un fracasado tráfico de polizones que llevó a la captura de sesenta inmigrantes ilegales, casi por accidente, había llamado nuestra atención hacia los aeropuertos como un objetivo lucrativo. Un polizón con rumbo a Chicago había logrado abordar un vuelo de American Airlines desde Los Ángeles. Cuando fue descubierto durante el recuento de pasajeros, la aerolínea avisó a la policía de Chicago. Cuando aterrizó el vuelo, los oficiales lo esperaban. El polizón fue escoltado antes de que los pasajeros descendieran.

—Sígame —le indicó un policía.

Para su sorpresa, otros sesenta pasajeros indocumentados se presentaron pensando que la orden era para todos. Viajaban juntos, con ayuda de contrabandistas no asociados —lo que se denominaba una "libre confederación"— un sistema en el que los contrabandistas comparten sus recursos, los arreglos para el transporte y los guías.

Cuando decidimos concentrarnos en O'Hare esperábamos

pescar a los peces gordos, los contrabandistas y transportadores. Sabíamos que normalmente usaban los vuelos matutinos, que es cuando los agentes de inmigración no están de turno y son relativamente más baratos. Antes de los ataques terroristas del 11 de septiembre, no se exigía la identificación para abordar un avión y los tiquetes no tenían que ser comprados por el pasajero. American Airlines era la aerolínea preferida porque tiene muchos vuelos directos entre la costa oeste y Chicago.

Nuestro equipo de cuatro agentes —Gary, Mark Cangemi, yo y el único otro investigador hispano del distrito— llegó al aeropuerto a las 4:30 esa mañana. Nos detuvimos cerca de la puerta del avión observando comportamientos sospechosos tales como un pasajero que siguiera a alguien sin dirigirle la palabra, evitara mirar a los ojos o no respondiera al saludo.

Durante cuatro horas vigilamos tres vuelos y capturamos a 50 ilegales entre los pasajeros. La mayoría era hombres viajando solos con destino a Chicago para reunirse con miembros de la familia que los esperaban. Escogimos nuestros objetivos basados en su forma de vestir, y sus miradas de miedo y confusión por el escenario que los rodeaba. Generalmente no reaccionaban o mostraban ninguna emoción cuando los separábamos de la multitud en la puerta, y aceptaban sumisamente el cambio de fortuna. Distinguir a los contrabandistas de los *pollos* era imposible. Ninguno estaba dispuesto a reconocer que era contrabandista y nada en el aspecto físico los diferenciaba a unos de otros.

Nuestro equipo dejó a los 50 detenidos en manos de policías uniformados de inmigración en la terminal de llegadas internacionales y se dirigía a la de vuelos nacionales cuando se topó con un grupo de mexicanos reunidos alrededor de los teléfonos públicos. Habían llegado en un vuelo que no revisamos por estar en la terminal internacional. Uno de ellos discutía en el teléfono, en español, exigiendo el dinero de las tarifas del contrabando. Gary y yo entendimos cada palabra y nos acercamos al grupo mostrando nuestras credenciales. Me dirigí al líder de la banda y comencé a interrogarlo, mientras Gary y Mark confirmaban que los individuos que estaban con él eran ilegales en el país. Tras una escaramuza, logramos capturar al contrabandista —el único confirmado— después de nuestras cuatro horas de trabajo.

Las redadas en O'Hare continuaron con resultados variables. El número de capturas comenzó a descender cuando los contrabandistas en Los Ángeles se enteraron de nuestro programa y cambiaron su táctica. En los años siguientes, cancelamos totalmente el programa debido a las quejas de los pasajeros. De mayor importancia fue el hecho de que las oficinas ubicadas cerca a la frontera suroeste, como la de Los Ángeles, reforzaron la vigilancia en los aeropuertos de tal manera que la mayoría de las principales ciudades cerca de la frontera ahora tienen unidades asignadas para ello.

Los vuelos comerciales, trenes, camiones con remolque, camionetas y vehículos privados transportaban docenas de inmigrantes ilegales en cada viaje y los entregaban en Chicago a parientes o empleadores. Muchos contrabandistas formaban parte de pequeñas operaciones familiares. Los grupos familiares más sofisticados, como los Medina, evolucionaron hasta convertirse en sindicatos que controlaban redes enteras de tráfico de personas.

Nuestro sistema para seguirle la pista a las familias y sindicatos de contrabandistas no era muy eficiente. Las unidades anti-contrabando de la Patrulla de Fronteras no compartían la información con las de las oficinas satélite, como Chicago, a menos de que hubiera relaciones personales entre los agentes. La forma de recolectar información era recibir informes de contrabando de personas, registrarlos en formatos y archivarlos. Cada oficina tenía su propio archivo pero no lo compartía ni cruzaba con los de otras.

El Servicio de Inmigración era tan solo una agencia de inmigración. Proteger la frontera contra el terrorismo u otras amenazas a nuestros intereses nacionales era una preocupación pero no se le daba la atención o prioridad que recibe hoy día. Como yo era uno de los dos investigadores méxico-americanos de la oficina Distrital de Chicago, trabajé con Investigaciones Generales, Anti-Contrabando y Control General. La única unidad en la que nunca trabajé fue la de Investigaciones Especiales, con su laborioso trabajo legal. Me transferían entre las otras tres unidades según las necesidades. Mi buena reputación como recolector de información y excelencia en el trabajo secreto me dio mucha libertad para escoger dónde trabajaba y en qué casos quería involucrarme.

En general, tuve el apoyo y respeto de mis colegas, muchos de los cuales siguen siendo buenos amigos. Algunos tal vez resintieron que se me permitiera involucrarme en importantes investigaciones desde tan temprano en mi carrera. Mi optimismo y entusiasmo no desfallecían ante la desalentadora magnitud de la labor de buscar, revisar y reducir el descarado crecimiento de la población ilegal de Chicago. No me disuadían las quejas y realizaba mis labores con todo mi corazón y gusto, con la esperanza de hacer una diferencia.

A pesar de ser pequeña en términos de número de empleados, la agencia era un gran orgullo. A nivel nacional éramos menos de 800 investigadores criminales, menos que el número de agentes del FBI en Nueva York solamente. Sin embargo, sobrepasábamos con facilidad sus cifras de arrestos. Nos topábamos con agentes del FBI que se sorprendían con las cifras de arrestos que hacíamos diariamente. Nos impresionaba descubrir que algunos de ellos nunca habían hecho un arresto.

Con frecuencia nos pedían colaborar con el FBI y otras agencias federales debido a la flexibilidad disponible al aplicar las leyes de inmigración. Por ejemplo, si un inmigrante ilegal se involucraba en actividades criminales —contrabando o narcotráfico, por ejemplo— nosotros podíamos detenerlo aun si el caso criminal no había sido juzgado. Muchos de los ilegales que capturábamos estaban ansiosos por colaborar con información sobre los ilegales u otros criminales para evitar ser deportados. Otras agencias, como la DEA (Administración de Cumplimiento de Leyes sobre Drogas); Alcohol, Tabaco, Armas y Explosivos; y Seguridad Social, nos pedían frecuentemente que les proveyéramos de informantes para sus propias investigaciones.

Desafortunadamente, no contábamos con buenas y bien coordinadas redes inter-regionales, y los agentes que investigaban un crimen o sindicato en la frontera no compartían la información con los del interior. Nuestra oficina en Chicago se encargaba de los asuntos en Chicago y, generalmente, le era más fácil capturar a residentes y trabajadores ilegales para deportarlos que gastar sus limitados recursos en extensas investigaciones, tales como el caso de El Paso contra los Medina.

En Chicago, se condenaba sobre todo a conductores y

contrabandistas de bajo nivel. Tales criminales no eran considerados de alta prioridad por la procuraduría o las cortes federales. Muchas veces, los fiscales federales negaban las solicitudes de procesos judiciales debido a las condenas mínimas ordenadas por las cortes. El círculo vicioso de capturar, arrestar, procesar y liberar era extremadamente frustrante para los agentes que estaban comprometidos en la lucha contra quienes incumplían las leyes de inmigración.

Algunos agentes con mayor inventiva y coraje comenzamos a planear operaciones más arriesgadas, normalmente con alguno trabajando clandestinamente para llegar hasta un matón hasta entonces intocable. Yo era joven y entusiasta, y trabajaba con colegas dedicados y experimentados, así que nuestro equipo tenía una actitud confiada y triunfadora que nos sirvió muy bien.

La falsificación era otro de los crímenes contra los que luchaba la agencia. Los certificados de nacimiento, tarjetas de seguridad social, cartillas militares y permisos de residencia falsos eran vendidos a los inmigrantes ilegales, permitiéndoles crearse una identidad, conseguir empleos y, en algunos casos, evitar ser deportados. Queríamos infiltrar esas operaciones y cuando se me presentó la oportunidad de trabajar con Roland Chasse, un investigador criminal veterano con una excelente reputación en Chicago, en el caso de un falsificador legendario —Newton Van Drunen— quedé encantado.

Newton Van Drunen era un ciudadano americano nacionalizado, de 48 años, nacido en Canadá y criado en el sur de Chicago. Había estudiado teología y ejerció como ministro brevemente en la Iglesia Baptista Mexicana en South Holland, Illinois, antes de que se revocara su ordenación al ser acusado de mujeriego. Parecía ser que hacía viajes mensuales a México, regresando con inmigrantes ilegales a los que daba vivienda y tarjetas de seguridad social falsas a cambio de una tarifa. Según admitió ante una Comisión del Estado de Illinois, había ayudado a 15.000 inmigrantes ilegales de una u otra forma.

En mayo de 1970, fue detenido en Dallas por una infracción menor de tráfico y se descubrió que llevaba a cinco mexicanos ilegales en su automóvil. Él no fue procesado, los cinco extranjeros fueron deportados a México y al día siguiente se volvieron a reunir en Dallas. En enero de 1971, en una casa alquilada por Van Drunen en Matamoros, se encontró el cadáver de un trabajador mexicano. En esa ocasión, Van Drunen enfrentó cargos de fraude, homicidio y violación de las leyes de inmigración, pero un sospechoso juez desestimó todos los cargos contra él. En agosto de 1971 en Encinal, se encontraron en la cajuela de su auto a dos mexicanos, pero tampoco se logró expedir la orden para arrestarlo y procesarlo.

Van Drunen tenía muchas amantes, algunas en México y otras llevadas de contrabando de México a Chicago. Una de ellas, Sarah Reséndez, al ser detenida se mostró dispuesta a testificar en contra de su amante a cambio de que se le permitiera permanecer en el país como testigo. Fue acusado de tráfico de personas. Fue condenado y sentenciado a dos años en la Penitenciaría Federal de Sandstone en Minnesota. Los agentes sabían que también tenía un negocio de falsificaciones, pero nunca habían podido probarlo. Antes de cumplir su condena en prisión, Van Drunen trasladó los grandes equipos de falsificación al apartamento de Oralia Ruiz, otra de sus amantes. Mientras estuvo en prisión, los agentes usaron un contacto para comprarle certificados y registros de nacimiento de Texas a Oralia.

Luego, los investigadores criminales hicieron una redada al apartamento y confiscaron sellos, placas para producir documentos de identificación y cientos de documentos falsificados. También arrestaron a Oralia, quien declaró que su esposo de hecho —como se refirió a Newton Van Drunen— había estado dirigiendo la venta de los documentos falsos desde la prisión en Minnesota, ¡donde trabajaba en la imprenta!

Van Drunen salió de la cárcel en mayo de 1976 pero nunca fue juzgado por los cargos de falsificación a pesar de la abrumadora evidencia en su contra. Se consideró que la información reunida por los agentes era "rumores" y los testigos no estaban dispuestos a hablar en su contra en la corte.

Sorprendentemente, Van Drunen visitó varios almacenes de productos para impresión y compró los materiales necesarios para volver a montar su negocio de documentos falsos. Al cabo de dos meses estaba otra vez en el negocio. Tenía un lugarteniente leal, Joaquín Álvarez, quien frecuentemente alardeaba sobre el próspero negocio mientras vendía documentos falsos en el sur de Chicago. Aunque acusado del asesinato de cuando menos una persona en México, la policía no había podido abrirle un caso a Van Drunen. Con ese tipo de antecedentes y reputación, era fácil para él mantener un estricto control sobre los distribuidores de sus falsificaciones, a punta de amenazas de venganzas violentas, con lo cual evitaba que su red fuera infiltrada. El agente Roland Chase y yo esperábamos infiltrarnos en la operación por medio de un desprevenido Álvarez.

Los golpes a las bandas de falsificadores dependían en gran medida de los informadores y fuentes de confianza en el bando del falsificador. La mayoría de nuestros soplones temían traicionar a Van Drunen debido a su gran poderío. Mi informante, a quien llamaré Francisco por haber recibido numerosas amenazas, era una excepción. No solamente era un individuo valiente, inteligente y avispado, sino que además era tan confiable que también lo usé en casos de contrabando. Los informadores como Francisco hacían gran parte del trabajo preliminar de un caso para minimizar el riesgo de los agentes clandestinos.

Durante la reunión informativa, Roland me dijo que Mario había logrado ganarse la confianza de Álvarez. Francisco y otros informantes de la agencia ya le habían comprado documentos falsos. Roland confiaba en que lograríamos infiltrarnos por medio de él. Francisco me presentaría a este firme colaborador esa misma tarde.

Tras la reunión informativa, regresé a casa para vestir de manera más acorde a la de un trabajador mexicano. Era demasiado ingenuo para entender el peligro del trabajo clandestino y me concentré únicamente en mi entusiasmo al explicarle la operación a Terrie.

Al final de la tarde, Roland me dejó en donde Francisco y se ubicó fuera de la casa para esperar la llegada de Álvarez. Mientras tanto, yo me regodeaba en mi buena suerte no solo por trabajar en el caso Van Drunen, sino también por el hecho de que mi contacto en la banda fuera un maravilloso cocinero. Francisco había preparado una inmensa olla de delicioso chili con carne para convencer a Álvarez de quedarse a comer con nosotros. Mucho después de las diez de la noche, nos interrumpió un fuerte golpe en la puerta. Álvarez entró pavoneándose de que las numerosas entregas de documentos le habían impedido llegar antes. No parecía sentir la necesidad de ser discreto frente a mí. Francisco me presentó, informándole que deseaba comprar documentos.

Mientras Álvarez comía chili a cucharadas, le dije que tenía una lista de personas que necesitaban documentos falsos y procedí a darle la información biográfica de mi primer "cliente". Él hablaba tan rápidamente como comía, exaltando a su jefe y abreviando el nombre a "Newt". Aproveché la oportunidad que me ofrecía este fanfarrón.

—Tal vez podría presentarme a "Newt" para poder trabajar directamente con él. Necesito estos documentos con mucha prisa —le dije. Álvarez se enderezó en su silla y me respondió severamente:

—Mi jefe no está interesado en conocer a nadie más. Si usted quiere comprarnos documentos, será a través de mí. ¿Le quedó claro?

Le sugerí que me diera su dirección y número telefónico para que no tuviéramos que reunirnos donde Francisco. Convencido de haber recuperado el control, escribió la información en un pedazo de papel y me lo entregó. Me prometió que entregaría los documentos de mis clientes en dos días y aseguró que "el viejo" —como ocasionalmente llamaba a Van Drunen— siempre estaba perfeccionando la calidad de su trabajo, incluyendo los permisos de residencia falsos, y yo no quedaría decepcionado. Nos volveríamos a encontrar cuando estuvieran listos. Dos días más tarde, Álvarez llamó a Francisco para decirle que mis documentos estaban listos y que debía encontrarme con él en la casa de Francisco. Después de pagarle los documentos, volví a presionarlo descaradamente para que me presentara a Van Drunen, prometiéndole que no interferiría con sus ganancias. Álvarez protegía mucho a su jefe pero confiaba en Francisco lo suficiente para descartar cualquier sospecha de que yo fuera un agente clandestino.

—¿Por qué no viene a mi casa este domingo? —me preguntó— Newt estará allí y podremos hablarle.

Temprano el domingo me dirigí al vecindario de Álvarez en el sur de Chicago, donde la mayoría de las construcciones eran casas de tres pisos alquiladas por familias latinas que habían llegado durante la reciente oleada de inmigrantes. El vecindario era relativamente seguro y tranquilo. La casa de Álvarez era fácil de encontrar y lo encontré a él preparando una barbacoa en el pequeño jardín, a pesar de la nieve. Cuando Van Drunen no apareció, Álvarez me pidió que lo acompañara a hacer algunas entregas; mientras fuimos y volvimos, Van Drunen llegó y volvió a irse. El "viejo" había estado vigilando por su cuenta la casa de Álvarez, asegurándose de que nadie me acompañara. Menos mal que no vio a Roland estacionado al otro lado de la calle, cuidándome desde un Cadillac rojo. Pero ese resultado fue el que llegué a esperar siempre de Roland, un excelente y paciente compañero que en años posteriores tuvo que sacarme de un golpe al cártel de la cocaína que casi se convierte en tragedia.

Una vez más, presioné a Álvarez para que me presentara a Newt, diciéndole que mi interés era la conveniencia no el dinero. Yo tenía veinte órdenes y las necesitaba rápido, así que hacer el pedido directamente al jefe nos serviría a ambos. Igual, le pagaría su tajada.

—Está muy cabrón. No puedo presentarlo. Le tengo mucho

miedo —respondió Álvarez y me entregó un papel doblado—. Esa es su dirección. Si quiere trabajar directamente con él, hágalo usted mismo y no le diga que yo lo envié.

Al día siguiente me presenté en la puerta de Van Drunen después de caminar unas manzanas desde el lugar donde Roland me dejó. Ahora Roland se encontraba al otro lado de la calle en su auto.

—¿Qué quieres? —preguntó Van Drunen en perfecto español cuando abrió la puerta. Era un hombre enorme. Tenía entradas en su cabello apropiadas para un hombre de cuarenta y ocho años. Sus gafas de montura de alambre, pantalones y camisa bien planchada lo hacían ver más como un hombre de negocios que como el inescrupuloso jefe de una inmensa banda de falsificadores.

—Señor Van Drunen, he oído que usted es el mejor falsificador en el negocio. Mi nombre es Leonardo y soy el mejor vendedor de las calles. Quiero trabajar con usted —le dije, respondiendo a su pregunta. Escogí Leonardo por ser el nombre de mi hermano. Iba vestido como muchos de los mexicanos jóvenes del vecindario, con ropas de trabajo gastadas, zapatos viejos y una chaqueta barata que me quedaba grande. Sin decir una palabra, Van Drunen resopló y regresó al interior de la vivienda dejando la puerta abierta.

Esperé un poco y luego interpreté la puerta abierta como una invitación. Entré directamente a la cocina, dejando mi revólver en su pistolera en mi espalda. Van Drunen estaba sentado frente a una pequeña mesa; una mujer —su esposa o amante— se encontraba de pie dócilmente a su lado. Con su voz profunda e intimidante, gruñó:

—No sé quién diablos eres. O eres un soplón de inmigración o un agente del FBI. Esos payasos se la pasan enviando gente como usted a mi casa.

Lo miré sin pestañear.

—Juro por mi madre que aun vive que no soy ninguno de esos —y me santigüé—. Oí que es un gran falsificador y un excelente jefe. Estoy acá para ofrecerle mis servicios.

—¿Quién te habló de mí y quién te dio mi dirección? —preguntó, algo ablandado por mi proclamación sagrada.

—Joaquín Álvarez me dio su nombre y dirección —contesté mostrándole el pequeño pedazo de papel en el que Álvarez había escrito sus datos. Sabía que él reconocería la letra de Álvarez.

—Le he dicho a ese carbón que nunca haga eso —replicó—, pero de él me encargaré más tarde. Siéntate y veremos si realmente eres quien dices ser. Será fácil descubrirlo.

Trajo una botella de whisky y dos vasos y sirvió un trago en cada uno. Después de tres rondas de whisky y muchas preguntas mordaces, pareció satisfecho con mis bien ensayadas respuestas. Se creyó mi historia de que era empleado de National Steel, una gran empresa en el sur de Chicago, y que vivía en el 1232 N. Bosworth con otros mexicanos ilegales.

Como muchos otros pillos, Van Drunen alardeaba sobre cómo había construido las defensas a su alrededor, después de pagar una condena en la cárcel, porque no tenía intención de volver a dejar que lo capturaran. Me dijo entre carcajadas que el Servicio de Inmigración no tenía a nadie lo suficientemente inteligente para agarrarlo. Varias veces repitió la amenaza de las "graves penalidades" que le causaría a cualquiera de sus asociados que se atreviera a atravesarse en su camino.

Entendí que estaba informándome las condiciones de nuestra relación en caso de que comenzáramos a trabajar juntos.

Finalmente, a las 11 en punto, entregué a Van Drunen un pedazo de papel con mi alias y mi dirección falsa.

—Confirmaré todo, Leonardo —me dijo—. No sabrás cuándo me apareceré por allí. Puede ser mañana o en una semana. Puede ser en la mañana o a medianoche. Descubriré si realmente vives allí.

—Estaré esperando —respondí, aliviado de que no ofreciera acompañarme al auto—. Gracias, señor. Buenas noches, señora —agradecí a mi anfitrión y salí a la fría noche de febrero.

Tras confirmar que nadie me observaba, Roland me recogió a la vuelta de la esquina. Ambos estábamos encantados con el éxito de mi papel. La gravedad del trabajo clandestino era dar en el clavo —no había "casis" ni "segundas oportunidades"—, tan solo una oportunidad para ser convincente ante una audiencia astuta y exigente. La parte dramatúrgica del trabajo parecía ser natural en mí. Mientras fuera fuerte, agresivo e, incluso, grosero, lograba que mis objetivos cambiaran su opinión —de sospechar inicialmente de mí a confiar y creerme. Sabía cuándo retractarme y cuándo ser encantador. También parecía tener un instinto para aclarar los misterios. Roland y yo nos dirigimos a un restaurante a varias millas para tomar notas, discutir el resultado de los eventos y cómo debería continuar la operación. Roland se enorgullecía de las meticulosas observaciones que reunía tan pronto le era posible, para no olvidar hechos importantes que serían útiles posteriormente para las órdenes de registro y arresto. Le di todos los detalles, desde el aspecto de la señora de Van Drunen hasta el trasfondo de sus muchas preguntas. Luego teníamos que planear cómo me convertiría en Leonardo, que era empleado de National Steel y residía en el 1232 de N. Bosworth. Roland tenía un contacto en National Steel que podría incluirme en sus libros como empleado. Yo tenía un contacto, Salvador, que vivía en el 1232 de N. Bosworth.

Había conocido a Salvador, un joven mexicano, durante una de mis primeras redadas en Chicago, cuando inspeccionamos un restaurante en el barrio sur. Habíamos arrestado a dieciséis mexicanos ilegales que trabajaban allí, pero Salvador parecía tener su visa de trabajo. Vivía con los otros, lo cual me pareció sospechoso: un extranjero con documentos en regla viviendo con tantos ilegales en una casa muy pequeña. Cuatro de nosotros revisamos sus documentos pero la falsificación era totalmente convincente.

Decidí poner a prueba a Salvador.

—Te llevaré con nosotros —le dije—. Si tu documento es legal y la foto es la misma que aparece en los archivos, yo personalmente te traeré de vuelta. Si no es así, te esperan uno o dos años tras las rejas.

Salvador era un joven muy agradable, bajito y moreno, con una sonrisa contagiosa bajo un poblado bigote. Su expresión cambió con mi propuesta. Tras dudarlo un momento, me preguntó:

—Si digo la verdad, ¿podrá ayudarme?

En el camino de regreso a la oficina, Salvador y yo bromeamos y discutimos temas de inmigración, empresas con grandes cantidades de inmigrantes ilegales trabajando, contrabandistas, documentos falsos y su disponibilidad. Desde ese momento supe que quería a Salvador para nuestro equipo. Gary y yo fuimos donde nuestro supervisor para pedir autorización de usar a Salvador como contacto y darle un permiso para permanecer y trabajar en el país. Rápidamente se convirtió en uno de nuestros mejores contactos en Chicago y colaboró con nosotros en muchos casos importantes. Salvador vivía ahora con cuatro mexicanos en la zona norte de Chicago, en un sótano en el 1232 de N. Bosworth. Esperaba que pudiera convencer a sus compañeros de que me dejaran quedarme allí mientras durara la investigación —probablemente unas cuantas semanas— y que juraran mantener el secreto de mi misión. También tenía que contarle a Terrie que me trasladaría pero, cuando llegué a casa a las 2 de la mañana, decidí dejar la noticia para la mañana siguiente. Gabriel era un bebé maravilloso pero Terrie era tan joven que dejarlos solos en una ciudad extraña me hacía sentir que estaba evadiendo mis responsabilidades. Siempre nos apoyábamos mutuamente y sabía que ella estaría bien. De todas maneras los visitaría cada vez que pudiera, pero las misiones clandestinas siempre eran arriesgadas.

Al día siguiente Roland se comunicó con su contacto en National Steel y antes de dos horas yo ya aparecía en la nómina de la empresa como conserje. National Steel empleaba a cientos de personas que trabajaban en múltiples turnos y no creíamos que fueran a buscarme personalmente. A las 10 de la mañana yo ya había encontrado a Salvador en el restaurante donde trabajaba y habíamos discutido mi plan. Él estaba entusiasmado, pues sabía de Van Drunen. Sin embargo, es posible que haya hablado prematuramente cuando me aseguró que sus compañeros de vivienda no tendrían problema en que yo viviera con ellos en su estrecho apartamento de dos habitaciones. Poco después de la hora pico al medio día, fuimos a N. Bosworth. El vecindario era una mezcla de mexicanos y puertorriqueños, con algunos polacos de inmigraciones anteriores.

La tasa de criminalidad en el vecindario era alta, y se reportaba con muchos atracos, robos y violencia a causa de las drogas. No obstante, los bajos alquileres y la ubicación central atraían siempre nuevos inmigrantes. Los autobuses y trenes se detenían cerca facilitando ir y venir del centro de la ciudad. La estación de trenes estaba a dos manzanas del apartamento de Salvador. Para mí sería un emplazamiento ideal.

Todos los compañeros de Salvador se encontraban en la casa cuando Salvador y yo llegamos. El lugar estaba excepcionalmente limpio. En un rincón, un pequeño televisor en blanco y negro transmitía un programa en inglés y todos estaban viéndolo. Salvador les informó que viviría con ellos durante unas pocas semanas, diciéndoles que era un viejo amigo que acababa de llegar de California. Fue evidente que no les gustaba la idea de tener otra persona en su ya estrecha vivienda. Tras una animada discusión, todos se fueron enfurruñados.

Salvador me pidió que no me preocupara, que las cosas se arreglarían, y me invitó a trasladarme esa misma noche: el 8 de febrero.

—Tan solo tenemos que ser cuidadosos para que no descubran quién eres realmente. Podrían informarle al gringo —me dijo refiriéndose a Van Drunen.

Pasé dos semanas esperando a Van Drunen. Mis cinco compañeros de vivienda iban y venían con sus rutinas diarias, trayendo con frecuencia amigos de juerga y prostitutas a pasar la noche. Muy pronto dejaron de ponerme atención.

Los días parecían eternos y yo rara vez salía. No quería arriesgarme a cruzarme con Van Drunen.

La noche del viernes 18 de febrero tomé mi primer descanso para pasar un rato con Terrie y Gabriel. Vimos una película y nos relajamos en nuestro apartamento de un noveno piso sobre Wrigley Field. Estaba encantado de estar con ellos. Recordé cuando aun vivíamos en Marfa y Terrie se había emocionado muchísimo al firmar la recepción de una pieza de correo con su nombre de casada. Era mi carta de aceptación en la Patrulla de Fronteras pero firmar como mujer casada fue lo que la cambió. Aun nos sentíamos como recién casados pero yo tenía que regresar temprano al día siguiente al 1232 de N. Bosworth.

Cuando llegué, Salvador caminaba inquieto en la cocina. Van Drunen había ido a buscarme a la una de la mañana. Salvador había respondido todas sus preguntas sobre mí de forma coherente y Van Drunen se había ido satisfecho. Sin embargo, algunos de los compañeros de Salvador alcanzaron a oír partes de la conversación y ahora desconfiaban de mí. Conociendo las actividades de Van Drunen, ahora pensaban que yo pretendía establecer una operación de falsificación en su apartamento. Estaban asustados y muy molestos. Todos ellos habían pagado a los coyotes para que los trajeran a Estados Unidos, comprado documentos falsos y conseguido empleos que no querían perder. Descubrirían exactamente qué era lo que yo estaba haciendo. Decidí no volver a salir del apartamento a menos de que fuera absolutamente necesario.

Una semana después, una noche de sábado, el apartamento estaba abarrotado por los típicos diez amigos y cuatro prostitutas además de Salvador y sus cuatro compañeros. En medio de la música, tragos, mujeres y el caos general, Gustavo, uno de mis compañeros de apartamento, revolvió mi maleta y encontró mi identificación de Investigador Criminal del Servicio de Inmigración y Naturalización. El domingo en la mañana nadie más se había levantado cuando un golpe en la puerta me sobresaltó. Abrí la puerta y me encontré con Van Drunen. Entró y yo cerré la puerta, le ofrecí una silla y comencé a hervir agua en la estufa. Mi Smith and Wesson de cinco tiros estaba escondida en el fondo de la despensa en un frasco de café instantáneo que nunca se usaba. Esperaba no tener que buscarlo. Coloqué un par de tazas en la mesa de la cocina y cerré las cortinas.

—¿Te vas a sentar o prefieres tomar el café de pie? —pregunté. Van Drunen no había aceptado la silla y seguía de pie junto a la puerta, con las manos en los bolsillos de su abrigo, mirándome sospechosamente a través de sus gafas. Cuando finalmente habló, me dijo que después de todo no haría tratos conmigo. Actué indignado.

—¿Vino hasta acá a estas horas de la mañana solo para decirme eso? —pregunté mientras le servía una taza de café y sacaba unas tajadas de pastel—. ¡Podría haberse evitado el viaje y simplemente olvidar el tema! —Pareció sorprendido por mi descaro.

—Le he dicho quién soy, dónde trabajo, dónde vivo, y usted todavía viene a hacer preguntas sobre mí. Le dije que quiero trabajar con usted y hacer dinero para ambos. Es muy simple. Si no me cree, dígamelo. Deme una oportunidad o simplemente olvidemos que nos conocimos.

Estaba jugando con mi suerte al ser tan impetuoso pero

pensé que no tenía nada que perder. Ahora estábamos en mi territorio. Finalmente se sentó.

—Una vez más seré franco con usted —dijo—, tengo 43 personas trabajando para mí y solo confió en cinco. Le daré una oportunidad pero pasará mucho tiempo antes de que confíe en usted. Y recuerde lo que le advertí la primera vez que nos vimos. Si se atraviesa en mi camino, pagará el precio.

Durante unos momentos seguimos ahí sentados observándonos mutuamente. Muy pronto comenzó a alardear de su negocio una vez más. Me dijo que ahora tenía veinte tipos diferentes de documentos disponibles, incluyendo certificados de nacimiento de dos estados —Illinois y Texas—, tarjetas de seguridad social y documentos de identidad. Quería saber cuáles me interesaban. Saqué los documentos que le había comprado a Joaquín Álvarez. En realidad quería que él reconociera que era la fuente de los documentos falsos, de manera que yo pudiera conectarlo de forma definitiva con la conspiración.

—Ahora tengo mejores —dijo riendo—. Déjeme saber lo que quiere. Le daré un buen precio y usted podrá triplicarlo al venderlos.

Van Drunen estableció otras reglas: no hablaríamos por teléfono, y todas las órdenes serían recogidas y entregadas por él mismo pero nunca a la misma hora. Van Drunen me explicó que le gustaba trabajar de noche para hacer más difícil que lo siguieran. La noche anterior había entregado documentos por toda la ciudad. Parecía gustarle tener a alguien nuevo a quién impresionar con sus historias. Le solicité inmediatamente dos certificados de nacimiento para dos inmigrantes ficticios: Ramón Anaya y Manuel Carrasco, de Chihuahua, México. Van Drunen me prometió entregármelos el siguiente jueves. Cuando se fue, me dirigí a la sala. No había notado que dos de mis compañeros ya estaban levantados y, cuando me reuní con ellos, guardaron un silencio sospechoso. Busqué mis credenciales y mi pistola. Todo estaba en orden, sin embargo sentía que algo no andaba bien.

Me senté confundido en la mesa de la cocina. Estaba cansado de vivir en secreto, pero sabía que tenía que seguir así. Mis entretenciones favoritas como pasar tiempo solo, leer el periódico del domingo o ver un juego en televisión con los amigos, estaban fuera de mi alcance. Me hacían falta mi esposa y mi bebé, y me sentía mal acogido en el apartamento —especialmente esa mañana.

El resto del día se pasó entre encuentros incómodos con Gustavo. Cuando cayó la noche, salí del apartamento para respirar algo de aire. Gustavo volvió a revisar mi maleta y sacó mis credenciales del Servicio de Inmigración para mostrárselas a los demás. Los otros estaban sorprendidos y dos inclusive sugirieron que podían ser falsificados. Las posibles represalias de las autoridades los disuadieron de hacerme mal, pero permitirme que siguiera persiguiendo a Van Drunen llevaría a peores represalias por parte de éste cuando saliera de la cárcel. Finalmente decidieron que su mejor opción era informarle a Van Drunen mi verdadera identidad para ganarse su buena voluntad y deshacerse de mí sin que yo supiera quién me había delatado. Entretanto Salvador, quien se suponía seguía dormido, escuchaba la conversación al otro lado de la puerta del dormitorio. Un golpe en la puerta de la cocina acabó con las discusiones.

Cuando Gustavo abrió la puerta, se encontró con la mirada fija de Van Drunen.

—Necesito a Leonardo —dijo el viejo. Los otros estaban mudos, pero Salvador salió de la habitación.

—¿Qué pasa? —preguntó—. Leonardo salió con una amiga y probablemente no regrese hasta mañana. Me dijo que me encargara de usted si venía.

Van Drunen examinó a Salvador y sus aterrados compañeros con preocupación. Salvador mandó a sus compañeros a la otra habitación con una mirada amenazadora. Van Drunen venía a entregar los documentos que le había pedido, aunque no se suponía que estuvieran listos hasta dentro de varios días.

—Entregue este sobre a Leonardo cuando regrese —ordenó, entregándole un sobre a Salvador—. Me puede pagar la próxima vez que venga.

Regresé tres horas después y encontré a los cinco hombres juntos, dos de ellos visiblemente molestos, la televisión apagada. Me senté lentamente mirando a cada uno a los ojos y les pregunté qué pasaba.

Finalmente, Salvador habló. Me dijo que todos sabían que yo era un agente clandestino, que Gustavo había encontrado mis credenciales y se las había mostrado. Me informó que sus compañeros habían planeado entregarme a Van Drunen y él estaba tratando de evitarlo. Me sentí decepcionado conmigo mismo por haber descuidado mis documentos. No obstante, el hecho de ser un agente podría simplificar las cosas si yo manejaba estratégicamente el asunto. Tendría que negociar cuidadosamente.

—Miren —dije al grupo—, ahora saben quién soy. Necesito

su ayuda, pero no les puedo prometer mucho. Si le informan a Van Drunen quién soy, me aseguraré de que los arresten. La agencia ya sabe de ustedes. Por otra parte, si me ayudan, hablaré con mi jefe e intentaré conseguirles permisos para que se queden legalmente como testigos.

Nadie dijo nada, excepto Salvador:

—¡Cobardes bastardos —comenzó—, ya es hora de que enseñen los huevos! Si ayudamos a Leonardo, tendremos alguna posibilidad de conseguir permisos legales. Si ustedes escogen entregarlo, yo personalmente me haré cargo de ustedes.

Los argumentos siempre volvían al temor que les producía Van Drunen. Dos de ellos mencionaron la posibilidad de regresar a México para no arriesgarse a la furia del "viejo". A medianoche nada se había resuelto y todos nos fuimos a dormir. Salvador y yo, rechazados, teníamos una habitación para los dos. Organicé mi cama para que pareciera que alguien dormía en ella —con almohadas y cobijas. Pasé la noche sentado en un rincón de la habitación, con la pistola cargada a mi lado.

A las seis de la mañana todos estaban en pie. Hice café pero solo Salvador se me acercó. Los demás abandonaron el apartamento sin decir palabra.

—No te preocupes —me dijo Salvador—, no tendrán los huevos para hablar. Te apuesto que algunos de ellos ni siquiera vendrán por un par de noches.

Esa mañana hice una breve visita a la oficina central para discutir la situación con Roland. Cuando le dije que mi historia había sido descubierta, se ofreció a pasar más tiempo enfrente al apartamento. Discutimos la posibilidad de una vigilancia de 24 horas con un grupo de agentes pero concluimos que los riesgos serían mayores que los beneficios. Eran tiempos en que casi todos los agentes eran llamativamente blancos.

A pesar del descubrimiento de Gustavo, seguíamos satisfechos con el progreso del caso. Van Drunen me había entregado varios carnets, algunos registros de nacimiento y varias tarjetas de seguridad social, así como algunos otros documentos. Teníamos toda la evidencia que necesitábamos para procesarlo. Ted Giorgetti, el Supervisor de la unidad en esa época, tomó parte en la conversación. Conocía personalmente a Van Drunen de la época de su arresto y ahora era quien tomaría la decisión de atraparlo. Roland sugirió que hiciéramos una compra más a Van Drunen antes de cerrar la operación y los jefes estuvieron de acuerdo. Roland y yo planeamos la siguiente semana. Cuando regresé al apartamento, llevé una caja de cerveza Old Style para ganarme a mis compañeros de casa si estaban allí. Me sorprendió encontrarlos a todos a pesar de que Salvador había dicho que algunos no regresarían por un tiempo. Repartí las cervezas.

—Hablé hoy con mi Director y le conté lo que había pasado acá —comencé—. Me pidió que les diga que aprecia inmensamente los sacrificios que están haciendo para ayudarme y me aseguró que serán tratados justamente.

Gustavo dudaba.

—¿Cómo sabemos que no seremos arrestados tan pronto usted cierre el caso? —preguntó—. ¿Cómo vamos a confiar en usted cuando ni siquiera nos dijo quién era cuando llegó?

—Miren, podemos seguir discutiendo toda la noche o podemos disfrutar nuestras cervezas —respondí—. Si algo malo les fuera a pasar, ya habría sucedido. Podría haberlos hecho encerrar para poder quedarme tranquilo acá sin tener que preocuparme por ustedes hasta terminar el caso. Decidí no hacerlo. ¿Qué deciden ustedes?

Gustavo parecía resignado a aceptar que me quedara y el resto del grupo siguió su ejemplo. Salvador se sintió aliviado. Bebimos nuestras cervezas al ritmo de las canciones de un disco de Los Tigres del Norte, una conocida banda de música latina.

Irónicamente, una de las baladas ensalzaba las proezas de un contrabandista de drogas, Camelia la Tejana, que tenía una misteriosa habilidad para evadir a los agentes de inmigración. Manny, el mujeriego del grupo, salió y regresó con un harén de prostitutas puertorriqueñas con lo cual la noche regresó a su poco convencional estado normal.

Aunque me sentía más seguro con mis compañeros de apartamento, los siguientes cuatro días me parecieron interminables mientras esperaba el regreso de Van Drunen. Ir nuevamente a su apartamento habría sido imprudente aunque habría podido argumentar que iba a pagarle su dinero. Mis compañeros iban a sus trabajos durante el día y yo veía en televisión las repeticiones de *Los tres chiflados*. Esperaba el regreso de los otros ansiosamente para disfrutar del chili con carne que había cocinado en la tarde. Dos veces me escapé a las 2 de la mañana para pasar un rato con Terrie y Gabriel, pero siempre regresaba a las 4:30 a.m. Mi decisión era firme, mi confianza estaba renovada y era paciente, así que esperé a Van Drunen.

Finalmente, el sábado siguiente al fiasco de mis credenciales, en la noche, cuando la fiesta estaba en pleno esplendor, Van Drunen apareció. Verme en medio de aquella celebración pareció confirmar mi versión de que vivía allí. Aunque la llegada de Van Drunen no era nada agradable, mis compañeros siguieron su fiesta en la sala. Los invitados tampoco se dieron por enterados del gringo sentado en la cocina.

Van Drunen parecía estar en su ambiente entre una multitud de ilegales. Aunque lo mantuve alejado en la cocina, asumió la postura del Robin Hood de la inmigración, pidiendo un café con whisky y sentándose tranquilamente. Parecía querer quedarse un rato y yo estaba dispuesto a darle gusto con la esperanza de que comenzara a alardear. No me decepcionó. Muy pronto comenzó a hablar del tamaño de sus operaciones y su ejército de esclavos. Lo presioné para que siguiera hablando.

—¿Cómo encuentras tiempo para hacer entregas a tanta gente? —le pregunté—. ¿Por qué no me dejas trabajar directamente contigo en la imprenta y hacer tus entregas?

—Tú nunca irás a mi imprenta! —me espetó—. Tengo cuarenta y tres distribuidores, confío en cinco y tú no eras uno de ellos.

Yo ya había oído ese discurso anteriormente pero él parecía disfrutar cada vez que lo decía. Le serví otra taza de café con whisky y sofoqué su interés en las damiselas de la sala cerrando la puerta de la cocina. A pesar de los tragos, se molestó por mis preguntas entrometidas y se levantó para irse. Una vez más, me apresuré a hacerle un pedido para mantener vivo nuestro contacto. Le solicité documentos falsos para Reynaldo Valenzuela, un nombre que improvisé en el momento. Le pagué los documentos que ya me había entregado, cosa que lo ablandó.

—Te veré en una o dos semanas —me dijo al levantarse de la silla—. Buenas noches.

Por experiencia, sabía que volvería en no más de uno o dos días. De hecho, confiaba en que vendría el lunes. El lunes muy temprano me reuní con Roland en la oficina. Estuvo de acuerdo conmigo en que Van Drunen aparecería pronto. A las nueve en punto nos reunimos con Ted Giorgetti y el asistente en servicio de la Fiscalía para informarles que pensábamos arrestar a Van Drunen la próxima vez que fuera a entregarme documentos, cosa que era inminente.

Roland y yo decidimos regresar juntos al apartamento y él se escondió en el armario de la habitación al lado de la cocina. Yo intentaría otra vez sacarle información a Van Drunen sobre la ubicación de su taller de producción de documentos falsos. Como yo hablaba con Van Drunen solo en español, la señal a Roland para actuar sería cuando yo dijera en inglés: *"You are not going to believe this!"*.

Poco antes de las dos de la tarde ese día, oímos el golpe en la puerta que estábamos esperando. Roland corrió a la pequeña y oscura habitación. Tal como Van Drunen había hecho la vez que fui a su casa, yo abrí la puerta y regresé al interior sin decir palabra. Van Drunen me siguió hasta la mesa de la cocina.

—Siéntate —le dije—. ¿Una taza de café?

Puse a hervir el agua para el café antes de que él me entregara uno de los sobres tras sacarlo del bolsillo de su camisa. En el interior había una tarjeta de seguridad social, un carnet del ejército y un registro de nacimiento con el nombre que le había dado dos días antes. Respiré profundamente y espiré fuertemente… Van Drunen era nuestro.

Van Drunen me miró con curiosidad. No caí en cuenta de

que mis manos estaban temblando hasta que serví el agua en las dos tazas.

—Dime, ¿dónde mantienes la imprenta? —Mi pregunta lo tomó por sorpresa y me lanzó una fea y sospechosa mirada. Parecía estar intentando descubrir quién era yo realmente. No esperé su respuesta. Tomando mi arma del frasco de café en la despensa, exclamé en voz alta: *"You are not going to believe this!"*.

Roland salió de la habitación con su arma lista, un poco despistado por la brevedad de nuestra conversación.

—¡Soy agente de inmigración! —le informé a un aturdido Van Drunen, exhibiendo mi insignia en una mano y el arma en la otra. Le leí sus derechos.

—¿Tienes algo que decir? —pregunté.

—¿Me podrías dar un vaso de agua? —gimió.

Van Drunen recuperó rápidamente su compostura y pidió un abogado. Una requisa a su Chevy Suburban, estacionada enfrente de la casa, resultó una mina de oro de evidencia en su contra. En el interior del vehículo descubrimos un maletín café con miles de registros de nacimientos, tarjetas de seguridad social y carnets del ejército falsificados. También encontramos sellos notariales de Texas, incluyendo uno a nombre de Frank L. James, del Condado de Cook, Illinois, y otro del Condado de Travis, Texas; parafernalia utilizada en la producción de sellos y estampillas; papelería con membretes de diversas compañías y maquinaria de imprenta. Tan solo podíamos imaginar lo que tendría en su taller de producción.

Tras esposar a Van Drunen y guardar la evidencia encontrada, Roland y yo lo escoltamos al centro de Chicago para registrarlo. Esa noche, agentes de nuestra oficina arrestaron a Joaquín Álvarez cuando llegaba a su casa. Roland y yo nos demoramos procesando la evidencia y no llegué a casa hasta las diez de la noche. Al día siguiente llegué temprano a la oficina, listo para proceder a la primera presentación de Van Drunen en la corte. Cuando entré a la oficina y los agentes nos felicitaron efusivamente a Roland y a mí, no me había sentido tan feliz desde el día de mi boda.

Estaba absolutamente seguro de que Van Drunen sería condenado a por lo menos cinco a diez años, especialmente por el hecho de tener una condena anterior y haber estado en prisión. Para indignación nuestra, el juez federal redujo la garantía de Van Drunen a $1.500. El desgraciado la pagó inmediatamente y abandonó la corte, pero no antes de lanzarme una sonrisa condescendiente y burlona. Obviamente, no se molestó en presentarse a las audiencias programadas y se expidió una orden de arresto contra él.

Nuestros jueces federales y, de hecho, el público en general no dan mucha importancia a los "crímenes sin víctimas", como es considerada la venta de documentos falsos. Para los criminales como Van Drunen y los miles de inmigrantes ilegales en nuestro país que necesitan los documentos falsos, mientras menos atención les den, mejor. No obstante, al no aprovechar las oportunidades para encerrar a estos tipos, estábamos haciendo un perjuicio a todos los orgullosos y trabajadores ciudadanos estadounidenses que vivían honestamente. Con documentos falsos en la mano, los inmigrantes ilegales tienen acceso a servicios de salud y educación sin pagar jamás impuestos. Y, aunque este falsificador no se dedicaba a falsificar *dinero*, igual le costaba una fortuna a los contribuyentes.

Poco se volvió a saber de Van Drunen después de ser liberado bajo fianza, aunque esporádicamente recibíamos en la oficina algún reporte. Yo estaba convencido de que Van Drunen seguía dedicado a su negocio de falsificación. Disfrutaba profundamente del reto de medirse contra el gobierno y adoraba su reputación en la comunidad de ilegales.

Cuatro años y medio después de convertirse en fugitivo, volvimos a tener indicaciones fiables de que había vuelto al negocio. Unas pocas semanas después de que la agencia anunció orgullosamente la introducción paulatina de un nuevo permiso de residencia a prueba de falsificaciones, con un costo de varios millones de dólares, uno de nuestros informantes fue a nuestra oficina con varias muestras de falsificaciones de la nueva tarjeta.

Convertirse en residente de los Estados Unidos o recibir un permiso de residencia es el sueño de millones de extranjeros. Los inmigrantes ilegales pueden pagar miles de dólares para adquirir el ansiado permiso por medio de un matrimonio falso. Si no lo logran, los permisos falsificados son la siguiente opción.

Mientras nuestra agencia hacía las costosas pruebas para comenzar a producir los permisos infalibles, Van Drunen esperaba pacientemente. A las pocas semanas de la conferencia de prensa en que se anunció la nueva tarjeta, Luis, nuestro informante, llevó a la oficina varias copias falsas perfectas de las nuevas tarjetas. Planeamos un golpe en el sitio en el que Luis hacía negocios con los distribuidores, un restaurante en la zona oeste de Chicago. Eventualmente, vimos a nuestro hombre, Van Drunen, en un automóvil cuando abandonaba la casa de alquiler que usaba como taller de imprenta en Joliet, Illinois. De forma dramática lo arrestamos cuando él y su conductor intentaban huir, arrastrándome con su auto casi 300 metros. Finalmente pude golpear al conductor con mi arma antes de que el auto se estrellara contra un poste de teléfonos.

—¿Cómo está, señor Van Drunen? —pregunté a mi antiguo adversario.

No teníamos ni idea de lo que encontraríamos en la casa de Van Drunen en Joliet. En la pared del fondo de la sala había montones y montones de títulos de propiedad de vehículos en blanco, tarjetas de seguridad social, documentos de identidad, certificados de nacimiento de Texas y tarjetas de registro de nacimientos. En una de las habitaciones, encontramos su imprenta con más de 3.000 permisos de residencia falsos aun en la prensa. En la misma habitación tenía un escritorio con cortadores, químicos y otros materiales. Hacer el inventario de la evidencia nos tomó toda la noche. La evidencia, documentos y equipos de impresión eran de calidad increíble.

Pasamos la noche registrando el inventario. Yo estaba totalmente exhausto cuando regresé a casa a la mañana siguiente. Llevaba más de treinta horas en pie. Le conté a Terrie sobre el arresto de Van Drunen y me retiré a descansar. Después de tres horas de sueño descubrí que no me podía mover. Cualquier esfuerzo me producía oleadas de dolor insoportable en la espalda. Recordé que la refriega durante el arresto del día anterior me había hecho rodar por el pavimento. Me había hecho un daño considerable pero hasta ahora lo sentía. En la clínica local descubrí que me había herido la zona lumbar de la espalda a tal punto que el médico recomendaba que me hospitalizara. Lo persuadí, prometiéndole que permanecería acostado excepto para asistir a las terapias tres veces a la semana. Al día siguiente estaba de regreso en mi escritorio.

Van Drunen no negó los cargos criminales que presentamos. Asumió toda la responsabilidad por sus acciones lo cual, en los delitos federales, contribuye mucho a la reducción de la sentencia y él lo sabía. Tras su arresto, Van Drunen prestó declaración ante el Senado de Estados Unidos sobre su negocio de falsificación de documentos y, descaradamente, informó al Comité que sus ventas a lo largo de su carrera excedían los 100.000 documentos. Se negó a divulgar los nombres o datos de sus socios y subordinados. Van Drunen era un innovador en la forma en que promocionaba, distribuía y controlaba su negocio ilícito. Vio la posibilidad de unas ganancias inesperadas con la siempre creciente población de indocumentados en Estados Unidos.

El imán que continúa atrayendo inmigrantes ilegales a Estados Unidos, a pesar de nuestros esfuerzos por controlar las fronteras, son los empleadores que siguen dispuestos a contratar mano de obra ilegal a cambio de salarios muy bajos que les permiten hacer enormes ganancias con poco riesgo. En una redada realizada en abril de 2006 a cuarenta de las sedes en 26 estados de IFCO Systems Inc., una compañía grande de palés, los agentes del ICE arrestaron a cerca de 1.200 inmigrantes ilegales y siete administradores que sistemáticamente contrataban ilegales a los que ayudaban a conseguir documentos falsos, transporte desde la frontera y entrenaban para evitar a la policía. Posteriormente, los trabajadores eran contratados en condiciones laborales deplorables. Un maestro de la falsificación como Van Drunen prosperaba fácilmente con un mercado como ese preparado de antemano.

Según Peter Smith, un agente del ICE en el norte del estado de Nueva York, encontraron trabajadores "taladrando, cortando, desmantelando viejos palés, operando pistolas neumáticas de clavos y sierras mecánicas. La mayoría vestía jeans, zapatos deportivos, camisetas de manga corta; algunos tenían aserrín en el cabello".

Dos años después de la redada, me pidieron hacer una auditoría de las sedes de IFCO Systems en Indiana y Luisiana. Sorprendentemente descubrí que entre el 40 y el 50 por ciento de los empleados eran inmigrantes ilegales con documentos falsos, identidades robadas a ciudadanos estadounidenses. Obviamente, IFCO Systems llegó a un acuerdo con el gobierno y aceptó pagar una multa de más de veinte millones. Varios de sus ejecutivos de alto nivel fueron acusados y esperaban el juicio.

Con este mercado a disposición, la venta de documentos falsos ha crecido hasta convertirse en un negocio multimillonario. Aun más preocupante es la facilidad que tienen personas que buscan hacer daño a nuestras comunidades y nuestro país, como en el caso del atentado al World Trade Center y los 19 secuestradores, para obtener documentos falsos. Todos los que participaron en esa acción usaban múltiples identidades y documentos falsos tras ingresar a Estados Unidos con visas expedidas por el Departamento de Estado.

"Los documentos falsificados dan a las personas la apariencia de un estatus legal y acceso a oportunidades a las que realmente no tienen derecho", afirmó el Director del ICE, John Morton, en diciembre de 2010, en respuesta a una acusación contra 22 miembros de una sofisticada y violenta banda de falsificadores de documentos.

Eso es exactamente lo que Van Drunen hizo cuando afirmó haber ayudado a más de 15.000 inmigrantes ilegales en el caso contra él. El fiscal encargado del caso declaró que la acusación describía "una organización criminal mortal que utiliza métodos brutales para eliminar a los rivales, proteger su territorio y hacer cumplir la disciplina entre sus miembros". Los tiempos han cambiado pero los métodos de Van Drunen siguen existiendo.

Tras declararse culpable, Van Drunen fue condenado a doce años en una prisión federal; algo más apropiado que la fianza de $1.500 con que se había librado la primera vez que lo arresté pero aun inadecuado para un hombre tan siniestro. Yo lo había atrapado dos veces pero Van Drunen no estaba acabado y nuestros caminos volverían a cruzarse.

CAPÍTULO CUATRO

La familia Castillo

La familia Castillo era digna de ser tenida en cuenta. Eran muy fuertes en el área de Los Ángeles. Estaban tan bien organizados que era casi imposible infiltrarlos. Funcionaban como una máquina bien sincronizada. Llevaban años en el negocio y no teníamos ni idea de cómo los atraparíamos pero yo confiaba en que encontraríamos la forma de infiltrar su banda de contrabando de humanos. Teníamos que enfrentar su descarado desprecio a nuestras leyes. Pensé que lo mejor sería infiltrar su cadena de distribución. No estaba seguro de que mis jefes lo aprobaran, pero igual comencé a esbozar un plan.

Los Castillo tenían la base de su negocio en Los Ángeles, pero Chicago era su principal depósito. Los *pollos* cruzaban la frontera desde Tijuana, México, a San Isidro, California, y luego los transportaban los 250 kilómetros hasta Los Ángeles. Desde allí los llevaban a Chicago para distribuirlos a otras zonas del país.

Con la ayuda de informantes, descubrí que Domingo Pérez, un residente legal proveniente de Durango, México, era uno de los principales distribuidores de los Castillo en Chicago. Quiso la suerte que Francisco, nuestra excelente fuente de información en el caso Van Drunen, lo conociera lo suficientemente bien para acercársele.

Muy pronto, Francisco se estaba desempeñando como conductor de Pérez. Necesitaba conductores para recoger a los recién llegados en la estación de trenes de Joliet, a 64 kilómetros del centro de Chicago, y repartirlos por el área metropolitana. No le gustaba dejar a los *pollos* esperando por ahí en la estación porque tendían a llamar la atención —no solo por su vestimenta sino también por su costumbre de andar en fila india detrás de quienquiera que actuara como líder. Destacaban tanto que me sorprendía que grandes grupos lograran llegar hasta Chicago sin que las autoridades de inmigración los detuvieran. Sin embargo, entiendo que era imposible para los pocos agentes asignados a nuestras fronteras y con los bajos recursos disponibles, detectar y arrestar a los miles de personas que estaban cruzando la frontera cada día. Pasarían muchos años, hasta los ataques del 11 de septiembre, antes de que las autoridades de inmigración recibieran los recursos necesarios para enfrentar la inmigración ilegal. Para entonces, millones de inmigrantes ilegales ya estaban cómodamente establecidos a lo largo y ancho del país.

Pérez comenzó a confiar en Francisco al punto de confesarle que las operaciones de contrabando estaban encabezadas por una pareja de esposos que vivía en Los Ángeles. Los describió como los jefes de una organización cerrada, conformada fundamentalmente por miembros de la familia e inmigrantes de su tierra natal, Michoacán. Todos se conocían entre ellos, así que infiltrar la organización no sería tarea fácil. No obstante, Francisco logró conseguir el número telefónico de Agustín Castillo y doña Carmen Valencia de Castillo en Los Ángeles y me lo pasó.

Los Castillo se habían establecido en Los Ángeles hacía 25 años, cuando Agustín inmigró de México y se casó con Carmen, quien era ciudadana estadounidense. Juntos constituían una de las presas más formidables perseguidas por el Servicio de Inmigración por contrabando de ilegales.

Los Castillo funcionaban con base en referencias, aceptando solo los clientes que eran amigos o familiares de clientes que ya habían utilizado sus servicios. Contemplamos la opción de enviar informantes desde México a la cadena de distribución de los Castillo, pero habría sido demasiado arriesgado, así que desistimos. Necesitábamos el testimonio directo y convincente de un agente entrenado, así como la evidencia pertinente, para poder desmantelar una organización como esa… y no había sino una forma de lograrlo. Yo pasaría a la clandestinidad utilizando el apellido de un inmigrante recientemente llegado. Haría que me ingresaran ilegalmente en los Estados Unidos y me llevaran a Chicago, algo similar a mi misión de Juárez a Chicago.

Llamé al número que me había dado Francisco. Una agradable voz al otro lado de la línea me informó que hablaba con doña Carmen y me preguntó qué necesitaba. Le agradecí su cortesía y le dije que llamaba desde Chicago porque estaba interesado en traer a mi hermano y mi tío de México. Doña Carmen me preguntó el nombre de la persona que me había remitido a ellos y me pidió que esperara en la línea. Regresó muy pronto y me aclaró que ya había confirmado el nombre en sus registros.

Con la referencia ya confirmada, rápidamente pasó a los detalles del negocio. Tenían arreglos con varios hoteles en Tijuana. Incluso, si mi hermano no tenía dinero, podía informar en la administración de esos hoteles que era enviado por la organización Castillo y ellos se encargarían de él. Dijo también que la tarifa se pagaría en el destino final.

Debido a su tremendo éxito, a los Castillo no les preocupaba negociar con inmigrantes que no podían pagarles por adelantado. A diferencia de otras organizaciones de contrabandistas que formaban sociedades volátiles e independientes y cada una se encargaba de una etapa del viaje, los Castillo tenían una estructura bien definida desde el punto de origen hasta el punto final de distribución. También tenían una demanda infinita porque sus clientes confiaban en ellos y les remitían a todos sus amigos y familiares. Los clientes también sabían que no los estafarían por el camino. Al delegar el cobro de las tarifas a miembros de la familia en Chicago, al final de la línea, los Castillo mantenían un férreo control de las finanzas de su negocio. Durante esa primera conversación, doña Carmen me recomendó el Hotel Alaska en Tijuana como una de las mejores opciones de alojamiento. Me aseguró que trataban bien a los clientes, eran totalmente confiables, y estaban protegidos por policías locales involucrados en el negocio. Eso garantizaba que otros policías no tratarían de estafarlos y las bandas no los atacarían. Le dije que pasaría la información a mis supuestos hermano y tío, Fernando y Arturo Ramírez. Doña Carmen me aseguró amablemente que los estarían esperando y me recomendó que alguien del hotel la llamara tan pronto mis parientes llegaran a Tijuana. Además, prometió que mis familiares no pasarían más de un día en Tijuana.

Tras esa conversación, le presenté mi propuesta a la Oficina Regional del Servicio de Inmigración y Naturalización, solicitando autorización para trasladarme a México y hacerme contrabandear de regreso por la línea de distribución de los Castillo. La Fiscalía en Chicago apoyaba el plan de todo corazón. Sin embargo, por problemas de presupuesto, solo un agente podría pasar a la clandestinidad. Tras la dura experiencia de Juárez, me habría gustado que otro agente me acompañara, especialmente como respaldo, pero tenía suficiente fe en mis habilidades para cuidarme y cumplir la misión, así que seguí adelante con el plan.

Ya con la autorización, Gary y yo comenzamos a planear una vez más mi aventura. Pedí a la oficina de Los Ángeles que revisara el escondite de los Castillo en el 6901 de Compton Street. El agente de L.A. me confundió cuando dijo que no encontraba esa dirección. Yo sabía que la casa existía porque había conseguido registros del número de teléfono en esa dirección. El agente no había ido a buscar la casa, simplemente había revisado un mapa y, cuando parecía que la calle terminaba en el 6700, supuso que la dirección que yo le había dado no existía.

Cuando la confusión se resolvió, llamé nuevamente a doña Carmen para decirle que mis parientes se encontraban en camino a Tijuana. Ella me volvió a recomendar el Hotel Alaska y me informó que tenían algunos clientes acumulados en la cadena de distribución así que podrían presentarse algunas demoras entre México y Los Ángeles.

Aunque yo no contaba con otro agente para apoyarme, decidí llevar conmigo a uno de nuestros más confiables informantes, un hombre de unos 50 años llamado Arturo. Nos valíamos de él con frecuencia para infiltrar bandas de contrabandistas de inmigrantes y falsificadores de documentos. Cuando llegó por primera vez a Estados Unidos desde Durango, había dejado seis hijos y una esposa en México, a 1.120 kilómetros de la frontera. Decidió venir a Estados Unidos cuando se enteró del éxito de su hermano en Chicago. Como tenía un buen trabajo, una casa y una familia en Durango, se le concedió una visa de cruce de fronteras que le permitía ingresar legalmente al país. Una vez acá, consiguió un trabajo en el que aprovechaba sus conocimientos de construcción y carpintería. Finalmente trasladó a toda su familia a Chicago.

Siempre estaba dispuesto a ayudarnos y se desempeñaba especialmente bien en situaciones de clandestinidad. A cambio, le dimos un permiso de trabajo y autorización para viajar a México una vez al año para visitar a sus parientes. Arturo era un hombre de total confianza. Sin siquiera preguntar en qué consistía la misión, siempre aceptaba el reto. Tengo el presentimiento de que le encantaban las aventuras más que nada, estaba agradecido de estar en el país y disfrutaba especialmente trabajando en secreto conmigo. En esta misión, incluso pagó su viaje hasta Tijuana.

Como en la mayoría de los casos en que trabajaba, fui muy franco con Terrie. Ella se había resignado a mi decisión de ir tras los delincuentes principales, sin importar los riesgos que implicara. De hecho, ella sabía que yo disfrutaba el reto de medirme con esos criminales. Era una compañera amorosa, que me daba todo su apoyo y con la cual yo podía contar para que esperara mi llamada en caso de necesitar ayuda, tal como me lo había probado cuando el caso de los Medina. Con frecuencia pensé que ella disfrutaba de la cacería tanto como yo pero, igual, eso no facilitaba las cosas. Aun cuando tendría a una persona de confianza conmigo, el caso de los Castillo nos ponía nerviosos a ambos.

Mi primera parada tras abandonar Chicago fue en Los Ángeles. Exploré la calle Compton, donde estaba la casa de los Castillo. El vecindario era como cualquier otro de clase media. La casa de la esquina destacaba por los bien podados arbustos y árboles del pequeño jardín. Un anciano rociaba las matas del frente de la casa, que parecía recién pintado. Quienquiera que viviera allí se sentía orgulloso del lugar. Quien recorriera el área jamás habría imaginado que miles de inmigrantes ilegales habían pasado por allí a lo largo de los años. Asumí que una pequeña construcción en la parte trasera haría las veces de vivienda temporal de los inmigrantes.

Al día siguiente, me dirigí a la frontera acompañado por Rick Sanders, un Investigador Criminal de la oficina de San Diego. Rick había controlado una vez a un hombre armado resuelto a asesinar al Director Distrital en la oficina de Los Ángeles. Afortunadamente, los disparos hechos no habían dado en el blanco y luego Rick se lanzó contra el asesino por la espalda y lo tumbó.

Nuestra primera parada era en el Sector de Chula Vista de la Patrulla de Fronteras (ahora llamado el Sector San Diego) para informar al jefe de la patrulla sobre nuestra operación.

Yo no quería que se repitiera la historia del incidente en Nuevo México en que el agente estatal no tenía ni idea de quién era yo. Si esperaba que me elogiaran y animaran por mi misión, estaba equivocado. En lugar de eso, el jefe de sector de la Patrulla Fronteriza me informó que tendría problemas para atravesar su área y mi misión probablemente fracasaría. Pensé decirle que todos los demás pensaban que funcionaría pero, por respeto, desistí. Como no era fácil desanimarme, le di las gracias y le dije que lo llamaría desde Chicago cuando terminara la misión. Abandoné su oficina más convencido que nunca. Esa tarde, visité a mi hermana mayor, Magdalena Hendrix, en National City, California.

Mi familia siempre ha tenido un rol importante en mi vida. Mi hermana y su marido, John, se sorprendieron y alegraron de verme. Como todos en mi familia, se preocupaban por mi seguridad cuando trabajaba de clandestino, especialmente en México. John me regaló —como amuleto de buena suerte— su gorra de beisbol de sus días de Vietnam. Yo la rechacé sabiendo lo mucho que significaba para él pero John no estaba dispuesto a desistir. La gorra resultó ser de mejor suerte de lo que nunca habría imaginado.

Rick me dejó en el costado estadounidense de la frontera y yo continué mi camino hacia Tijuana a pie, a lo largo de las filas de cientos de personas que se dirigían a nuestro país a pie o en sus autos. Con mi disfraz de siempre, jeans viejos y camiseta, me veía como la mayoría de los jóvenes mexicanos que regresaban después de trabajar en los Estados Unidos o ser deportados por las autoridades de inmigración. Nadie me puso atención; llevaba solo una mochila con una muda de ropa y algunos artículos de aseo. Esta vez, a diferencia del caso Medina en que tuve que buscar contrabandistas al azar en un bar mexicano, ya tenía a mi traficante negociado y sabía a dónde debía ir.

El Hotel Alaska era fácil de ubicar. Arturo, siempre responsable, ya había llegado tras visitar brevemente a su familia en Durango. Para doña Carmen, yo era Fernando Ramírez —el "hermano"— y Arturo era el "tío".

El hotel había visto mejores épocas, pero era muy superior a El Correo en Juárez. En la oficina se encontraba reunido un grupo de gente hablando con alguien que parecía ser un contrabandista. Arturo ya había conseguido una habitación de dos camas para nosotros. Tal como me había recomendado doña Carmen, me dirigí a la recepción para llamarla e informarle que ya estábamos en Tijuana. La conversación fue breve. Doña Carmen me ordenó esperar en la habitación; sus hombres se presentarían en pocas horas. Me pidió que no les entregara ningún dinero aunque me lo solicitaran. Todos los pagos se hacían al final. A juzgar por lo que me dijo, saldríamos esa misma noche.

Varias horas después, nos despertó un golpe fuerte en la puerta. Tan pronto abrí, dos hombres entraron a la habitación preguntando cuántos éramos y exigiendo dinero. Les informé que acababa de hablar con la señora Castillo y tenía orden de no darles dinero. También les dije que, si no me creían, podíamos llamarla desde la recepción.

—La señora Castillo ya habló con mi hermano en Estados Unidos y él pagará cuando lleguemos —les dije. Entendieron que no me asustarían y desistieron de sus exigencias. Nos informaron que el grupo de esa noche ya estaba completo así que nosotros no saldríamos hasta la noche siguiente.

Poco después los oímos golpear en otras puertas del piso, tratando de obtener dinero de otros clientes. Estuve tentado a salir y mandarlos al diablo, pero lo pensé mejor. Por el ruido que oíamos parecía ser que nuestros contrabandistas tenían muchos clientes en el hotel. Estos tipos no actuaban a escondidas ni se preocupaban por la policía mexicana.

Arturo y yo decidimos ir a tomarnos una cerveza. Caminando por las atestadas calles de Tijuana, oímos música de acordeón al pasar frente a un bar y decidimos entrar. El lugar estaba abarrotado de contrabandistas e inmigrantes matando el tiempo antes de continuar camino al norte. Varios de los contrabandistas alardeaban sobre el tiempo que habían pasado en prisión o lo astutos que habían sido engañando a "la migra", los oficiales de inmigración.

Sin saber a qué horas, nos dio la una de la mañana allí, mucho más tarde de lo que pensábamos quedarnos. Nos dirigimos lentamente hacia el hotel teniendo cuidado de que no nos atracaran en las atestadas y oscuras calles. Nos detuvimos en la recepción para recoger la llave y nos sorprendió descubrir un mensaje de los contrabandistas diciendo que estuviéramos listos a las 4 de la mañana, tan solo tres horas más tarde. Busqué un teléfono público para informarle a Rick Sanders de nuestra hora de partida.

Tenía tres horas para descansar o, al menos, eso creí. Me acosté en mi cama sin desvestirme y caí profundo. Pensé que soñaba cuando oí fuertes golpes en la puerta y alguien que gritaba para que nos levantáramos. Arturo y yo habíamos dormido solo una hora cuando nos despertaron los tipos que habíamos conocido antes. Como era común entre los traficantes, estos tipos eran conocidos solo por sus apodos. Nuestros guías eran "El Chupón" y "El Gringo". Ambos apestaban a alcohol. Había otros contrabandistas recogiendo a sus clientes a esa hora, creando un gran alboroto y mucha expectativa entre los que se alistaban para partir.

Cuando llegamos al estacionamiento nos esperaban varias minivan. El Chupón y El Gringo abrieron la puerta trasera de una de ellas y nos empujaron dentro.

El conductor condujo lentamente hasta la esquina de la calle Primera para esperar a que otros guías recogieran a sus clientes. Muy pronto, se reunieron con nosotros "El Ronco", "Murdullo", "San Martín de Porras" y sus clientes, incluyendo dos niñas de unos 6 y 8 años.

Tras conducir otros tres kilómetros aproximadamente, nuestros guías nos ordenaron bajar de las camionetas y comenzar a caminar. Caminamos durante una hora a través de malezas y un terreno accidentado, llegando finalmente a una colina que daba a una carretera que atravesaba la frontera. Nuestro grupo estaba formado por diecisiete inmigrantes y al menos cinco contrabandistas. No éramos los únicos esperando para cruzar. Escondidos entre la maleza se veían otros grupos similares esperando transporte. Traté de contarlos pero eran demasiados. De repente, aparecieron cuatro hombres y se desplazaron de grupo en grupo exigiendo dinero. Eran policías mexicanos dedicados no a proteger y servir, sino a extorsionar. Me molesté realmente cuando uno de nuestros guías nos pidió a todos una contribución.

—Tiene que pagar o regresarán —insistió.

Me tranquilizó que fueran tan solo policías deshonestos y no una de las bandas de criminales que se aprovechan de los inmigrantes ilegales. Normalmente les roban todo a sus víctimas y con frecuencia les dan también una paliza. Yo tenía conmigo mi vieja pistola calibre .25 en el bolsillo trasero, pero afortunadamente nadie me registró. Sospecho que los contrabandistas estaban en la jugada y dudo que esos tipos fueran verdaderos policías.

Cada uno de nosotros entregó $20 y ellos siguieron su camino.

El Chupón escogió a varios de nosotros y gruñó:

—¡Usted, usted y usted irán en el maletero del primer automóvil! —y nos dio instrucciones de saltar al maletero tan pronto llegara el auto.

—De ninguna manera iré en el maletero güey —le dije.

El Chupón tan solo sonrió.

—Está bien, entonces súbase al asiento trasero del lado del conductor.

En la distancia vimos dos destartalados autos que se acercaban.

—¡Esos son los nuestros! —grito El Chupón—. ¡Córrale cabrones!

Mientras los dos autos disminuían la velocidad, nosotros nos lanzamos colina abajo. Varios perdieron el equilibrio y algunos rodaron cuesta abajo. Si esto no hubiera sido la vida real y un momento muy serio, habría sido divertido. El caos fue total mientras todo el mundo intentaba subirse a los dos pequeños automóviles. El Chupón descendió la cuesta ágilmente y estaba de pie al lado de uno de los autos gritando a todos que se subieran. Yo corrí entre los dos autos, alcanzando la parte trasera derecha del vehículo del frente. Cuando volví a mí, estaba entre el maletero tratando de recuperar el sentido. Me dolía el lado izquierdo de la cabeza y me zumbaba el oído.

El Chupón me había dado un puñetazo antes de echarme al maletero. La claustrofobia que sentía era apabullante. Intenté estirar las piernas sin éxito porque había alguien encima de mí. Logré quitármelo con trabajo. El cuerpo permaneció aterradoramente quieto mientras lo hacía a un lado.

Me pregunté cómo había podido ser tan imbécil para no prever esto. Viajábamos a alta velocidad. Sabía que el auto iba sobrecargado porque la parte trasera se golpeaba con el piso siempre que pasábamos un bache.

Cuando pensé que la situación no podría empeorar, sentí el olor a gas del tubo de escape. Debía estar metiéndose por algún agujero en el suelo del maletero.

—¿Vamos a morir? —preguntó una voz asustada sacándome de mi pánico.

—No si puedo evitarlo —respondí—. No permitiré que este sea nuestro ataúd. Lograremos salir de esta.

—Si morimos asfixiados, ¿alguien nos encontrará? —volvió a preguntar buscando que lo tranquilizara. Tenía 16 años y viajaba solo a reunirse con sus padres en Estados Unidos. Su voz temblorosa me sobresaltó. Yo era un agente del gobierno de Estados Unidos en misión y me sentía responsable de él, como si lo tuviera a mi cargo. Tanteé alrededor mío con las manos buscando algo que me sirviera para taponar el agujero por el que entraban los gases. No teníamos mucho tiempo. Afortunadamente yo llevaba puesta aun la gorra que me había regalado mi cuñado. La gorra serviría. Me la quité y la coloqué sobre el agujero, deteniendo la entrada del humo. La gorra de la suerte había cumplido su misión.

Superado el peligro inmediato, mi compañero del maletero comenzó a contarme su historia. Su nombre era Ramón. No había visto a sus padres en casi cinco años, desde que se habían trasladado a Estados Unidos. Él había permanecido en su tierra natal, El Salvador, con dos hermanos menores y su abuela anciana. Llevaba más de dos semanas viajando solo después de separarse de un pariente mayor cuando atravesaban a hurtadillas uno de los puestos de control mexicanos.

Ramón no tenía ni idea de si su pariente había sido arrestado o asesinado, o si había continuado el viaje por su cuenta. Cuando cayó en cuenta de que estaba solo, había buscado protección con un compatriota mayor que viajaba en grupo. Pero, cuando el pervertido intentó aprovecharse de él, decidió huir. De alguna forma había logrado llegar hasta el Hotel Alaska. La gente de la recepción lo remitió a los Castillo. Los Castillo se comunicaron con sus padres y éstos los contrataron para que lo llevaran al otro lado de la frontera.

Estar encerrado en el maletero de un auto era probablemente la situación más exasperante que viví en mis operaciones clandestinas. Me sentía totalmente fuera de control y la claustrofobia me estaba matando. No podía imaginarme lo que estaría sufriendo Ramón, quien ya había vivido tantos horrores. Pensar que todo terminaría en este maletero debió ser insoportable. Él había pensado que el viaje en el auto a través de la frontera sería la última etapa hacia la libertad. En su lugar, el riesgo mayor era que fuera la etapa final hacia la muerte. Los niños que atravesaban la frontera, muchos de ellos sin sus padres, estaban expuestos a las mismas condiciones que los adultos: en ese mundo las mujeres y niños no tenían privilegios.

Cuando me encontré con estos jóvenes y niños vulnerables, siempre hice todo lo posible por guiarlos y protegerlos de los muchos bastardos que los contrabandeaban y a los cuales les tenía sin cuidado si se reunían o no con sus familias. Era parte de mi responsabilidad como oficial de la ley pero, en este caso, lo tomé aun más personalmente. Jamás he entendido cómo las personas pueden tratar así a los niños, pero me aseguraría de que estos desgraciados acabaran en prisión.

Ramón y yo seguimos dando tumbos en el maletero, en cada curva y desnivel, y las llantas chirriaban. Después de un rato, pareció que tomábamos una carretera en mejor estado porque el viaje se hizo notablemente más suave. Intenté imaginar dónde estaríamos. Mis ojos ya se habían adaptado a la oscuridad, así que inserté en la cerradura un pequeño destornillador que había encontrado en el maletero. Ramón se encargó de mantener la gorra sobre el agujero. ¡El esfuerzo no fue en vano! Hice saltar la cerradura cuidándome de que la tapa no se abriera más de unos centímetros. Con el aire fresco, comencé a sentirme más optimista y controlado.

El resto del viaje pude mirar hacia afuera. Detrás de nosotros no hubo nadie hasta que llegamos a la autopista. Mantuve la tapa tan cerrada como me era posible. No podíamos hacer más que esperar y ver a dónde nos conducían. El auto disminuyó la velocidad y nos detuvimos en una especie de edificio de apartamentos. Podía oír a Arturo llamándome.

—¿Estás bien sobrino? Están a punto de sacarte de ese maletero.

Mantuve la tapa totalmente cerrada para que pareciera aun asegurada. Oímos la llave dar vuelta en la cerradura y, abruptamente, vimos la luz del sol. El Chupón me observaba.

—Pensé que no viajaría en el maletero, cabrón —me dijo desdeñosamente.

Por el momento, lo único que quería hacer era estirar las piernas. Salí y me reuní con Arturo y otros ocho que habían viajado en el mismo auto. Otros dos automóviles llenos de inmigrantes estacionaron junto a nosotros. Nos llevaron a todos a un apartamento en un segundo piso, poco amoblado y apestoso. En la habitación principal ya había otros quince inmigrantes. El sitio parecía ser usado por otros grupos de contrabandistas. Era una parada en la cual se distribuía a los ilegales dependiendo de la zona de Los Ángeles a la que iban. Continuaron llegando grupos de cinco y seis con sus respectivos guías. Muy pronto éramos entre treinta y cuarenta hombres, mujeres y niños en el atestado salón lleno de bolsas negras de basura. Dos de los contrabandistas cargaban cajas de cerveza para compartir. Entre los contrabandistas había tres que sobresalían: con cortes de pelo militares y acentos tex-mex, muy diferente al de los guías y conductores que nos habían traído.

—Oiga amigo —le dije a uno de ellos en español—, ¿de quién es este apartamento?

Obviamente no esperaba recibir una respuesta y pensé que me ordenaría callarme, como normalmente hacen con los inmigrantes que se arriesgan a hacer preguntas.

—Tres chicanos de la Marina estadounidense nos alquilan el lugar —respondió.

Para mi consternación, siguió contando que eran del Campo Pendleton, una gigantesca base de la Marina en la ciudad de Oceanside, en el sur de California. Sus vehículos tenían salvoconductos de la base y su intención era ¡atravesar con nosotros la base para evitar el puesto de control de la Patrulla de Fronteras!

Eran militares en servicio activo que nos llevarían de un

lado a otro de la base. ¡Esto realmente me enfureció! No solo estábamos tratando con mexicanos de los bajos fondos, sino que también nos enfrentábamos a militares estadounidenses activos que habían jurado proteger y defender nuestro país. Me costaba creer que estos canallas ayudaran a otros a evadir nuestras leyes sin conocer sus antecedentes y sus intenciones. Evidentemente, no les importaba el riesgo a la seguridad o el daño que podía resultar de su comportamiento egoísta y anti-patriótico. Era totalmente deplorable e intolerable.

No podía creer que estas escorias, que no solo eran hispanas sino que además habían jurado defender a nuestro país, estaban abusando de la fe y confianza puesta en ellos para ayudar a ingresar ilegales al país. Algunos venían a buscar una vida mejor pero, otros, podían venir para hacernos daño o para involucrarse en actividades criminales. Los militares no podían saberlo.

Los contrabandistas mexicanos no debían lealtad a nuestro país, pero yo esperaba algo más de los miembros de nuestras fuerzas militares y era la persona indicada no solo para asegurar que no continuaran en el servicio sino que fueran puestos tras las rejas.

Llevábamos varias horas en el apartamento cuando llegó un mexicano musculoso, de bigote tupido y un diente de oro, acompañado por dos hombres. Los contrabandistas lo llamaban "Micho".

—Guarden esas cervezas —ordenó—. Vaya a la base militar y asegúrese de que todo está despejado. —Le dijo a uno de los hombres con corte militar.

—Sí, sí —respondió—. Creo que nuestro hombre tiene su turno a las cuatro.

—Vaya y confírmelo. No vamos a correr riesgos —ladró Micho.

El hombre del corte militar se dirigió a la puerta.

Se confirmó que un soldado "amigo" estaría en la guardia de la tarde y de turno entre las 4 y 5 de la tarde. Micho y El Chupón conversaron brevemente en el exterior y regresaron pocos minutos después. No me gustaba la forma en que me miraban. Le dije a Arturo que estuviera en guardia. A las cuatro en punto, con precisión militar, uno de los marines le informó a Micho que su hombre estaba en la entrada de la base. Observé fijamente al canalla. Quería estar seguro de que no olvidaría su cara y, si hubiera tenido opción, me habría lanzado contra el bastardo en ese instante. La paciencia era una virtud que había logrado desarrollar con los años para controlar mis emociones pero, en silencio, me prometí que vendría personalmente por él.

—Todos los de los Castillo, pónganse de pie y alístense para partir inmediatamente —ordenó Micho.

Nos levantamos diecisiete y seis fuimos escoltados al exterior: Arturo, tres hombres más, una mujer y yo. Esperaba encontrarme nuevamente con el Chevy Nova pero me llevé una agradable sorpresa al ver una camioneta Mazda en buenas condiciones esperándonos. La mujer fue enviada a la cabina y los demás subimos en la parte trasera. Uno de los soldados ocupó el lugar del conductor. Nuestro conductor era Santiago Arana quien, según descubrí después, era cabo segundo en la Marina. Provenía de San Elazario, Texas, a pocas millas del pueblo en el que Terrie había estudiado su secundaria.

Vi que los otros once inmigrantes de los Castillo subían a una furgoneta Chevy negra. El conductor era otro soldado méxico-americano, acompañado por un tipo no latino. Memoricé la placa de esa furgoneta. Posteriormente, cuando revisamos los registros, descubrimos que el vehículo pertenecía a un sargento del ejército estadounidense con más de catorce años de servicio.

En nuestra camioneta, un contrabandista nos pasó unas cortinas para cubrir las ventanas y no ser vistos. Así de simple… estábamos en la entrada del Campo Pendleton. Mejor no hablar de la seguridad de esa base. Arana conducía cuidadosamente para evitar ser detenido por la policía militar y salimos por el extremo opuesto de la base con lo cual eludimos por completo el puesto de control de la Patrulla de Fronteras.

Continuamos por la autopista hasta llegar a San Juan Capistrano, a 50 kilómetros de distancia. Arana estacionó en el concurrido estacionamiento de un restaurante. Muy pronto se nos unieron otros vehículos llenos de inmigrantes. Los militares del grupo de contrabandistas habían cumplido con su parte, violando la seguridad de la base. Nos hicieron subir a otros vehículos para continuar el viaje hacia el norte. El viejo Chevy Nova estaba allí pero El Chupón no se veía por ningún lado. Rápidamente me subí al asiento trasero, decidido a no viajar nuevamente en el maletero. Tres jóvenes de buenas maneras aceptaron viajar en el maletero y agradecidos aceptaron mi gorra para tapar el agujero. Quedamos en que me la devolverían en la siguiente parada.

Viajamos otra media hora y llegamos alrededor de las 6 de la tarde al refugio de Los Ángeles. Después de oír hablar tanto de doña Carmen y hablar con ella por teléfono varias veces, finalmente me encontraba cara a cara con ella y con su esposo, Agustín. Agustín no se molestó en mirarnos dos veces. Doña

Carmen cortésmente nos guió hasta una pequeña habitación en un callejón. En el interior ya había cinco inmigrantes y muy pronto se reunieron con nosotros cinco más que llegaron en otro Chevy Nova. Otros que llegaron fueron inmediatamente acomodados en la parte trasera de una furgoneta Ford blanca para ser llevados a la estación de tren y continuar sus viajes esa misma noche.

Estudié la zona mientras nos dirigíamos al cobertizo en la parte trasera. Tenía la esperanza de que alguno de los autos vacíos estacionados a lo largo de la calle escondiera a un agente de apoyo encargado de cuidarme, pero no logré descubrir a nadie. El cobertizo estaba desocupado excepto por un montón de delgados colchones amontonados contra una pared. Uno de los ilegales que ya estaban ahí nos informó que solo diez personas partían cada día para no atraer atención sobre el lugar.

Cuando ya nos habíamos acomodado, doña Carmen regresó y nos informó las reglas del juego.

—Nada de ruidos. Nada de peleas. La comida se sirve dos veces al día.

Las mujeres y niños dormían en un costado de la habitación y los hombres mayores en el lado opuesto, aun si eran de familias que viajaban juntas. Doña Carmen dejó claro que si alguien no acataba las normas sería enviado de regreso a México con sus empleados al día siguiente. El cobertizo tenía una pequeña ventana cerca al techo; abría hacia afuera para ventilar el lugar. La única puerta, cerrada de noche con candado, daba al jardín trasero.

La primera noche nos costó trabajo dormir. Escuché historias de penurias y privaciones, similares a las que había oído en Ciudad Juárez. Algunos regresaban de México tras visitar a sus familiares después de largos periodos de separación. Otros estaban nuevamente en camino hacia el norte tras haber sido deportados a México por nuestras autoridades de inmigración. Su devorador impulso de regresar era visible en sus rostros. No podían sobrevivir en México, con salarios de menos de un dólar al día, si es que conseguían trabajo. Una mujer con niños dijo que algunas veces usaba a su hija de ocho años para que pidiera limosna en las calles y que eso la estaba matando. Estar en Los Ángeles les hacía confiar en que estaban casi al final del camino. Ramón, el niño de El Salvador, continuó su viaje hacia San Francisco esa misma noche. Estaba emocionado y asustado. Nos abrazó y agradeció a Arturo y a mí por haberlo cuidado de Tijuana a Los Ángeles.

Aunque nunca volvería a verlo, podía imaginar la felicidad de sus padres cuando lo vieran después de tanto tiempo. No puedo imaginar una separación como esa de mis hijos o la angustia que deben haber vivido sus padres durante las semanas en que él viajaba desde El Salvador hasta los Estados Unidos, sin posibilidad de comunicarse con ellos.

—No me caería mal una cerveza fría —comentó uno de los recién llegados en mi segunda noche en el cobertizo. Yo necesitaba conseguir un teléfono para comunicarme con Terrie y Gary, así que aproveché la excusa para salir. Miré hacia la pequeña ventana y me pregunté si cabría por ella.

—Si ustedes me ayudan, iré a conseguir una caja de cerveza para todos —respondí, mientras todos me miraban sorprendidos. Varios hombres sacaron dinero y me preguntaron cómo me las arreglaría.

—Si ustedes dos se agachan, me pararé en sus espaldas y saldré por la ventana —les dije.

Arturo dirigió la formación de la escalera humana y yo me escabullí por la ventanita. Aterricé de espaldas en el pavimento pero me puse en pie y corrí por el callejón en busca de una tienda o bar con un teléfono para comunicarme con la persona que sabía estaría esperando mi llamada: Terrie.

El callejón estaba oscuro y me preocupaba toparme con pandilleros o vecinos. Me dirigí hacia unas luces en una esquina, un sórdido bar, al que llegué bañado en sudor. Una animada y ruidosa multitud celebraba el final de la semana laboral. Debí ser toda una visión —un bajito, sudoroso y sin aliento hispano entrando a un bar repleto de afroamericanos. Las conversaciones murieron cuando todo el mundo se volteó a mirarme. Me dirigí con calma al tendero que me esperaba apoyado en la barra del bar.

—Soy agente federal y necesito usar su teléfono —le informé. Su respuesta me confirmó que no creía mi historia.

—No le voy a prestar mi teléfono a ningún hijo de la chingada, sin importar quien crea ser —contestó lanzando una carcajada. Era un hombre grande y amenazador, y parecía estar dispuesto a todo al mirar alrededor a sus clientes, orgulloso de su respuesta.

Me apoyé levemente en la barra como para decirle algo más y le hice señas para que se acercara. Se acercó apenas lo suficiente para quedar a mi alcance. Lo tomé en una llave de cabeza, con todas mis fuerzas, mientras sacaba mi vieja calibre .25 de mi bolsillo trasero. Poniéndola contra la piel bajo su barbilla, le repetí:

—¿Crees que ahora podré usar tu teléfono, hijo de la chingada madre?

Sus ojos saltaban como si se fueran a salir de las órbitas cuando buscó el teléfono y lo colocó a mi lado.

—Ahora te voy a soltar. Si alguien se mete conmigo, serás el primero en saberlo. Y, mientras, dame una cerveza Coors —le ordené a la vez que lo soltaba y colocaba un billete de veinte dólares en el mostrador.

El ruido del salón comenzó a revivir. Algunos clientes salieron, probablemente imaginando que habría más agentes en el exterior y que algo sucedería. Tomando un sorbo de la cerveza, marqué a Chicago asegurándome de que el canalla notara que estaba llamando por cobrar.

A pesar de las dos horas de diferencia, Terrie estaba aun despierta. Casi podía verla al lado del teléfono de la cocina, diciéndome que ella y los niños estaban bien y ansiosos por verme. Le dije que llamaría a Gary, pero quería asegurarme de que recibiera el mensaje en caso de no encontrarlo.

El tendero no se opuso a que hiciera la segunda llamada. Sabía que podía contar con Gary, sin importar la hora y, de hecho, contestó el teléfono. Le dije que me encontraba en el escondite de los Castillo y viajaría a Chicago en uno o dos días. Me preguntó si debía llamar a las unidades de Los Ángeles para que pasaran por allí al día siguiente pero me pareció que todo iba bien, así que decliné su oferta. Era grande el riesgo de que los descubrieran con tanto canalla en la zona. Me parecía que sus habilidades no eran sobresalientes.

El tendero quedó satisfecho de venderme la caja de cervezas que necesitaba para los que me esperaban en el refugio. Le di $20 de propina, informándole que tal vez regresaría al día siguiente y, si era así, tendría que volver a usar el teléfono.

De regreso a la casa de los Castillo, caminé lentamente por el callejón por si alguien se encontraba afuera. Arrastré un barril hasta debajo de la ventana y saltando encima pasé la caja de cerveza a los hombres del interior y luego me escurrí por la ventana. Dependía de los hombres de adentro para no golpearme la cabeza al caer.

En la mañana, una voz suave en el exterior me agarró por sorpresa. Aunque hacía años que no la escuchaba, inmediatamente reconocí la voz de María Gudino. María era la esposa de un estafador de mediana calidad al que había arrestado en una misión secreta en Chicago algunos años antes. Había estado en contacto con ella cuando trataba de ganarme la confianza de su esposo Nicky para que me vendiera documentos falsos. Poco antes de partir para esta misión, había descubierto por mi informante Francisco que María no solo era la esposa de Nicky sino también la hija de Agustín y doña Carmen Castillo. Sabía que viajaba con frecuencia entre Chicago y Los Ángeles para entregar los pagos que recolectaba para sus padres, y yo había programado todo de manera que no tuviera riesgo de encontrarme con ella. Ahora, ella, su madre doña Carmen y una de sus empleadas nos traían el desayuno. Lo único que podía hacer era tratar de cubrirme el rostro con mi gastada y sucia gorra de beisbol.

Apoyé los codos en mis rodillas y la cabeza en mis manos, tratando de esconder mi rostro. Doña Carmen ordenó que colocáramos los colchones contra la pared para despejar una zona donde comer. Cuando no me moví, se dirigió a mí directamente. Arturo le dijo que había estado enfermo en la noche y no me sentía bien. Tomó un plato para mí y le dijo a la señora que comería cuando me sintiera mejor.

Escuché que María le decía a su madre que saldría un rato. Tomé los platos para llevarlos hasta la cocina y aproveché la oportunidad para ir hasta la casa. Después de entregárselos a la empleada, me asomé disimuladamente a la calle para verificar si tenía agentes de apoyo.

Regresé al cobertizo totalmente desalentado. Una vez más, me encontraba totalmente solo, a pesar de que la agencia en Los Ángeles me había prometido su respaldo. ¡Estaba furioso! ¡Mi vida estaba en riesgo y a los imbéciles de Los Ángeles les tenía sin cuidado! No podía entender su lógica, su falta de ética de trabajo ni su poco profesionalismo. Con el falso sentido del Jefe de la Patrulla Fronteriza de tener controlada la frontera y la patética respuesta de la rama de Investigaciones de Los Ángeles, no era de sorprenderse que los Castillo tuvieran un negocio increíblemente exitoso de tráfico de humanos. Así, ¿cómo los iba a detener nadie? Esa tarde, el equipo de madre e hija entró al cobertizo sin anunciarse para escoger a los que partirían esa noche. Gracias a Dios yo no me había quitado la gorra. Arturo y yo no estábamos en la lista y nadie nos informó cuándo nos iríamos.

—Sea paciente —me aconsejó doña Carmen—. Todos deben esperar su turno.

Finalmente, la noche siguiente, diez de nosotros partimos. Cinco iban para San Francisco y cinco a Chicago. Tres hermanos adolescentes viajaron con nosotros para reunirse con sus padres que también habían sido traídos por los Castillo algunos años antes. A las 10 de la noche estábamos en la estación de tren Amtrak, listos para abordar el tren con destino a Chicago. Agustín nos mantuvo en el camión hasta el último minuto antes de entregarnos nuestros pasajes y ordenarnos subir al tren. Los Castillo solo nos habían traído a nosotros cinco pero al menos otros diez a quince inmigrantes ilegales se treparon al tren justo antes de que arrancara. Rápidamente nos dividimos en grupos pequeños a lo largo del tren.

Cuando el tren se desplazaba lentamente fuera de Los Ángeles, me sorprendió la belleza de las luces de la ciudad. Mirando por la ventana, reflexioné sobre todo lo que había sucedido en muy poco tiempo. Estaba resuelto a disfrutar las 40 horas que tomaría atravesar nuestra gran nación, una por la que las personas estaban dispuestas a arriesgar sus vidas para vivir en ella. Yo acababa de arriesgar mi vida para detener a aquellos que abusaban y explotaban nuestra generosidad y libertad. Estaba agradecido de estar a salvo y en camino a casa. No me imaginaba los problemas que me esperaban en la estación de trenes de Joliet.

CAPÍTULO CINCO

El viaje en tren a Chicago

ARTURO Y YO nos acomodamos para el viaje de dos días a través del país. Tendría que ser cuidadoso en esta última etapa del viaje. Se sabía que las organizaciones de contrabandistas enviaban "dormilones", inmigrantes ilegales trabajando para ellos o contrabandistas, para vigilar a los grupos y evitar que alguien abandonara el tren y huyera sin pagar la tarifa adeudada.

Los tres adolescentes, dos hermanos y su primo hermano que habían subido con nosotros se sentaron cerca. Estaban emocionados por la aventura e ilusionados con aprender inglés, ir a la escuela y enrolarse en el ejército de Estados Unidos. Habían llegado a Tijuana con un pariente que los entregó a los Castillo para que los llevaran al otro lado de la frontera. Los padres vivían a unos 100 kilómetros al oeste de Chicago desde hacía casi seis años. Todavía visitaban a sus hijos en México esporádicamente pero, cada vez, tenían que ser contrabandeados de regreso a Chicago con ayuda de los Castillo.

Arturo y yo pasamos buena parte del viaje registrando los eventos de la misión. Llevábamos veinte horas de viaje cuando el tren ingresó a la estación de Liberal, Kansas, para una breve parada. Llamé a Gary desde un teléfono público para contarle que ya estaba en el tren y darle unos cuantos detalles sobre el viaje. Gary le informó a Francisco, nuestro informante de confianza que aun trabajaba para Domingo Pérez, sobre nuestra próxima llegada. Nicky Gudino, el esposo de María, dirigía las operaciones en Chicago pero sin dejarse ver y manteniendo un perfil bajo, debido a su reciente visita a la cárcel por sus labores de falsificador. En un golpe de mala suerte, el 4 de agosto, el día en que yo llegaría, Gudino le informó a Francisco que ya no requería de sus servicios, agregando que los Castillo y los Gudino habían decidido abandonar el negocio del contrabando de inmigrantes ilegales. La realidad era que Gudino no confiaba en Francisco y quería quedarse con una mayor tajada en las ganancias. Las operaciones habían estado funcionando tan bien que Gudino consideró que el riesgo de ser arrestado era muy remoto. La codicia acabaría con él una vez más.

Esa decisión representaba un gran problema para nosotros. No solo iba a llegar a la estación de Joliet sin saber que ya no era Francisco quien conducía la camioneta sino Gudino, sino que además Gudino sin duda me reconocería ya que yo personalmente había participado como clandestino en el golpe contra él. Los informantes nos habían contado que Gudino había prometido matarme si alguna vez volvía a verme.

Francisco decidió que no podía arriesgarse a que me subiera a esa camioneta así que se dirigió a la estación para advertir a nuestros agentes. Como tenía por costumbre, Gudino había llegado a la estación con varias horas de anticipación para revisar el área y confirmar que no había vigilancia. Sin notar que Gudino estaba en la camioneta, dos de nuestros agentes se estacionaron justo detrás de ella para esperar la llegada del tren.

Francisco tenía que llamar la atención de los agentes sin que Gudino lo notara ya que, sin duda, le parecería sospechoso encontrarlo en la estación cuando ya había prescindido de sus servicios. Ir directamente al auto de los agentes estaba descartado. Viendo una pequeña tienda de regalos en la acera opuesta a la estación, Francisco entró con la esperanza de encontrar algo que le sirviera de disfraz. Rápido e inteligente, consiguió una sábana blanca y un pañuelo negro. Dobló cuidadosamente la sábana hasta que pareció un pañuelo árabe, se lo puso en la cabeza y ató el pañuelo negro alrededor para mantenerlo en su lugar. Un par de gafas de sol completaba su disfraz. Con su apariencia morena, era tan convincente el disfraz que alcanzó a asustar a los dos agentes cuando se acercó a ellos por la espalda. Desafortunadamente, Gudino ya había descubierto a los agentes y abandonado el auto, huyendo en el momento en que el tren entraba a la estación.

Nuestros agentes tomaron custodia de varios *pollos* los tres adolescentes y llamaron a sus padres para que se reunieran con nosotros en el edificio federal en el centro de la ciudad. No les entusiasmó la idea, muy probablemente debido a su condición de ilegales, pero con sus hijos en custodia no tenían mucha opción.

El largo viaje en tren me había dado tiempo de escribir

notas detalladas, incluyendo descripciones de los contrabandistas, sitios de importancia y el papel de cada persona en el
esquema del contrabando. Gary y yo trabajamos con los fiscales y, para el final de la tarde, teníamos ya una declaración
jurada.

Esa noche regresé a nuestra casa en un tranquilo vecindario irlandés en el sur de Chicago, con el único deseo de
abrazar a mi familia, darme una ducha caliente y tomar un
buen descanso. Eran más de las diez y estaba exhausto. Me
sorprendió encontrar a un puñado de vecinos esperando para
darme la bienvenida. A Terrie le gustaba convertir mis retor-
nos a casa en ocasiones especiales y había organizado una
pequeña fiesta sorpresa. Yo no había tomado un baño en muchos días, era un excelente ejemplo de las consecuencias de no
usar desodorante y seguía con las ropas que me había puesto
en Tijuana. Abracé a Terrie y mis dos precioso hijos, tomé una
cerveza y me fui a tomar una ducha antes de volver a la fiesta.

Al día siguiente, conseguimos órdenes de arresto contra
catorce miembros de la organización, acusándolos de conspi-
rar para contrabandear inmigrantes ilegales al país. Aunque
yo no había planeado regresar a California, se hizo evidente
que yo era el único que podía identificar a los conductores y
contrabandistas que estuviesen en el refugio en Oceanside, así
que tendría que ir al día siguiente.

Mi siguiente trabajo sería volar a California con las órdenes de arresto de los "amigos" en Oceanside y Los Ángeles. Primero tendría que ubicar el apartamento de Oceanside.
Como no tenía la dirección, ubicar el apartamento en inme-
diaciones del Campo Pendleton era difícil. Yo había llegado
encerrado en la cajuela del auto y salí de allí acostado en el

piso de un camión. A pesar de ello, logré encontrarlo gracias a algunas señales que me había grabado en la cabeza. Uno de los vehículos que habían sido usados en nuestra operación llegó al lugar poco después de que comenzáramos a vigilarlo. Al volante se encontraba precisamente el Cabo de Marina Santiago Arana, el marino que nos había llevado a través de Pendleton. Estuvo en el apartamento unos pocos minutos y regresó a su auto. Di a nuestros agentes la señal para ingresar al edificio mientras yo me acercaba a Arana para arrestarlo. Llegamos a su vehículo casi al mismo tiempo.

—Señor Arana, ¿me recuerda? —le pregunté. Ahora estaba vestido de saco y corbata y lucía bastante más oficial que cuando nos habíamos visto.

—¿Debería? —me respondió.

—¡Sí, debería! Usted me trajo ilegalmente hasta esta zona hace pocos días —contesté. Dándome una rápida mirada, me apuntó con un dedo y dijo—: Sí, sí, ahora lo recuerdo. ¿Qué pasó, güey?

Seguía sin entender.

—Tengo malas noticias para usted —le informé—. Soy agente federal y tengo una orden de arresto para usted. Se le acusa de tráfico de inmigrantes ilegales.

La respuesta del tipo fue muy cómica:

—Usted no me puede arrestar. Pertenezco a la Marina.

Antes de que pudiera decir una palabra más, lo agarré con mi mano izquierda y lo lancé de cara contra el capó de su vehículo. Desgraciadamente para él, el capó estaba caliente y pegó un alarido de dolor. Mientras lo esposaba, le leí sus derechos.

En el apartamento descubrimos a otros dos miembros de la organización, José Ocampo y José Barraban, ambos mexicanos inmigrantes ilegales en el país. Mientras informábamos la situación a los arrestados, llegó la furgoneta negra utilizada el día que me llevaron a través del Campo Pendleton. La conducía la esposa del Sargento del Ejército Gabriel Ochoa, igualmente emplazado en el Campo Pendleton. También la arrestamos.

Todos los arrestados fueron conducidos a la oficina central de la Patrulla de Fronteras para ser registrados. Continué vigilando el lugar durante varios días, pero nadie más apareció por allí.

La redada de la casa de los Castillo se llevó a cabo simultáneamente con la del vecindario de Pendleton. Agustín y Carmen Castillo fueron tomados por sorpresa y la requisa de la residencia produjo evidencia inesperada. Los agentes encontraron cantidades de registros correspondientes a más de cuatro mil inmigrantes ilegales ingresados al país por los Castillo en un periodo de poco más de cinco años, a un promedio de $550 por persona. Al lado de los nombres de los inmigrantes se encontraban los nombres, direcciones, números telefónicos y sumas pagadas por los parientes en los Estados Unidos. Los registros mostraban las fechas de entrega, persona encargada de recibirlos, pagos hechos, gastos de guías y conductores, costo de los alimentos y, finalmente, la ganancia neta de los Castillo.

El decomiso de sus registros telefónicos reveló cientos de llamadas a México y a todo Estados Unidos cada mes. La caligrafía era meticulosa. Los agentes también encontraron una funda de almohada con más de diecisiete mil dólares en efectivo y notas manuscritas detallando el uso del dinero.

Años después, la evidencia incautada fue transferida a nuestra academia para ser usada como recurso de entrenamiento para nuestros agentes.

Lo siguiente que necesitábamos era inmigrantes ilegales recientemente ingresados al país por los Castillo para que testificaran contra ellos. Gary se encargó de nuestro equipo de agentes en Chicago y, fácilmente, ubicaron a 22 ilegales traídos por la organización, gracias a las cuidadosas notas tomadas por Francisco mientras trabajaba para Pérez. Todos ellos dieron declaraciones implicando a los líderes de la organización. Basado en la evidencia, un jurado federal en Chicago condenó a los Castillo y los demás acusados por 22 delitos de contrabando de ilegales.

Mientras estuve en San Diego, le devolví la gorra del ejército a mi cuñado. Él la consideraba su gorra de la suerte y a mi me había servido bien. No sé si soy supersticioso pero sé que si no la hubiese tenido las cosas podrían haber sido muy diferentes.

De regreso en Chicago la vida rápidamente retornó a la normalidad. Todas las mañanas, a las 6 de la mañana, iba al gimnasio a entrenar sin importar qué tan cansado estuviera. Jugaba con frecuencia ráquetbol con Gary o trotaba, lo cual me daba tiempo para pensar sobre los casos en los que estaba trabajando. Mis entrenamientos normalmente hacían que no llegara a la oficina hasta las 8:30 de la mañana. Por cosas del destino, la única mañana en que Gary y yo llegamos temprano a revisar unos archivos para una audiencia en la corte, el teléfono de nuestro escritorio destinado a los informantes timbró. Los informantes no solían llamar tan temprano y no supe qué esperar de la llamada.

—Tiene una llamada por cobrar de Margarito Flores, de la cárcel del Condado de Cook. ¿La acepta? —me preguntó la operadora cuando tomé el teléfono.

Mi primera idea fue negarme y colgar. No había visto o

sabido de Margarito Flores desde que lo arrestamos un año antes por tráfico de heroína. ¿Cómo había conseguido este número? Yo no se lo había dado. A la oficina no le gustaba que recibiéramos llamadas por cobrar así que, cuando lo hacíamos, teníamos que registrarlas y justificar el motivo por el cual las habíamos aceptado. Era muy molesto pero la curiosidad me hizo aceptarla.

Saludé sin entusiasmo a Flores. Él se saltó los saludos, pasando directamente a su mensaje.

—Mire, no quiero que crea que me cae bien o que necesito algo de usted. Cuando me arrestó el año pasado, le pedí que no me esposara frente a mi mujer embarazada y mis hijos. Usted aceptó y quiero hacerle un favor en pago.

Tras una breve pausa, continuó con una declaración sorprendente:

—Hipólito, usted tiene muchos enemigos allá afuera. He oído rumores en la cárcel de que algunas personas a las que usted jodió van a matarlo, así que más vale que se cuide. Se lo estoy advirtiendo. Usted me trató respetuosamente frente a mi familia. No quiero favores ni ser amigo suyo, y no lo volveré a llamar nunca —agregó antes de colgar el teléfono.

Durante unos momentos me pregunté si trataba de asustarme o si habría realmente algo de cierto en lo que decía. Flores se encontraba detenido por el estado, mientras que muchos de los otros canallas que esperaban ser juzgados o condenados se encontraban bajo custodia federal en el Centro Correccional Metropolitano (CCM). A Gary y a mí no se nos ocurría cómo habría podido enterarse Flores de que alguien quería verme muerto. Igual, por seguridad, le informamos sobre la llamada a nuestra administración.

Después de almorzar, regresamos a la oficina y nos reunimos con Ted Giorgetti quien ahora era el Subdirector Distrital de Investigaciones. La primera preocupación de Ted fue mi familia. Decidí contactar a Gerard, nuestro informante en el caso Flores, para ver si había oído algo al respecto. Habíamos atrapado a numerosos criminales durante mis cinco años en Chicago así que no me sorprendía que esa gente parloteara en la cárcel. Sin embargo, no me tomaba la amenaza seriamente. Comencé a tener más cuidado al conducir de regreso a casa, asegurándome de que no me seguían. Gerard y otros informantes no pudieron descubrir nada más, pero todo el mundo estaba preocupado.

En la noche del 22 de febrero, recibí una llamada de Francisco, mi fuente de información de confianza. No sentí el usual tono fanfarrón en su voz y sonaba angustiado.

—Tenemos que vernos ya mismo. Esto no puede esperar hasta mañana —me dijo.

Ya eran las diez de la noche pero salí de inmediato, diciéndole a Terrie que regresaría en dos horas. Nos reunimos en un bar irlandés a unos kilómetros de mi casa. Francisco había escuchado que un grupo de internos en el CCM quería asesinarme. La información provenía de un acusado libre bajo fianza. Este detenido recién liberado del Centro había tenido conocimiento de una serie de discusiones sostenidas por Nicolás Gudino, Newton Van Drunen y otros canallas arrestados por mí. Francisco continuó diciendo que Nicolás Gudino había estado en contacto telefónico con Agustín Castillo, su suegro, y que habían acordado que la única forma en que podrían seguir operando en el área de Chicago era asesinándome. La preocupación de Francisco era que tanto los Castillo como Gudino tenía fuertes lazos con el crimen organizado desde Los Ángeles hasta Chicago. Sabía que podrían encontrar a alguien dispuesto a matarme a cambio de dinero. Mi misión clandestina los había golpeado dramáticamente y Gudino aun estaba resentido por la primera vez que lo había agarrado haciéndome pasar por buen amigo.

Con las amenazas contra mí confirmadas por dos fuentes, Gary y yo nos reunimos con Ted Giorgetti en su oficina. Giorgetti quería saber qué tanto me preocupaba mi seguridad y qué quería hacer al respecto. Mi respuesta fue la misma: quería continuar con mis labores normales. En ese momento, Gary y yo nos encontrábamos sumergidos en otra inmensa operación de contrabando en Ciudad Juárez que prometía ser nuestro mayor golpe hasta la fecha.

Por esa misma época, algunos miembros de menor importancia en la organización Castillo se habían declarado culpables y estaban a punto de ser condenados. Se hizo evidente que los Castillo y Domingo Pérez estaban montando una agresiva defensa para enfrentar los cargos en el juicio. Se decidió que Francisco tendría que testificar. Desafortunadamente, eso significaba que se daría a conocer su identidad. Yo estaba frustrado y preocupado porque sabía que eso pondría a su familia en un gran riesgo.

Inicialmente, doña Carmen afirmó que ella no era la encargada de los registros, como sosteníamos nosotros. Pero una muestra de su escritura permitió comprobar que la mayor parte de ellos había sido escrita por ella. A los Castillo se les ofreció la posibilidad de llegar a un acuerdo en el que, a cambio de su testimonio contra su hija María Carmen y su esposo Nicky Gudino, se retirarían once de los veintidós cargos contra ellos. Rechazaron la oferta y en su lugar, en la declaración más extraña nunca registrada, se declararon culpables de los veintidós cargos. Nunca antes o después otro contrabandista se ha declarado culpable y condenado por tantos cargos.

Si pensaron que el juez se vería influenciado por su declaración... estaban equivocados. Cada uno de ellos fue condenado a doce años en prisión, la condena más larga existente entonces en el Distrito Norte de Illinois. Aunque no disfruté del viaje en la cajuela del Chevy Nova, había hecho lo que tenía que hacer para sacar a estos criminales de la calle y hacerlos pagar por sus crímenes.

Nicky Gudino se declaró culpable de todos los cargos con la condición de que el gobierno retirara los cargos contra su esposa. Rechazamos su oferta. Finalmente fue condenado a cinco años en prisión. Su esposa, María, fue condenada a cuatro años en prisión que comenzaría a pagar cuando su esposo completara su condena.

Domingo Pérez cambió su declaración y se confesó culpable cuando vio a los testigos presentados por el gobierno, incluyendo a Francisco. Hasta entonces había confiado en que ninguno de los ilegales llegaría a testificar contra él. Pérez fue condenado a dos años en prisión y a pagar una multa de $5.000.

Me encontraba en la corte federal el día en que el Cabo Santiago Arana, el marino que yo había visto en el apartamento de Oceanside, California, apareció ante el juez Marvin Aspen para oír su condena. Los otros dos marinos no habían sido ubicados, así que solamente Arana estaba en la corte. Llegó luciendo su uniforme completo pensando —erradamente— que eso impresionaría a la corte.

El Juez Aspen obviamente estaba tan asqueado como yo cuando descubrí que miembros de nuestras fuerzas armadas estaban involucrados en el tráfico de inmigrantes ilegales. Al sentenciar a Arana a un año en prisión, el juez lo llamó "una vergüenza para el uniforme, su país y sus compañeros militares". Si mi memoria no me engaña, también se refirió a él como una visión despreciable. Me pareció que la condena era como una palmadita en la mano pero, lamentablemente, era la primera vez que era arrestado y un acuerdo le había reducido la condena.

Grace Ochoa, esposa de un militar de carrera, llegó a implorar clemencia a la corte acompañada de sus hijos y un pastor que, en un apasionado sermón de 30 minutos, informó al juez que Ochoa había encontrado la religión y se arrepentía de corazón por su participación en el esquema de contrabando. No le fue mejor con el Juez Aspen, quien le informó que se alegraba de que hubiera encontrado la religión ya que le serviría de apoyo mientras pagaba un año y un día de condena en la prisión federal.

Otros dos soldados de la Marina, descritos pero no identificados, fueron acusados de complicidad en la operación de contrabando en el Campo Pendleton. En nuestro afán de identificarlos, Gary y yo nos comunicamos con nuestros colegas en San Diego y les pedimos que contactaran al Servicio Naval de Investigación y las autoridades de la base. Para sorpresa nuestra, se nos informó que los oficiales en la base eran reacios a colaborar en la investigación.

Es posible que estuvieran avergonzados pero esto era el colmo. Finalmente, la Fiscalía en Chicago entró en contacto con la oficina del comandante que encabeza la marina en Washington. Me desalentó saber que a los altos mandos les tenía sin cuidado la investigación y que fueron necesarias dos llamadas de la Fiscalía al Comandante en Washington antes de que aceptaran colaborar en la investigación. Era decepcionante.

Dicha oficina le aseguró a nuestro fiscal que recibiríamos toda la ayuda que necesitáramos. Logramos atrapar a un hombre pero el tercer tipo implicado en el arriendo de la casa nunca fue identificado.

Tal como yo había previsto, la seguridad de Francisco se vio muy afectada. Él y su familia comenzaron a recibir llamadas amenazadoras en casa. Quien llamaba conocía los nombres de los hijos de Francisco y la escuela a la que asistían. Toda su información personal —dirección, número telefónico y datos biográficos— había sido revelada durante el juicio.

Varios días más tarde me llamó. Estaba muy preocupado. Me informó que varios de sus amigos le habían contado que un equipo de hombres había llegado a Chicago contratado por una organización criminal. Tenían orden de deshacerse inmediatamente de Francisco. La amenaza era tan seria que los niños ya no asistían a la escuela.

Francisco había arriesgado su vida en muchas ocasiones para garantizar mi seguridad y esta era mi oportunidad de ayudarle. Terrie y yo acordamos sin pensarlo dos veces que la familia de Francisco se quedara con nosotros hasta que se hicieran los arreglos para sacarlos del Estado y enviarlos a California donde unos parientes. Le pedí a la agencia que ayudara a la familia con los gastos de traslado.

Desafortunadamente, nuestra agencia no pudo darles sino $200 en compensación por el papel desempeñado por Francisco en lo que era —hasta ese momento— el mayor caso de tráfico de ilegales juzgado en Chicago. Me sentí avergonzado por la tacañería de la agencia y le di a Francisco los $400 que yo acababa de recibir como bonificación por mi participación en el caso. No quería recibirlos y solo los aceptó cuando le prometí que podría devolvérmelos.

Francisco era un hombre de palabra y muchos años después insistió en que yo le aceptara los $400 que había ahorrado para pagarme el "préstamo".

El traslado de la familia de Francisco a California fue desgarrador para nosotros. La noche antes de que se fueran, Terrie y yo les hicimos una sencilla fiesta de despedida. A las 5 de la mañana del día siguiente estábamos ya en camino, con Francisco dirigiendo la caravana de dos vehículos y yo siguiéndolo con varios de sus hijos en su viejo Chevy Impala de 1965. Desgraciadamente comenzamos el viaje en medio de la peor tormenta en años. Tuvimos que reabastecernos de combustible antes de recorrer 150 kilómetros debido a que viajábamos en contra del viento. El viaje fue largo pero pasé las horas contándoles a los niños sobre mi infancia y mis arriesgadas aventuras como agente del orden.

Después de irse Francisco, se hizo evidente que mi familia también tendría que trasladarse por motivos de seguridad. Después de casi seis gratificantes y exitosos años en Chicago, me informaron que Ted Giorgetti había propuesto que me transfirieran. Estaba agradecido por mis servicios pero pensaba que era demasiado arriesgado quedarme. Me trasladaban de regreso a Texas lo cual me causó sentimientos encontrados. Mi familia amaba Chicago y ninguno de nosotros quería irse. Por otra parte, mudarnos a El Paso era casi como regresar a casa.

1968 —Cabaña en Pecos, Texas,
donde nos alojábamos cuando
viajábamos al norte para trabajar
en los campos de agricultura.
A veces nos quedábamos ocho
personas en esta cabaña.

1970 —A los diecisiete
años en la Marina de los
Estados Unidos.

1972 —Con mi madre el
Día de la madre durante
una licencia de la Marina.

1975 —El día de nuestra boda en El Paso, Texas, el 13 de septiembre de 1975.

1976 —Terrie y yo en mi graduación de la academia de la Patrulla de Fronteras. Los Fresnos, Texas. (Foto: Augustine Salacup)

1976 —Graduación de la academia de la Patrulla de Fronteras.

1976 —Patrulla de Fronteras sector Marfa (entre Marfa y Valentine, Texas) con un grupo de inmigrantes ilegales que el agente Jimmy Harris y yo rastreamos por varias horas. (Foto: Jimmy Harris)

1978 —El caso Medina, noviembre 1978, después de llegar a Chicago. En el estacionamiento en el sótano del edificio federal. Yo estoy en la mitad y Gary Renick está a la derecha. Todavía llevo la mochila con la que crucé a México.

1978 —La familia Márquez. Por su seguridad y para evitar abusos por parte de los contrabandistas, Consuelo Márquez (de rodillas, enfrente) mantuvo cerca a su familia. Siete miembros de la familia cruzaron con los Medina para juntarse con Pedro, el padre, en Chicago. (Foto: Hipólito Acosta)

1979 —En Chicago después de la incautación de cientos de tarjetas de residencia falsificadas, varias pistolas y casi $15.000 en efectivo de un distribuidor de documentos falsificados en el South Side de Chicago.

1982 —A mi derecha está el agente especial Gilbert Wise el día que desmontamos la operación Villasana en El Paso, Texas. En una conferencia de prensa, el Comisionado del INS se refirió a esta operación como el caso de contrabando más importante de la agencia. Gilbert y yo estuvimos en la Operación Prieto dos años más tarde. Murió en un accidente de auto después de su jubilación. (Foto: Dionisio Lopez)

1984 —Las casas donde se alojan los inmigrantes ilegales se llaman *wetshacks*. Pasé varios días en esta casa en una granja al norte de Dallas donde el dueño albergaba aproximadamente diez inmigrantes ilegales cortando árboles, aparentemente negándose a pagarles por su trabajo. Era un trabajo muy duro y estoy seguro de que se alegraron cuando vieron llegar agentes con una orden judicial. (Foto: Doug Keim)

1984 —Yo estoy a la izquierda, Tony Sifuentes en la mitad y el agente especial Gilbert Wise a la derecha, durante la Operación Montoneros. En esta reunión, Sifuentes nos dijo que podía "oler" a los federales a una milla de distancia. (Foto: Dionisio Lopez)

1989 —Yo aparezco en la parte superior izquierda de la foto con Gilbert Rodriguez, Noe Dominguez y Henry Aguilar después de que desmantelamos un caso de 45 libras de cocaína en Miami.

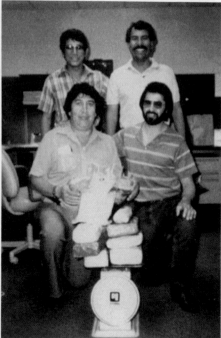

1989 —Con mi cuñado Harry Betz, después de la incautación de cocaína en Miami. Más adelante, Harry jugó un papel esencial en un caso que el Fiscal General llamó el más grande de la historia.

Van Drunen / FROM PAGE A-1

He produced three batches of phony money before the most recent one. He called them inferior, and said they had been "shipped" against his will.

The batch seized last week, he said, was intended to be another preliminary batch, to be followed by a fifth, "perfected" batch.

"None of this stuff was fit to go anywhere, because it wasn't finished," he said.

Van Drunen, a Canadian-born U.S. citizen, said he will fight "tooth and nail" any attempt by U.S. authorities to extradite him to the United States. He said he's already obtained an *amparo*, the Mexican legal document that protects its holder from prosecution in a foreign country.

Van Drunen, who talked for about an hour Friday afternoon with reporters from the Herald-Post, was surprisingly revealing about his career and his plan for counterfeiting.

When told about the interview, Driscoll warned against taking seriously all the claims made by Van Drunen, who also has been talkng to Mexican reporters.

Among Van Drunen's other contentions:

✓ Though earlier inferior shipments of phony money over nearly 2½ years totaled less than $1 million, he shipped $4.5 million of the most recent batch in the few weeks before he was arrested.

Driscoll, who interviewed Van Drunen at the time of his arrest but has not talked to him since, doubted that much had been shipped.

And he also doubted a recent report by Mexican authorities that recent large seizures of U.S. counterfeit money throughout Mexico could be linked to Van Drunen.

✓ Van Drunen also said — in reference to reports attributed to Mexican Attorney General Javier Coello Trejo that the accused counterfeiter may be linked to the Medellin, Colombia, cocaine cartel — that he knew of no such link.

✓ Van Drunen denied the attorney general's contention that he had passed about $100,000 worth of phony money to an El Paso Bank.

✓ This was Van Drunen's first venture in counterfeit money, though he has served more than two years of a 10-year federal prison sentence for counterfeiting U.S. immigration documents.

✓ He was planning to use capital he raised in the counterfeiting operation to develop a seawater desalination plant in the state of Tamaulipais, Mexico.

In connection with the latter claim, Van Drunen lamented that his contributions to society would be forgotten but his notoriety remembered.

And then he quoted Anthony's lines fom Shakespeare's "Julius Caesar":

The evil that men do lives after them,
"the good is oft interred with their bones."

Counterfeiter blames pal for downfall

A boast of skill from Juarez jail

By Tom Tolan
El Paso Herald-Post

Newton Van Drunen

An accused counterfeiter Friday admitted producing millions of dollars in bogus currency and boasted of his craftsmanship.

And he blamed his arrest last week on a business partner he called an "idiot" and a principal customer he said betrayed him.

"Basically, I am an excellent technician," said Newton Van Drunen, 60, in an interview Friday at CeReSo city jail in Ciudad Juarez. "I don't think that there's any question left, anywhere in the world, about that."

But he went on to blame his business partner, an El Paso man, with pushing him to distribute the counterfeit bills before the printing process had been perfected.

Van Drunen was arrested in Zaragosa, near Juarez, a week ago by Chihuahua State Judicial Police. Officials say they seized $12.6 million in counterfeit money at the time of the arrest.

Bill Driscoll, agent in charge of the U.S. Secret Service's El Paso office, said the haul was one of the 10 largest amounts of counterfeit money ever seized.

Van Drunen did not deny being caught with the money, but he disputed government figures for the amount seized.

"I couldn't tell you the exact figure," Van Drunen said. "I figured it was $9 million. There was a large amount of stuff that was never intended to be used. It was experimental . . .

"We were testing papers, we were testing printing processes, we were testing a new ink."

Van Drunen said he had been perfecting his counterfeiting craft since he moved to Juarez in February 1986, after jumping parole in Illinois.

■ SEE VAN DRUNEN
/ BACK OF SECTION

■ SEE VAN DRUNEN / BACK OF SECTION

1989 —Un artículo de periódico y una foto de Newton Van Drunen después de su detención en Ciudad Juárez, México, con millones de dólares en billetes falsos.

1996 —Con Gladys Board y David Ramirez justo antes de que la detuviéramos en una *lounge* en el Holiday Inn de McAllen, Texas.

EAGLE PASS/VILLA DE

SECCION
C

Sabado | Domingo | Lunes
Tormentas Aisladas. 31/21 | Tormentas Aisladas. 31/18 | Parcialmente soleado. 29/18

LOC

Pasaban Gente por Laredo

Atrapan Banda

Ernesto Sandoval Peña (a) "El Zorro" (de izquierda a derecha), Enrique Flores Hernández y Juan Manuel De la Cruz.

Tres miembros de una bien organizada banda de falsificadores de documentos y traficantes de aspirantes a espaldas mojadas, entre ellos el que las autoridades señalaban como "cabecilla", fueron detenidos por Agentes de la Policía Judicial Federal ayer en la madrugada cuando transportaban a Nuevo Laredo, a más de una docena de gentes a las que cruzarían a Estados Unidos.

Los detenidos son Ernesto Sandoval Peña

(a) "El Zorro" y sus cómplices Enrique Flores Hernández y Juan Manuel De la Cruz.

Varios pasaportes mexicanos que habían alterado, con cambio de fotografías de interesados, nombres y fechas, les fueron confiscados en el operativo realizado ayer a las cuatro de la madrugada.

Cuando menos dos vehículos en que transportaban a sus "clientes", también fueron asegurados, en el operativo realizado por Agentes de la Policía Judicial Federal al mando del comandante, Jorge Hernández Pérez y encabeza-

Un buen número de pa mexicanos alterados, f asegurados también po

dos
ral,

ba dor arr vir por ofic sap

cón

Desempleo de 50% en Carbón II

1996 —La detención de El Zorro en México atrajo una amplia cobertura de medios en toda la frontera del norte de México. El Zorro (izquierda) aparece, con dos de sus asociados que fueron detenidos con él, en este artículo que salió publicado después de un comunicado de prensa de la Policía Judicial Federal.

1997 —Recibiendo el Commissioner's Challenge Award de la Comisionada del INS Doris Meissner por la Operación Montoneros en Albuquerque. Durante esta conferencia, A.J. Irwin y yo terminamos esbozando la propuesta encubierta para la operación "Seek and Keep", descrita más adelante por el Fiscal General durante una conferencia de prensa como "la más grande de la historia."

2008 —Yo, frente a la residencia de los Castillo en Compton, California. La casa está muy bien cuidada pero fue la sede para una operación de tráfico ilegal de inmigrantes donde pasé varios días después de haber entrado por Tijuana y luego llevado a Chicago. (Foto: Teresa Acosta)

2008 —Parte trasera de la habitación en la que fui albergado, junto con otros inmigrantes ilegales que entraron por Tijuana. Salí por la ventana de atrás para contactar a mi esposa y a mi compañero. (Foto: Teresa Acosta)

CAPÍTULO SEIS

De regreso a casa en El Paso

Durante los últimos diez meses había estado involucrado en una gran operación clandestina en Chicago en la que pasaba por un coyote que ingresaba ilegales de Juárez a Chicago. El trabajo era fascinante pero había exigido un gran sacrificio a mi familia. Mis misiones clandestinas me mantenían alejado de Terrie y los niños durante días e, incluso, semanas. Antes de ser trasladado a El Paso, nos enteramos maravillados de que Terrie estaba embarazada de nuestro tercer hijo, así que por lo menos abandonábamos Chicago con la alegría de una familia más grande.

De camino de Chicago a El Paso, nos desviamos para visitar a mi padre en Redford. Mi padre no nos esperaba pero el impulso de tomar la ruta a casa era abrumador, aunque tuviéramos que desviarnos. Estábamos extenuados cuando nos dirigimos hacia la vieja casa en la que crecí. Mi padre estaba reparando una pared exterior. Nos miró incrédulo cuando nos acercamos.

—¿Qué diantres haces acá hijo? —me preguntó al acercarme. Mi padre nunca había sido una persona expresiva, pero pude ver que al igual que yo estaba luchando con sus emociones.

Esa mañana había cocinado menudo, una sopa mexicana muy popular hecha de estómago de res hervido. Uno de mis platos favoritos. Me ofreció una cerveza. Yo tenía casi veintinueve años y reí al recordarle que nunca habíamos tomado una cerveza juntos. Comimos menudo y nos tomamos seis cervezas mientras le contábamos que esperábamos otro hijo. Aun recuerdo su sonrisa. Nos abrazamos fuertemente y lo vi despedirnos por el retrovisor cuando seguimos camino hacia El Paso. Esa fue la última vez que vi a mi padre con vida. Murió de un ataque al corazón dos días después, a los sesenta y nueve años.

Tan solo cuatro días después de nuestra visita, viajamos de regreso a mi pueblo natal para sepultar a mi padre. Por primera vez en muchos años, estábamos reunidos en la casa en que crecimos los trece hijos vivos y mi madre. Con el corazón apesadumbrado, en medio de risas y muchas lágrimas, todos rememoramos historias de nuestra infancia. Estaba infinitamente agradecido por el instinto que me llevó a desviarme del camino y visitar a mi padre, dándome la oportunidad de despedirme de él.

Me presenté en la sección de Investigación de la Oficina Distrital de El Paso con grandes expectativas, contento de estar de regreso en Texas y creyendo firmemente que este sería mi último traslado con el gobierno federal. Con tristeza descubrí que mi plan fundamental de trabajar duro y perseguir agresivamente a los criminales no era la norma en mi nueva oficina y, a excepción de un par de investigadores, encontré un equipo conformado por ex patrulleros de fronteras e inspectores de inmigración que veían su transferencia a la rama de investigaciones como una forma de retiro.

Terrie y yo alquilamos una pequeña casa de tres habitaciones en el Lower Valley de El Paso. En esa época era un vecindario tranquilo habitado en su mayoría por familias hispanas. Para Terrie y Gabriel fue una época emocionante porque Gabriel ingresó al primer grado. Todos esperábamos tener frecuentes reuniones familiares ahora que estábamos cerca. Nos establecimos en la casa temporalmente hasta que estuviera terminada una que mandamos construir.

Mi nueva oficina, la sección de Investigaciones de El Paso, estaba localizada en un edificio decrépito a unos pocos kilómetros de la oficina central. Las oficinas de las distintas secciones habían sido trasladadas allí como si fuera una ocurrencia tardía, y la actitud y ética de trabajo de la mayoría de los agentes era "lo que no ves, no duele". Un par de ellos me advirtió que no interfiriera con esta modalidad de "semiretiro" pero, típico en mí, no pude evitarlo.

Tan solo para entrar en ambiente, me encontré cincuenta casos abiertos en nuestros archivos. Eran de ilegales mexicanos que habían sido arrestados, pagado la fianza y recibido la orden de deportación del juez de inmigración, pero no abandonaron el país. Me pareció ridículo que después de todo el trabajo para juzgar a esas personas, no se hiciera un seguimiento para garantizar que salieran del país. Generalmente se quedaban en el mismo lugar y, en muchos casos, seguían con el mismo empleo y nadie en nuestra oficina hacía nada al respecto.

Con mínimo esfuerzo, mi compañero y yo visitamos algunos pueblos —Ruidoso, Portales, Roswell y Hobbs en Nuevo México, y Kermit y Odessa en Texas— para rastrear a esos individuos. En tres días habíamos ubicado y arrestado a cuarenta y cuatro de los cincuenta. Desafortunadamente, se nos ordenó abandonar la operación porque no había forma de llevarlos a las prisiones del condado. Sabíamos que era un problema de pereza y no nos desalentamos. Hicimos subir a cinco de los ilegales en el asiento trasero de nuestro Ford Fairmont y nosotros mismos los llevamos de Kermit, Texas, al paso de frontera de Ysleta, Texas. Los vigilamos hasta que abandonaron el país.

En otra ocasión nuestro Director, Al Guigni, insistió en que no había un problema de mano de obra ilegal en la parte norte de Nuevo México. Afirmó que sus agentes tan solo habían encontrado siete u ocho inmigrantes ilegales en una reciente redada. Me pareció increíble y lo reté, diciéndole que yo podría dirigir una operación en esa área y arrestar a 300 ilegales en una semana. Le pareció ridícula mi apuesta pero se ofreció a apoyar mi esfuerzo con los recursos que necesitara, incluyendo investigadores criminales asignados a la zona, costos de viaje y transporte para los ilegales que arrestáramos.

Una vez recibí la aprobación, comenzamos a visitar numerosas obras, una planta empacadora de carne en Albuquerque y el hipódromo de Santa Fe, todas conocidas por contratar ilegales. Llevé conmigo a doce agentes, incluyendo oficiales para hacer los arrestos y buses oficiales, a Albuquerque. Llegamos el domingo en la noche y nuestra primera operación se llevaría a cabo el lunes en la mañana.

Muy temprano en la mañana nos dirigimos a Santa Fe, Nuevo México, a una hora al noreste de Albuquerque. Ya sabíamos que encontraríamos muchos inmigrantes ilegales trabajando porque, unos días antes, yo había vigilado los sitios. Llegamos a la pista de carreras en Santa Fe poco antes de las 6 de la mañana, minutos antes de que los empleados llegaran a cuidar de los caballos.

A las 7 de la mañana ya habíamos acorralado entre 30 y 40 ilegales. También habíamos tenido peleas con algunos de los propietarios de caballos quienes estaban indignados por la visita de las autoridades de inmigración. Uno de ellos amenazó con llamar a su congresista para quejarse por la redada, aclarando que tenía mejores cosas que hacer que entenderse con inmigración. Le pedí que por favor deletreara correctamente mi nombre cuando se comunicara con el político para presentar su queja. El objetivo de la operación era sacar a los empleados de su trabajo ilegal, no meternos con los propietarios.

No tenía sentido pero sucedía todo el tiempo. Era parte de nuestra política de inmigración y, lamentablemente, los propietarios realmente esperaban que los trabajadores estuviesen de regreso en sus trabajos al cabo de dos o tres días.

Luego nos dirigimos a las obras en Albuquerque. Esas redadas se hicieron sin ningún problema. Nuestro siguiente objetivo era la planta empacadora de carnes. Cuando llegamos allá, unos agentes bloquearon las salidas mientras otros pedían autorización para entrar y hacer la redada.

Nuestro servicio de inmigración era complaciente y sigue siéndolo porque aun hoy se toman muy pocas medidas contra las personas que emplean inmigrantes ilegales. La inmigración es un tema tan delicado que nadie quiere enfrentarlo. El problema es que la falta de aplicación de la política y la práctica ha tenido como resultado una total pérdida de control sobre la inmigración ilegal. ¿Quién dejaría de emplear ilegales cuando los beneficios son tanto mayores que los riesgos? No obstante, los empleadores estarían dispuestos a obedecer las normas si tuviésemos un mecanismo en el que los trabajadores pudieran venir a trabajar temporalmente cuando los nativos y residentes no estén disponibles.

Nuestras operaciones fueron rápidas y eficientes. En todos los negocios que visitamos hicimos numerosos arrestos. Después de ir a las obras, visitamos varios restaurantes, hoteles, talleres de mecánica y otras empresas sobre las que teníamos información. En todas había trabajadores ilegales.

A los tres días de comenzar la operación, me ordenaron abandonarla porque ya habíamos arrestado a cerca de 300 ilegales. Los buses y oficiales que estábamos usando se necesitaban en El Paso. Era hora de darla por terminada, pero habíamos demostrado que incluso con unos pocos agentes podíamos realizar acciones efectivas. Recibí una llamada de la oficina del congreso inquiriendo sobre nuestra operación. Los remití a la oficina principal y, aunque la mujer que llamó no parecía tener una queja, el hecho es que en el área de Albuquerque nunca se volvió a realizar una acción como esa mientras estuve en ese distrito.

Con mi reputación creciente, comencé a recibir solicitudes de ayuda de otras oficinas de inmigración. En Dallas fuimos tras el propietario de un cultivo de árboles que fue acusado de tener trabajando contra su voluntad inmigrantes ilegales. En Austin hice el trabajo clandestino en un caso que involucraba a un pastor que facilitaba documentos falsos a sus feligreses. En Miami infiltré una operación de falsificación de documentos cuyos clientes eran en su mayoría inmigrantes de Sur y Centroamérica.

El hecho de que aceptara estos trabajos no le cayó en gracia a nuestro director y, en un memorando al Comisionado Regional, pidió que no se me asignaran más operaciones por fuera. Anotó que si la intención del Servicio era que continuara haciéndolo, deberían transferirme a otra oficina.

Después de eso, me quedé cerca a mi oficina para evitar conflictos. A pesar de la cantidad de casos que tenía, no había olvidado una promesa hecha varios años antes y una que pensaba cumplir —rastrear a José Medina, el criminal que me había traído de contrabando al país. Siete de sus socios habían sido arrestados en Chicago el día final de la operación y se habían expedido órdenes de arresto para otros cuatro en El Paso. Lamentablemente, José había escapado a México.

Habían pasado varios años ya y aquellos que fueron arrestados habían cumplido sus condenas y estaban libres, pero José no había pagado por sus crímenes. Yo estaba seguro de que él ya había olvidado la orden de arresto y probablemente estaba de regreso en el escondite de El Paso que se encontraba a unos pocos kilómetros de mi oficina. Ocasionalmente, pasaba por allí y observaba con la esperanza de descubrir señales de las actividades de contrabando o de José Medina. Había esperado unos años así que no me importaba ser paciente... sabía que era solo cuestión de tiempo.

Una calurosa tarde de viernes, convencí a un agente, Larry Agustine, de que vigilara la casa de los Medina en el 5500 de Flower Street un par de horas. Quería ver si nos cruzábamos con José. Larry no estaba muy interesado pero aceptó acompañarme con la condición de que después del trabajo nos tomáramos unas cervezas. Tomamos una de las viejas Dodge Ramblers de cuatro puertas del departamento y nos dirigimos lentamente a ese vecindario. Vi a un hombre menudo sentado en la banca del parque con una niña que comía helado. Recordé que Medina mencionó alguna vez que tenía un hijo.

—¡Detén el auto, Larry! —exclamé. Tenía el presentimiento de que este era nuestro hombre. Caminé lentamente hacia él, asegurándome de que él no me viera y emprendiera la huida. Estaba concentrado en un juego de futbol de Pop Warner y ni siquiera levantó los ojos cuando me senté a su lado.

—¿Eres José Medina? —pregunté.

—¿Quién chingados quiere saberlo? —respondió lacónicamente.

—Te he estado buscando durante mucho tiempo —le dije—. ¿No me reconoces? Soy el agente de inmigración que trajiste a Chicago de contrabando hace cinco años.

Quedó pasmado.

Con frecuencia había pensado en lo que le diría si alguna vez me lo encontraba cara a cara. Me pregunté de cuántas personas habría abusado durante sus años de contrabandista pero no sentí necesidad de denigrarlo. Antes de que pudiera decir nada más, le informé que quedaba arrestado y le leí sus derechos. Larry lo esposó y lo llevamos, junto con la niña, al asiento trasero de nuestro automóvil. Después nos dirigimos a un lugar que yo conocía demasiado bien: el escondite de los Medina en el 5500 de Flower Street.

Guadalupe Medina se encontraba en el jardín rociando el césped. Inmediatamente me reconoció y corrió en dirección al auto maldiciéndome y gritando que les había arruinado sus vidas cuando lo único que hacían era intentar ayudar a la gente. La dejé gritar hasta que se calmó y luego le pregunté si la niña era su nieta.

—Claro que sí —dijo bruscamente al tiempo que empujaba a la pequeña hacia la casa.

Llevamos a Medina a la Cárcel del Condado de El Paso. Al final, renunció a su audiencia de expulsión y fue enviado de regreso a Chicago para enfrentar cargos de contrabando de ilegales. Pasó casi un año en custodia en Chicago antes de declararse culpable de un delito menor y regresar a El Paso. Aunque nunca pudimos procesar al desgraciado por el delito de violación, yo había cumplido mi promesa de vengar a la joven víctima que había sido tan brutalmente atacada.

Acababa de arrestar a Medina cuando recibí información sobre otro enemigo: Newton Van Drunen parecía estar nuevamente en el ruedo. Un agente de Chicago me llamó para darme una dirección en El Paso que se estaba utilizando como punto de recaudo de documentos falsificados llegados desde Illinois. No mucho después, un alijo de dinero falsificado fue confiscado en México. La descripción del falsificador encargado de las dos operaciones me dejó convencido de que era Van Drunen. Aunque había recibido una sentencia bastante larga la última vez que lo arresté, Van Drunen había sido dejado en libertad condicional y, violando esa libertad, había huido a México con su familia en un bus cargado con sus equipos de falsificación.

Ahora mi viejo amigo era, una vez más, un fugitivo y seguía vendiendo sus productos falsificados en El Paso precisamente. Me pareció irónico que me hubieran transferido de Chicago a causa de las amenazas contra mi vida en las que tomaba parte Van Drunen y ahora volvía a encontrarlo a la vuelta de la esquina.

Muy pronto me enteré de que Van Drunen usaba el alias Guillermo Molinero. Su dirección en El Paso era la dirección postal para las órdenes de documentos falsos. Estaba viviendo en Zaragoza, México, en las afueras de Juárez. Ahora estaba en el negocio de falsificación de moneda estadounidense.

No me autorizarían a dirigir la investigación contra Van Drunen debido a que ahora trabajaba en la Unidad Anti-Contrabando y no en la Sección de Investigaciones del Servicio de Inmigración. Aunque los agentes de la Patrulla de Fronteras podían hacer investigaciones sobre bandas de falsificadores, existía un acuerdo general según el cual la Rama de Investigaciones del Distrito de El Paso se encargaba de esos casos. Esto no me infundía mucha confianza así que decidí investigar por mi cuenta, siempre con la intención de entregar cualquier información que consiguiera. Le pedí a mi compañero de entonces, David Castañeda, que me ayudara a vigilar la dirección de Van Drunen en El Paso que habíamos conseguido mientras trabajábamos en otro caso. Si Van Drunen aparecía, lo arrestaríamos. Contactamos a un cartero que nos confirmó que había entregado correspondencia a nombre de Guillermo Molinero en esa dirección. Le sorprendió que no lo supiéramos pues otros agentes federales ya lo habían entrevistado.

Tanto por respeto como por sentido común, nunca he querido o necesitado inmiscuirme en la investigación de alguien más. Uno nunca quiere hacer lo mismo que otro y arriesgarse a encontrarse de frente y herirse mutuamente. Decidí comunicarme con la Rama de Investigaciones del Distrito y hablé con mi antiguo compañero, Larry Agustine. Larry era el oficial de enlace con los oficiales mexicanos, así que viajaba a México casi a diario.

El otro motivo por el que recurrí a Larry era más personal. Larry tenía serios problemas de productividad, así como un serio problema de alcoholismo, y estaba necesitando una investigación exitosa para no perder su empleo. Muchas veces a lo largo de mi carrera he ayudado a agentes que estaban dispuestos a trabajar duro conmigo persiguiendo criminales.

Larry se entusiasmó y fuimos juntos a Ciudad Juárez para reunirnos con la familia de mi informante y varios oficiales mexicanos que ellos nos habían recomendado. También pasamos varias veces por el vecindario en el que supuestamente Van Drunen tenía su taller. Teníamos una idea general de la ubicación pero no era suficiente para localizar su dirección. Lo mejor que podíamos hacer era recorrer la zona durante un par de días con la esperanza de toparnos con él. No tuvimos tanta suerte y, sin mejores pistas o pruebas, nuestros contactos mexicanos no podían hacer nada. Nos prometieron mantenerse alerta para ubicar a un gringo grande y pedirle a sus contactos que hicieran lo mismo. Era su forma diplomática de decirnos que nos marcháramos. Incluso si lo encontraban, era poco el riesgo de que lo arrestaran sin estar nosotros presentes.

A excepción de los pocos agentes de Chicago que habían

trabajado muy duro para encerrar a este canalla, eran pocos los que realmente entendían que era un criminal habitual y peligroso. Le encantaba la posibilidad de joder al gobierno de Estados Unidos aunque no era tan inteligente como se creía. El sinvergüenza había comprado a nombre de su mujer un rancho de adobe en Zaragoza. Luego, de alguna manera, se las arregló para hacer que la administración le instalara las líneas eléctricas industriales que necesitaba para poder usar su imprenta en la casa. Nadie se preguntó por qué una casa necesitaba esa cantidad de electricidad, probablemente porque Van Drunen sabía cómo lograr que las cosas se hicieran en México: con dólares estadounidenses.

Eventualmente, Van Drunen fue arrestado por la Policía Judicial del Estado de Chihuahua, trabajando de cerca con los Agentes del Servicio Secreto de Estados Unidos. En su casa, los agentes encontraron equipos de impresión de moneda muy sofisticados y $12,6 millones en moneda estadounidense falsificada. Van Drunen estaba ahora más dedicado a producir moneda que documentos. Su trabajo era tan meticuloso que diferenciar entre sus falsificaciones y los elementos reales era casi imposible. El jefe del Servicio Secreto de Estados Unidos en El Paso declaró que Van Drunen era posiblemente el mayor falsificador con el que se habían topado en la historia. El dinero falso constituía otra fuente de ingresos para sus nuevos compañeros de canalladas, los señores de la droga. Debido a que estos cerdos hacían sus negocios en efectivo, podían comprar dinero falso a Van Drunen y pagar a sus proveedores con moneda falsa, incrementando dramáticamente sus ganancias.

Tras su arresto, Van Drunen quedó bajo custodia del gobierno mexicano hasta 1996, cuando finalmente fue deportado de regreso a Estados Unidos por Brownsville, Texas, y entregado a las autoridades para terminar de pagar su condena anterior.

Después del arresto de Van Drunen, miembros de alto nivel de la Policía Judicial Federal (PJF) de México, el equivalente de nuestra Oficina Federal de Investigación (FBI, por sus siglas en inglés), se comunicaron con el Comandante de la Policía Judicial Estatal para darle instrucciones específicas y limitar cualquier otra acción contra el falsificador. Los Federales eran legendarios pero no por su dedicación a combatir el crimen sino por su corrupción y brutalidad.

Habiendo lidiado con las autoridades mexicanas, estaba convencido de que un corpulento gringo como Van Drunen no podía haber pasado desapercibido sin el conocimiento y la protección de las autoridades. El canalla con seguridad sabía a quién untarle la mano.

Nos informaron que cuando Van Drunen salió de la cárcel se trasladó a Guadalajara, México, el último lugar en que lo rastreamos. Aun cuando no le di el golpe final, tuve una participación muy satisfactoria en su desaparición. Pero, me encontraba inmerso en una acción totalmente novedosa ahora que estaba en la frontera. Todas las técnicas de clandestinidad que había aprendido en Chicago vendrían a jugar un papel cuando varios de mis casos se cruzaron de forma dramática y peligrosa.

CAPÍTULO SIETE

Manuel y Sonia Ramírez

—JOE, ME GUSTAS y te deseo —me dijo Sonia Ramírez mientras se restregaba de forma seductora contra mi cuerpo. Nos encontrábamos en el bar de un prostíbulo en Piedras Negras, México, y yo me hacía pasar por un contrabandista llamado Joe.

Me giré lentamente y miré a los ojos a la contrabandista de 38 años; la vi sonreír. Me solté de sus amorosas atenciones y discretamente observé a su esposo, Manuel, quien se encontraba a tan solo tres metros de nosotros, riendo y bromeando a gritos con sus compañeros. Manuel estaba con Neto Muzquiz, el narcotraficante asignado a esta ciudad fronteriza mexicana. Estaban sentados en una concurrida mesa en el centro del salón, recibiendo las miradas de admiración de un harén de acompañantes ligeras de ropas.

Los guardaespaldas de Muzquiz me sonrieron, deleitándose con los coqueteos de Sonia mientras su esposo —totalmente ajeno a lo que sucedía— intentaba impresionar a su jefe.

—Sonia —le respondí—, no puedo traicionar a Manuel. Es mi amigo. Además, está aquí mismo.

—No te preocupes —dijo sonriendo—, unos cuantos tragos más de tequila y Manuel estará inconsciente cuando lleguemos a casa, como siempre.

Le recordé que yo había ido con un amigo, Gilbert, y no podía abandonarlo. Gilbert Wise, mi compañero en esta misión clandestina, también estaba sentado en la mesa de Manuel, tomándose una cerveza e intentando por todos los medios no desentonar entre aquella multitud de criminales.

—Ya llamé a mi mejor amiga, Gloria, y ella se encargará de Gilbert —me respondió Sonia, que no se dejaba disuadir fácilmente.

Sonia y Manuel Ramírez habían llamado recientemente la atención de nuestra oficina tras entrar en conflicto con la policía del lado mexicano de la frontera. Manuel y uno de sus socios habían sido arrestados por la Policía Judicial Federal —conocida como los Federales— en Piedras Negras, tras intentar pasar a Estados Unidos a tres ilegales yugoeslavos. Normalmente los Federales habrían hecho caso omiso, siempre y cuando les dieran una tajada del negocio, pero los Federales se molestaron con los Ramírez por no pagar las "tarifas".

En México, las organizaciones criminales suelen pagar a los policías bastante más que lo que reciben de sueldo, así que la tentación de aceptar los sobornos es difícil de resistir. Muchas veces, los carteles no dejan opción a las autoridades —colaboran o pagan las consecuencias, que normalmente significa morir. Entonces, esos oficiales corruptos no solo reciben los sobornos y protegen a los criminales, sino que también participan en los crímenes. La corrupción se da en todos los niveles, desde la policía rural, local y estatal, hasta los altos mandos de la institución.

Un ejemplo reciente. En abril de 2010 se armó la gorda en Ciudad Juárez. Cinco mil de los 32.000 federales de México fueron enviados a Ciudad Juárez para reemplazar a los militares mexicanos que habían llegado en 2006 como parte de la ofensiva del Presidente Felipe Calderón contra la pútrida y dominante violencia creada por los carteles de la droga. El ejército estaba tan irremediablemente corrupto que los federales tuvieron que asumir la labor de restaurar el orden en una ciudad al borde de la anarquía. Los federales estaban armados hasta los dientes y tenían la misión de proteger a los ciudadanos al mismo tiempo que intentaban detener los asesinatos diarios y el caos causado por la guerra entre carteles.

Tan solo cuatro meses después de su llegada el caos estalló en las filas de la policía federal, cuando más de 250 oficiales organizaron tres días de furiosas protestas en las calles de Juárez, comenzando con un paro de trabajadores. La indignación era causada por la corrupción interna y el riesgo que ello creaba para sus vidas. Una protesta de policías *contra* la corrupción de la policía era algo realmente sin precedentes en México. La multitud de oficiales vestidos con traje de faena azul/negro, muchos ocultando sus rostros tras capuchas, acusó a cuatro supervisores de estar muy corrompidos y en la nómina de los carteles. El alboroto estalló cuando otro oficial, que había presentado una queja sobre sus superiores, fue incriminado injustamente por posesión de drogas.

Las protestas callejeras se convirtieron en un motín fuera del Hotel La Playa, frente al Consulado de los Estados Unidos en el centro de Juárez. Varios comandantes corruptos tenían sus oficinas allí y los manifestantes querían agarrarlos. Las cámaras de televisión captaron a federales uniformados arrastrando fuera del edificio al superior de los comandantes, Salomón "El Chamán" Alarcón, y atacándolo en el estacionamiento.

El periódico mexicano *Proceso* informó que Alarcón era el federal de más alto rango en la nómina del Cartel de Sinaloa, una organización sanguinaria conocida por el tráfico ilegal de armas y drogas, lavado de dinero y contrabando de inmigrantes ilegales. Los acusadores de Alarcón al interior de la policía dijeron que el canalla no solo se hacía el de la vista gorda respecto a las actividades criminales de esta organización, sino que además participaba activamente en estafas, abducciones e, incluso, asesinatos.

Otros policías sostuvieron que sus superiores eran tan deshonestos que incluso colocaban drogas y armas en manos de inocentes, usaban los vehículos blindados del gobierno —incluyendo algunos donados por el gobierno estadounidense— para transportar drogas y encarcelaban a los miembros de la institución que denunciaban sus abusos.

Los manifestantes afirmaban que sus comandantes los obligaban regularmente a extorsionar a hombres de negocios respetuosos de la ley. "No todos somos ladrones; no todos somos corruptos", gritaba un oficial escondido tras una máscara. "A algunos de nosotros nos *gusta* nuestro trabajo".

Él mismo explicó que algunas veces inmensas caravanas de camiones —indudablemente cargadas de extraordinarias cantidades de drogas ilegales— atravesaban Juárez y eran ignoradas por orden de los superiores.

Cuando las protestas terminaron, el gobierno mexicano prometió investigar todos los problemas planteados. En un irónico giro de la justicia mexicana, los 250 federales que organizaron la campaña contra la corrupción fueron llevados a la Ciudad de México acusados de insubordinación.

Si Manuel Ramírez hubiera pagado a sus federales en lugar de despreciarlos, yo probablemente nunca habría llegado a estar apretujado por su esposa contra una máquina de discos, ni habría oído sus propuestas románticas. Nuestra investigación preliminar sobre Sonia y Manuel nos había llevado a la ciudad en que tenían su sede, Piedras Negras, frente a Eagle Pass, Texas, al otro lado del río. Como casi todas las ciudades del norte de México, Piedras Negras era un paraíso para los contrabandistas de inmigrantes ilegales y los distribuidores de drogas. Los informes de inteligencia indicaban que Manuel y Sonia Ramírez controlaban y contrabandeaban la mayor parte de los inmigrantes ilegales "exóticos", un término usado por nuestra oficina para referirnos a los inmigrantes ilegales no hispanos provenientes de Europa y Asia.

En el momento, la pareja se dedicaba a pasar yugoeslavos, muchos con destino a Dallas y Nueva York, donde frecuentemente conseguían trabajo en pizzerías y otros restaurantes. Como muchos criminales bien organizados, eran astutos y se aislaban de manera que era necesario maniobrar mucho y contar con suerte para lograr acercárseles.

En Eagle Pass nos concentramos en un importante socio de Ramírez, Lázaro Esquivel, el jefe de operaciones en Estados Unidos. Era conocido como "El Prieto" o "El Oscuro". Era un ciudadano estadounidense de 34 años que vivía en Eagle Pass con su esposa y cinco hijos. Tenía ya dos condenas por tráfico de ilegales y una por conducir borracho. Un corpulento hombre de piel oscura y cabello negro rizado, era temido por sus subordinados que conocían su reputación de hombre violento y vengativo cuando se sentía traicionado.

Logré ganarme la confianza de El Prieto gracias a un informante que me presentó como su amigo. El Prieto, como tantos otros contrabandistas, vivía apremiado por mover grupos porque siempre tenía demasiados clientes esperando. Pasé varios días viajando con él a Piedras Negras, con frecuencia visitando a guías, reclutadores o a los encargados de las casas de paso en el lado mexicano. Algunas veces los policías locales nos detenían para sacarnos dinero y les pagábamos. Hacer negocios en México era costoso porque todo el mundo quería ganar algo.

Pocos días después, mi compañero —Gilbert— y yo terminamos transportando a un grupo de doce inmigrantes ilegales destinados a Estados Unidos. Por medio de señales previamente acordadas, un explorador nos indicó cuando se cerró el puesto de control de la Patrulla de Fronteras. Después de pasarlo, condujimos los 320 kilómetros hasta Austin donde entregamos sanos y salvos a los miembros del grupo.

Mi trabajo secreto transportando inmigrantes ilegales era emocionalmente difícil, algunas veces abrumador. Yo sabía que mis motivos eran correctos y estaba orgulloso de mi habilidad para cambiar instantáneamente entre criminal y autoridad, y viceversa. Por otra parte, mover drogas tal vez habría sido menos desgastante emocionalmente. Siendo un traficante de personas clandestino —mientras seguía siendo un representante del gobierno de Estados Unidos— complicaba las cosas. Las dos partes del "negocio" —los *pollos* o consumidores, y los contrabandistas o proveedores— estaban implicados en una actividad ilegal. Pero nosotros teníamos que comportarnos de acuerdo con la ley o nuestra evidencia podría ser considerada fraudulenta. En circunstancias extremadamente peligrosas, teníamos que estar alerta y ser conscientes de cualquier comportamiento nuestro que pudiese ser considerado abusivo por la defensa en la corte.

Para dificultar aún más las cosas, los contrabandistas y conductores no eran los únicos delincuentes peligrosos con los que tratábamos. Con frecuencia, los mismos inmigrantes eran peligrosos. La mayoría de los inmigrantes ilegales era relativamente dócil durante el viaje pero la situación podía volverse muy tensa en los puntos de entrega, los escondites. Allí, algunos de ellos intentaban escapar o sus parientes intentaban rescatarlos sin pagar las tarifas acordadas, amenazando llamar a la policía si no se los entregaban gratuitamente. En muchos casos, los contrabandistas andaban armados para mantener a todo el mundo bajo control. Supongo que si no hubiéramos sido agentes nos habríamos preocupado menos. Mientras pretendíamos ser criminales, teníamos que estar pendientes de la seguridad de todos. Teníamos que cuidar a los *pollos* y a los traficantes sin despertar sospechas. Estábamos obligados a recolectar las tarifas de cruce para los contrabandistas, sin importar el grado de pobreza de la gente. Sabíamos que algunos de ellos ya no tenían nada. Algunas veces, cuando sabíamos que ya no tenían dinero ni para comer, Gilbert y yo permitíamos que algunas familias nos "convencieran" de darles un "descuento". Teníamos que ser muy cuidadosos para que nuestros jefes del hampa no se enteraran de nuestra generosidad, cosa que sin duda despertaría sospechas.

Algunas veces nos topábamos con familias con muy pocos recursos que estaban pasando por un mal rato. Teníamos que desempeñar nuestro papel de traficantes pero queríamos asegurarnos de no sobrepasarnos amenazando a alguien al punto de que la situación se saliera de las manos, y no queríamos dejar a las familias sin dinero para alimentar a sus hijos. No lloriqueábamos pero teníamos un corazón y éramos muy conscientes de los problemas de las familias que viajaban con niños pequeños. Me sentía fraccionado. A veces tenía que ser un perfecto imbécil. El trabajo clandestino era difícil para cualquier agente. Yo estaba entrenado para desempeñar un papel y no había opción de ensayar el libreto, no había segundas oportunidades, las consecuencias podían ser terribles. A pesar de ello, uno de los sentimientos más satisfactorios que tuve durante el tiempo que pasé con las familias de inmigrantes era cuando escuchaba sus historias, sus terribles experiencias, lo que habían abandonado y sus sueños para el futuro. Para mí era especialmente gratificante oírlos hablar de educar a sus hijos, mantenerlos fuera de problemas y trabajar duro para algún día llegar a ser ciudadanos estadounidenses. ¡Esa es la atracción que hace grandioso a nuestro país!

En esas condiciones, Gilbert y yo enfrentábamos el estrés y la fatiga como los profesionales que éramos y, tras transportar varios grupos, nos ganamos la confianza de los conductores y administradores de escondites de El Prieto. Finalmente aceptaron presentarnos a Manuel y Sonia Ramírez, con el acuerdo tácito de que no los sacaríamos del negocio y les daríamos una tajada de nuestras ganancias. La reunión con Manuel y Sonia requería de muchas precauciones pues estábamos trabajando sin ningún respaldo en Piedras Negras, una ciudad extremadamente peligrosa.

Nuestro primer encuentro con la pareja se dio pocos días después, en el restaurante El Sarape en Piedras Negras. Tomamos unas cervezas y los Ramírez alardearon de tener policías estatales y federales en su nómina pero, al mismo tiempo, se quejaron de lo imbéciles que eran los policías mexicanos en su ambición desmedida. Luego nos informaron de las nacionalidades de quieres estaban siendo traficados: yugoeslavos, costarricenses, mexicanos, colombianos e iranís. La reunión se desarrolló sin problemas, aun cuando sentimos que no confiaban del todo en nosotros.

Dos días después, Sonia me llamó para decirme que quería enviar inmediatamente seis mexicanos a Austin. Me ordenó ir a su casa para que conociera a Luis "El Diablo" y Armando Salinas, sus dos principales guías. Seguimos sus instrucciones y entregamos puntualmente la carga en Austin, recolectamos las tarifas y viajamos de regreso a Piedras Negras, donde le dimos a Sonia su parte de las ganancias. A ella le sorprendió que Gilbert y yo no nos reserváramos una porción más grande de la transacción, acostumbrada a ver cómo otros contrabandistas solían aprovecharse. Gilbert y yo estábamos satisfechos de ir ganando su aprecio y aceptamos reunirnos con ellos esa noche para cenar en El Sarape.

Después de nuestra amistosa cena, Manuel y Sonia querían ir a Boy's Town para alargar la noche y oír a los mariachis. Los Boy's Towns eran zonas rojas establecidas en siete ciudades fronterizas mexicanas, incluyendo Piedras Negras. Se remontaban a la época de las escaramuzas entre los ejércitos de Pancho Villa y el de Estados Unidos, cuando las prostitutas abrían burdeles cerca al perímetro de los campamentos del ejército estadounidense. Estos remotos complejos aun funcionaban, ofreciendo prostitución legalizada y otros entretenimientos para adultos. Enérgica música de mariachi en vivo sonaba a lo largo de la noche. Gilbert y yo aceptamos acompañarlos a un último trago y los llevamos a todos en nuestro auto.

Estacionamos cerca a uno de los sitios más populares e ingresamos al ruidoso bar escogido por los Ramírez. A Gilbert y a mí nos sorprendió ver un grupo de hombres fuertemente armados alrededor de una mesa en la que estaban cinco hombres, cada uno rodeado de prostitutas.

Muy pronto descubrí que el capo de las drogas en Piedras Negras, Neto Muzquiz, era uno de los hombres en esa mesa. Era amigo de Manuel y Sonia. En la jerarquía del narcotráfico, los capos como Muzquiz tienen protección "oficial", obviamente a cambio de pagos mensuales a los funcionarios del gobierno. El hecho de tener dicha protección, conocida como "tener la plaza", garantiza que el capo es intocable. El infame líder narco Pablo Acosta Villarreal, quien "tenía la plaza" en Ojinaga —al otro lado del río de donde nací— era famoso por andar de un lado a otro protegido por un general despreciable de una guarnición militar de dicha zona.

Neto Muzquiz hizo señas para que nos acercáramos e insistió en que nos sentáramos con él. Ya con sus bebidas, Manuel y Sonia escuchaban satisfechos la música mientras Muzquiz y yo nos examinábamos mutuamente. Tras una breve conversación privada con Manuel, el capo resolvió que yo no era una amenaza. Manuel alardeó del tiempo que hacía que nos conocíamos y Muzquiz me aceptó. Manuel, por su parte, decidió que si Muzquiz no me veía problema yo era confiable.

Una regla fundamental con estos canallas narcos es que ellos mandan y uno se queda mientras ellos se queden. Nadie decide irse a dormir hasta que "el jefe" decide que es hora de irse.

Enfiestados hasta el amanecer, Muzquiz y yo intercambiamos historias sobre otros traficantes del norte de Chihuahua. Yo me sentía en casa con el tema porque conocía a muchos de los principales protagonistas, ya fuera por sus historias o personalmente por mi trabajo. Acabamos tomando y mintiendo hasta que amaneció.

Sonia, que ya había comenzado a seducirme horas antes junto a la gramola, estaba ansiosa por irse a casa. Cuando los cuatro llegamos de regreso a la casa de los Ramírez, Manuel se quedó dormido, tal como ella había anunciado que sucedería. Para ese momento Sonia ya había encontrado una amiga para Gilbert. Sacarle el quite a la situación exigió todo mi ingenio.

Mientras Manuel roncaba en una silla en otra habitación, le prometí a Sonia que consumaríamos nuestro incipiente romance cuando fuéramos a San Antonio juntos en el futuro. Ella me prometió que iría sola, dejando a Manuel en México. De alguna forma me las arreglé para hacerla creer que sería mejor que llevara a su marido y le aseguré que le daríamos tanto trago que quedaría inconsciente. Mientras, la información que habíamos obtenido de Muzquiz en el prostíbulo era una mina de oro, una bonanza de inteligencia inesperada. Durante las siguientes semanas, Wise y yo continuamos transportando ilegales para Manuel y Sonia y, en el proceso, conocimos a muchos de sus socios.

La operación clandestina tomó más de cuatro meses, desde mediados de marzo hasta fines de julio. Durante ese tiempo, Gilbert y yo nos hospedamos en el Holly Inn o en el Hotel Hillside, dos establecimientos que habían conocido mejores tiempos. El Holly Inn era ya una institución en Eagle Pass. Era relativamente seguro y seguía siendo utilizado por mexicanos honrados en viajes de negocios y turistas en busca de un alojamiento económico. Desafortunadamente para nosotros, estaba ubicado en la salida de una concurrida autopista, cosa que podría comprometer nuestras actividades más discretas.

El Hillside era un lugar de mala muerte. Estaba lleno de gente extraña, bichos raros y olores. Allí me sentía como si estuviera en México. Los contrabandistas usaban sus habitaciones para esconder grandes grupos de inmigrantes ilegales y los empleados del hotel hacían de vigías. Los estropeados aires acondicionados obligaban a los contrabandistas a reunirse en el exterior para alardear y compartir sus historias de guerra. Las peleas eran comunes entre estos canallas que luchaban por adquirir una posición y el respeto correspondiente. Algunas veces se veía a los agentes de la Patrulla de Fronteras sentados en sus automóviles en el estacionamiento, con la esperanza de que su presencia sirviera para evitar las actividades criminales y para que los contrabandistas supieran que ellos estaban al tanto de lo que sucedía. También hacían redadas esporádicas pero nada cambiaba la situación. Gilbert y yo incluso nos mezclamos con los traficantes mientras les hacían señas obscenas a los agentes y los insultaban.

—¡Pinches putos, valen verga! —era una de las expresiones favoritas de los hijueputas que frecuentaban este agujero de mierda.

—No te preocupes —me decía, como si mis colegas agentes pudiesen oírme mientras los canallas se reían de ellos—. Estos desgraciados recibirán su merecido muy pronto.

Teníamos que adaptarnos a esta vida pero esperábamos ansiosos el día en que estos canallas se enterarían de que éramos agentes y de la necesidad de ser respetuosos.

En los meses de verano, mi esposa y mis tres hijos se trasladaron más cerca de mi zona de trabajo, alojándose en un hotel en Del Río, Texas, a unos 100 kilómetros de distancia. Siempre que me atrevía, me escapaba de Eagle Pass —normalmente alrededor de las 2 de la mañana— para reunirme con ellos. Los oscuros viajes de una hora eran refrescantes, las luces de la ciudad cedían su lugar a campos cultivados y, finalmente, a paisajes desiertos poblados tan solo por mezquites y nopales. Llegaba al Hotel Remington antes de que mi familia se levantara y sus gritos de emoción al descubrirme eran absolutamente renovadores. Desayunábamos juntos y luego pasábamos un rato jugando en la piscina; luego regresaba a Eagle Pass antes de que mis infames asociados sospecharan algo. Tenía que terminar el trabajo que había iniciado.

Cuarenta y un personas fueron identificadas y acusadas, el mayor número de acusados en una sola operación de tráfico de humanos en la historia, y el récord se mantiene hasta el día de hoy. Entre los acusados había guías, conductores de autos de vigilancia, conductores de camiones de carga, reclutadores, esposas de los principales contrabandistas y, más importante aún, los cuatro cabecillas de toda la operación.

Manuel y Sonia fueron arrestados después de que atravesaron el río para reunirse con nosotros en San Antonio, donde Sonia creía que finalmente consumaríamos nuestra relación amorosa mientras su borracho esposo dormía en la habitación contigua. Sonia se lanzó con los brazos abiertos a abrazarme.

—¡Joe, lo logramos! No puedo creer que esté acá —gritó obviamente emocionada. Su incauto esposo se encontraba unos seis metros detrás de ella. Mi mirada y falta de respuesta convirtieron su sonrisa afectuosa en sombría incredulidad cuando le di un empujón y le mostré mis credenciales, a la vez que le informaba que estaba arrestada.

—Sonia, soy Agente de Inmigración de Estados Unidos y usted queda arrestada por contrabando —le dije. Sin ninguna vergüenza, giró levemente su cabeza buscando ayuda de su marido… luego me miró con la esperanza de que mis palabras fueran mentira. Manuel tan solo la miraba. Ella lo había convencido de que tenían que hacer este viaje y acababa de entender lo que estaba sucediendo. Ella no solo no había tenido ni idea de que yo era un agente clandestino, también parecía destrozada por el hecho de que no estaríamos juntos.

Había llegado la hora de lidiar también con los imbéciles que despreciaban a "La Migra". Uno de ellos era Tony Sifuentes, quien nos había asegurado a Gilbert y a mí que podía oler un policía clandestino a un kilómetro de distancia. Alardeaba de que si alguna vez era arrestado, no se dejaría coger vivo y se llevaría con él a dos o tres de esos "bastardos". Estaba a punto de tener su oportunidad. El Agente Especial Sal Molina, un descomunal ex oficial de policía de El Paso, pidió permiso para ingresar solo a arrestar a Sifuentes mientras los otros agentes esperaban a media manzana de allí.

—Oye, Tony —gruñó Molina mientras se acercaba al igualmente descomunal acusado—: Oí que no te dejarás coger vivo si intentan arrestarte. Si eso es cierto, ¡se te acabó el tiempo! El canalla se echó a llorar y dio vuelta para que Molina lo esposara. Hasta ahí llega la agresividad.

Lázaro "El Prieto" Esquivel fue arrestado en un puerto de entrada cuando regresaba a México. Tanto él como su compañero habían involucrado a sus esposas en el negocio y las mujeres también fueron arrestadas. Nuestro equipo de la frontera también confiscó diez vehículos.

Nuestra paciente, estresante y bien organizada campaña clandestina se justificó, como lo confirmaron las condenas impuestas por los jueces de nuestro sistema federal de justicia. Manuel Ramírez recibió una condena de diez años en prisión, mientras su esposa —Sonia— fue sentenciada a ocho. Lázaro "El Prieto" Esquivel recibió la condena más dura, doce años tras las rejas debido a su historial. Ya había sido condenado por contrabando de ilegales y creía conocer el sistema. Su insensible desprecio por nuestras leyes lo llevó a ello.

Nuestros esfuerzos y éxitos en la clandestinidad constituyeron un severo golpe a los operadores del negocio de contrabando de ilegales en el área de Eagle Pass. Contrabandistas, guías, reclutadores y administradores de los escondites acabaron pagando condenas en las cárceles de Estados Unidos, fuera del negocio y sin suerte.

La vida útil de los líderes de cárteles o dueños de "la plaza" en la frontera norte mexicana ha sido, y sigue siendo, muy limitada. Pueden huir, pueden esconderse y pueden corromper al sistema pero, al final, todos ellos encuentran la muerte y, hoy día, un boleto de una vía a las prisiones federales de Estados Unidos.

Pablo Acosta, el capo de la droga al otro lado de la frontera de mi lugar de nacimiento, Presidio, Texas, fue rastreado por Guillermo Calderoni, el principal federal de México en la época, y asesinado en una balacera no lejos del lugar donde crecí. El FBI había contribuido con fuerzas de apoyo y transporte en helicóptero en el lado estadounidense de la frontera para evitar que Pablo Acosta y sus seguidores escaparan hacia Estados Unidos.

Calderoni, de quien se decía que valía más de cien millones de dólares, estaba jugando en ambos bandos y encontró un fin similar cuando fue asesinado de múltiples balazos frente a la oficina de un importante abogado defensor en McAllen, Texas. Incluso si las autoridades no los agarran, siempre hay aspirantes a capo que quieren desplazar a sus jefes. Tal fue el caso de Neto Muzquiz.

Según los informes, Muzquiz recibió un disparo de una calibre .45 en el rostro cuando abrió la puerta principal de su rancho en Muzquiz, Coahuila, México. Nadie lo extrañará.

CAPÍTULO OCHO

Otra vez clandestino al sur de la frontera

Siempre que entraba a México como agente secreto estaba profundamente consciente de que mis colegas agentes y yo estábamos en tierra de nadie. Es cierto, nuestro gobierno nos respaldaría si fuésemos arrestados por la policía mexicana pero negaría tener conocimiento de nuestras actividades clandestinas. Más preocupante aun sería caer en manos de criminales o policías corruptos y no tener ninguna oportunidad de avisarle a alguien en dónde estábamos o la situación en que nos encontrábamos.

Siempre ha habido amistades y nexos entre los agentes estadounidenses y las autoridades mexicanas, pero siempre acompañados de desconfianza. Durante mis años en la Patrulla de Fronteras de los Estados Unidos, no era raro ir a México a ver informantes y, en algunos casos, trabajar en secreto y sin la bendición de las autoridades mexicanas. Cuando viajé a Tijuana para el caso Castillo, se avisó a la Embajada Estadounidense en la Ciudad de México. No obstante, nadie en el gobierno mexicano sabía que yo realizaría una operación secreta allí. Y, si lo hubieran descubierto, eran tiempos más amistosos y de mayor cooperación. Probablemente no se habría armado un escándalo a causa de agentes secretos estadounidenses trabajando en tierra mexicana. Fue años después que el gobierno mexicano entendió la importancia que tenía en sus propios medios de comunicación el hecho de censurar la presencia de agentes estadounidenses en su tierra. Siempre fue una forma conveniente de invalidar nuestras solicitudes de que persiguieran a sus contrabandistas y narcotraficantes que estaban protegidos por los sobornos que daban a las mismas personas que nos negaban acceso al país.

El reconocido contrabandista Carlos Domínguez era mi objetivo en esta misión. Había entrado a nuestro país como inmigrante legal gracias a su matrimonio con una ciudadana estadounidense. No tenía ninguna intención de convertirse en un miembro productivo y respetuoso de la ley en nuestro país y, muy poco tiempo después, fue arrestado por pasar a un grupo de mexicanos desde Juárez a Albuquerque, Nuevo México. En los casos con pocos inmigrantes ilegales involucrados, no era raro que la fiscalía decidiera rechazar el caso. Los limitados recursos y una indiferencia generalizada con respecto al tema de inmigración quitaban importancia a dichos casos. Los ilegales que Domínguez contrabandeó fueron enviados de regreso a México y Domínguez quedó en libertad. Se dice que a las pocas horas de ser liberado, regresó a recogerlos y, esta vez, llevó a término su misión.

Envalentonado por tales circunstancias, Domínguez cogió vuelo y extendió su negocio a Centro y Sur América, siempre llevando grupos pequeños. Eventualmente fue arrestado cerca de Alamogordo, Nuevo México, cuando él y otros contrabandistas intentaban pasar dieciséis inmigrantes ilegales hasta el aeropuerto de Albuquerque, donde tomarían vuelos a destinos en el interior del país. Él y un socio fueron sentenciados por este delito a dos años en una prisión federal, pero salieron libres antes de seis meses.

A pesar de esa condena, Domínguez nunca fue deportado ni se le quitó la residencia, aunque ahora era un inmigrante deportable. Tan pronto salió de prisión, retomó sus actividades de contrabando. Tres meses después fue atrapado transportando a diecisiete mexicanos y ecuatorianos con destino a la ciudad de Nueva York. Se declaró culpable pero, increíblemente, se le permitió pagar una fianza mientras se le juzgaba. Huyó a Ciudad Juárez donde abrió un club nocturno —Club Dumas, en la calle Tlaxcala— desde el cual retomó sus negocios.

Informantes y socios ya arrestados señalaban que la organización de Domínguez estaba involucrada en el contrabando de inmigrantes ilegales y de mariguana. Domínguez contaba con exploradores motorizados para mantener la seguridad de sus operaciones, así que nos enfocamos en ellos. Una vez atrapamos a varios de ellos, muchos otros renunciaron por temor a ser arrestados. Eso me dio la oportunidad perfecta para infiltrarme en la organización como conductor sustituto. Nuestros esfuerzos contra los exploradores en los puntos de control tuvieron como efecto secundario la acumulación de grupos en Juárez, al punto en que Domínguez se encontró con casi setenta y cinco clientes que podría perder ante otras organizaciones de contrabandistas.

Sabiendo eso, me dirigí al Club Dumas para conocer a Domínguez. El club nocturno se remecía cuando mi informante, Pedro, y yo llegamos poco después de las 10 de la noche. Pedro me presentó a Domínguez. El contrabandista tenía un halo de confianza en sí mismo, una bravuconería muy propia de los mafiosos. Sabíamos que en realidad era bastante débil pero lo disimulaba muy bien. Era más o menos de mi edad, de piel clara y cabellos castaños. Estaba en buen estado físico, era esbelto y de complexión mediana; tenía buena figura. Tomaba cuidadosamente y jamás lo vi borracho. Se entendía bien con las mujeres, al menos con aquellas que lo rodeaban en el bar. Incluso las prostitutas admiraban a Carlos. Él, a su vez, le respondía a cada una como si fuese la única presente en la habitación. Era serio y profesional. Era el perfecto gerente general de una empresa criminal y sabía cómo manejar y dirigir a sus subordinados. A diferencia de muchos de sus conductores, guías y reclutadores, Carlos era un tipo elegante y desenvuelto.

Después de un rato, me excusé diciendo que iba al baño para poder estudiar el antro. Caminé lentamente, observando los rostros de los clientes para asegurarme de que no estaba en una trampa. Cuando regresé a la mesa, Domínguez se veía preocupado y estaba muy impaciente.

Me dijo que se había organizado el cruce de sesenta y tres *pollos* para esa noche. Una vez al otro lado, esperarían en un campo cerca al Bar Alameda en El Paso hasta que los recogieran y llevaran hasta Albuquerque. ¡Había conocido al tipo en el momento perfecto! Asumí el plan.

—Quiero $2.000 y los llevaré todo el viaje hasta Albuquerque —le dije para sorpresa suya.

—¿Eres pendejo? —preguntó al tiempo que soltaba una carcajada—. Le pago $250 a mis exploradores y ¡me quedan agradecidos por el empleo!

—Eso está bien pero yo no soy un simple explorador. Esos tipos no usan sus propios vehículos, no pagan su combustible y no pueden ayudarle a transportar a sus *pollos*. Yo sí —respondí—. Tengo una camioneta, conozco las carreteras e incluso puedo llevar a varios de los ilegales conmigo.

Domínguez me observó tratando de intimidarme. Yo le di la espalda, tomé una cerveza e inicié una conversación con una prostituta semidesnuda. Tal vez habíamos llegado a una especie de punto muerto: Domínguez esperaba que yo regresara a su mesa y aceptara sus términos. Poniéndolo a prueba, pagué mis cervezas y el trago de la señorita y me dirigí a la salida.

Pedro estaba preocupado por la posibilidad de que hubiéramos molestado seriamente a Domínguez. Pero yo sabía lo que hacía.

—Vámonos Pedro, es hora de visitar otros sitios a ver con qué nos topamos —le dije—. Carlos, pasaré por acá en uno o dos días y tal vez logremos hacer algo juntos, pero no por $250. No iré a la cárcel por tan poco dinero.

—¡Oye José! —me llamó a gritos, saliendo como una bala del club mientras yo caminaba por la acera—. Aceptaré los $2.000 si pones a ocho personas en la camioneta.

Acepté la propuesta y comencé a trabajar inmediatamente.

Carlos y yo encajábamos bien y, si yo hubiera sido realmente deshonesto, creo que nos abríamos entendido de maravilla. En este tipo de operaciones clandestinas de larga duración, uno acababa sabiendo más de lo esperado sobre la vida personal del individuo: sobre su familia, sus sueños y el por qué está en el negocio. Algunas veces incluso uno resultaba descubriendo muchas similitudes y lamentando estar en lados opuestos de la ley. Nunca se podrá aceptar sus formas de vida pero, algunas veces, sus justificaciones parecen razonables. A pesar de ello no podía olvidar que si mi identidad se daba a conocer la mayoría de ellos no dudaría en darme una paliza o incluso asesinarme.

Domínguez no quería que cruzara la frontera antes de medianoche. Sabía que los Agentes de la Patrulla de Fronteras estadounidense cambiaban de turno a esa hora y nuestra opción de lograrlo era mejor entonces. Un total de sesenta y tres inmigrantes ilegales atravesarían en dos turnos y se usarían siete vehículos además de mi camioneta. Algunos de los conductores eran también guías. En total, nueve de los miembros de la organización Domínguez atravesarían durante la noche y él, Domínguez, cruzaría temprano al día siguiente y se reuniría con nosotros en Albuquerque.

Una vez el grupo cruzara la frontera por el puerto de entrada de El Paso y recogiera a los *pollos,* viajaría al norte por una carretera desierta que atravesaba las montañas. La ruta era popular entre los contrabandistas porque evitaba el puesto de control de la Patrulla de Fronteras en Truth or en Consequences, Nuevo México, de manera que solo había que preocuparse por las patrullas móviles. Los recursos asignados a las patrullas móviles eran escasos así que, normalmente, había solamente dos o tres de ellas patrullando a la vez. Una vez detectaban la primera carga de la noche, los agentes de turno se mantenían ocupados y la carretera quedaba despejada para los que pasaban más tarde.

Domínguez me ordenó regresar al club a las 2 de la mañana, la hora de cierre. Una vez que los verdaderos clientes del lugar salieron, Carlos y uno de sus secuaces cerraron el local. Los dos guías/conductores que tenían documentos para ingresar a Estados Unidos ya habían regresado y anunciado orgullosos que los sesenta y tres inmigrantes ilegales habían cruzado sin problema el río. Se encontraban en un potrero en El Paso, cerca al Bar Alameda en la calle Yarborough, esperando que los recogiéramos. Nuestros contactos nos esperaban en el bar para señalarnos su posición exacta.

Abandonamos el Club Dumas a las tres en punto. Todos lanzaron un grito de entusiasmo al subir a los vehículos. Conduje el vehículo explorador y encabecé el convoy de ocho autos en dirección al puerto de entrada estadounidense.

Había acordado previamente que los agentes estadounidenses montarían un puesto de control móvil en la desierta carretera a Hatch, donde los contrabandistas no podrían dar media vuelta. También teníamos varias unidades apostadas a ambos lados del puesto de control para encargarse de cualquiera que intentara huir. Nuestro plan era iluminar el puesto de control, detener los vehículos a medida que llegaran y hacer los arrestos. Les informé que Domínguez estaba programado para atravesar a la mañana siguiente, así que también sería capturado. Desafortunadamente, al ser contratado tan repentinamente, no alcancé a informar a los agentes del puerto de entrada que yo atravesaría casi inmediatamente.

—Buenos días, señor —saludé calmadamente a un oficial de aduanas hispano que estaba en la caseta—. Soy ciudadano estadounidense.

—¿Cuál fue el objetivo de su visita a México? ¿Este vehículo es suyo? —me preguntó. Eran preguntas de rutina, normales, hechas a todos los conductores para evaluar su grado de ansiedad o comportamientos sospechosos. Sin embargo, el tono de este agente era especialmente antipático y poco acogedor mientras escribía en un papelito para conducirme a una segunda inspección. Mi cabello largo y andrajosa vestimenta eran un disfraz perfecto que, en momentos como este, me hacía lucir muy sospechoso.

—Agente, yo soy agente de la Patrulla de Fronteras estadounidense y trabajo en una misión clandestina en México. He infiltrado una red de contrabandistas y todos los autos que me siguen son conducidos por traficantes que se dirigen a recoger un cargamento de ilegales en Estados Unidos —le dije. Su mirada dejó claro que le tenía sin cuidado lo que le decía. Colocando el papel en mi parabrisas, hizo una señal a los agentes de la segunda caseta.

—Por favor, envíe también a algunos de los vehículos que me siguen a la segunda caseta —quería que todo el convoy se detuviera conmigo. Ante todo, no quería que los otros conductores pensaran que estaba confabulado con el agente y le estaba dando información sobre ellos. Además, no quería que continuaran el viaje sin mí.

—No me diga qué hacer —me ladró. No me sorprendía del todo su actitud desagradable. Sabía que estos agentes lidiaban con todo tipo de personajes que inventaban historias increíbles para intentar ingresar a los Estados Unidos. Esperaba ser mejor recibido por el agente de la segunda caseta.

Cuando me bajé de la camioneta en la segunda caseta, no podía creer lo que sucedía: el mismo oficial que me había enviado a la segunda inspección estaba haciendo tan solo breves preguntas a los verdaderos contrabandistas del convoy que me seguía y dándoles paso sin necesidad de una segunda inspección. Los observé estupefacto a medida que pasaban de largo. Me miraban con desconfianza mientras continuaban su viaje a El Paso.

El agente de la segunda inspección fue reemplazado por un supervisor.

—Entiendo que tiene usted una mala actitud —me dijo mientras se acercaba a mi camioneta acompañado por varios agentes. Intenté explicarle quién era y la misión que realizaba pero me mandó callar.

—¡Descargue todo lo que trae en ese vehículo! —ordenó.

A esas alturas yo ya estaba furioso y la situación degeneró en una acalorada discusión. Estaba totalmente frustrado cuando al fin me dejaron continuar mi viaje. Yo no lo sabía, pero los conductores de los otros ocho vehículos habían dado la vuelta y regresado a Juárez. Temiendo que yo intentara tenderles una trampa, también se había ordenado a los guías llevar de regreso a través del río a los sesenta y tres ilegales. Era la primera vez en toda mi carrera que sabía de *pollos* que habían atravesado con éxito la frontera tan solo para ser llevados de regreso a México unas horas después.

A las 7 de la mañana, fui a la oficina central de El Paso para reunirme con el Jefe Richardson y explicarle exactamente lo que había sucedido en el puerto de entrada. A las 7:30 Richardson hablaba por teléfono con el Director de Aduanas Manny Najera. Le expresó su apoyo a mi misión y Najera apoyó a sus agentes de aduanas. Pocos minutos después se resolvió el conflicto entre las dos agencias. Hoy en día, dudo que se hubiese resuelto de manera tan razonable.

Tras descansar varias horas en la oficina central, regresé a mi trabajo. El riesgo de que Domínguez abandonara la operación era muy alto. Esa tarde me comuniqué con él en el Club Dumas. Sin lugar a dudas, sus radares estaban en alerta. Su tono era desconfiado y me aseguró que no tenía *pollos* para trasladar. Me exigió presentarme en el club y explicarle lo que había sucedido la noche anterior. Cuando llegué allí, todos los guías y conductores estaban presentes y se mostraron incómodos cuando me vieron llegar. Domínguez, desde la mesa del fondo, me miraba con desconfianza. Les informé a todos los detalles de mi inesperada demora en el puerto de entrada y resalté que no había sido arrestado. A pesar de ello, Domínguez me informó que no se llevaría a cabo ninguna operación esa noche. Sentí que esperaba que abandonara el club pero yo no estaba dispuesto a desistir así que me quedé jugando billar con un par de tipos. Sin mucho ruido, abandoné el club a las 11 de la noche.

Una vez en el lado estadounidense de la frontera, llamé a nuestros agentes de la Unidad Anti-Contrabando para informarles dónde creía que cruzarían los inmigrantes ilegales y hablarles del potrero cerca al Bar Alameda, el sitio donde usualmente esperaban el convoy. Aunque Domínguez me había asegurado que no haría nada esa noche, yo no le creí.

A la 1 de la mañana los agentes de la unidad descubrieron

a 35 personas corriendo por al autopista fronteriza en dirección al claro cerca del Bar Alameda. Los vehículos del convoy de la noche anterior también estaban cerca del bar. Todo el grupo estaba vigilado. Poco después de las 2 de la mañana, dos personas subieron a un vehículo y salieron a explorar la carretera. Solo la mitad de los ilegales había llegado al lado estadounidense de la frontera pero los contrabandistas estaban ya todos ahí. No tenía sentido esperar a que llegaran los otros *pollos* pues nuestro objetivo eran los traficantes.

El Agente de Inteligencia Bert Avila detuvo el auto explorador a poca distancia del bar, mientras los otros agentes arrestaban al resto de los contrabandistas y los 35 ilegales escondidos en el claro. Aunque no atrapamos a Domínguez esa noche, yo seguía planeando cómo hacerlo. Mi identidad no se daría conocer hasta dentro de unos días, cuando tuviera que testificar en contra de los ocho traficantes en la corte federal. En ese momento todos sabrían que yo era un agente federal y Domínguez sería informado.

Después de evaluar cuidadosamente lo riesgos, decidí que Domínguez debía estar lo suficientemente desesperado para trabajar conmigo. Decidí llevar conmigo a Juárez a otro agente: Manny Ávila. Mientras Manny iba a casa a quitarse su uniforme yo pasé una hora con Terrie y los niños. Los niños crecían rápidamente y yo amaba pasar tiempo con ellos en nuestro jardín o llevarlos de paseo por las colinas desérticas que rodeaban nuestro hogar, algunas veces atándome una cuerda a la cintura para halar sus bicicletas por la arena. Era un excelente ejercicio y nos divertíamos mucho. Sin duda, mantenía en forma mis piernas. Le conté a Terrie que tenía que regresar a Juárez pero le prometí que estaría de regreso a las 10 p.m. y podríamos reunirnos con unos amigos para tomar unos tragos.

Aunque eran más de las siete de la tarde, el sol aun brillaba cuando Manny y yo entramos al Club Dumas. Me detuve cerca de la entrada mientras Manny se dirigía a la barra. De repente, un tipo inmenso me lanzó contra la pared al tiempo que otro de los secuaces de Domínguez se encargaba de Manny. Intenté liberar mi quijada del brazo del tipo pero era demasiado fuerte y su protuberante barriga parecía pesar una tonelada. Traté de ver su otra mano, temiendo que tuviera un puñal y me hiriera. Domínguez caminó lentamente hacia mí.

—¡Nos jodió! —gritó—. Todos fueron arrestados anoche. Usted es el único que sabía de la operación y no fue arrestado.

—¡Carlos, dígale a este pinche animal que se quite de encima de mí! —exigí—. No sabía nada de lo de anoche. Usted me dijo que nadie cruzaría. ¿Lo recuerda?

Necesitaba mantener la conversación para que el matón de encima no me hiciera daño. Carlos le hizo una seña y el tipo quitó su antebrazo de mi barbilla pero me mantuvo contra la pared con la palma de su mano. Quería empujarlo lejos pues, aun a esa distancia, me enfermaba su tufo a licor. Necesitaba poner a Carlos a la defensiva para retomar el control de la situación.

—Oiga, creí que usted era un verdadero hombre y se encargaba de su negocio. ¿Por qué necesita a esta bestia para tenerme quieto? ¿Por qué no lo resolvemos usted y yo, con las manos, un puñal o lo que sea? ¿No es tan macho para cuidarse solo? —lo reté.

Sabía por mis informantes que Carlos era un blandengue

que dependía de otros para manejar su negocio pero trataba de parecer muy macho ante sus socios.

—Suéltelo —le ordenó al gorila—. Venga, vamos al bar.

A veces me sorprendían mis habilidades para hacerme pasar por un matón. En segundos, Domínguez estaba nuevamente bajo control, explicándome que había perdido a algunos de sus mejores conductores y guías en el golpe de la noche anterior, sus clientes estaban enojados con él, y sus otros guías y conductores temían transportar a los *pollos* que esperaban. Ya les había cobrado a algunos de ellos y estaban exigiéndole el reembolso del dinero para contratar a sus competidores.

—Me arriesgaré una vez más con usted —me dijo—. Pero, si realmente quiere trabajar conmigo y es quien dice ser, tendrá que hacer esta operación por mucho menos dinero. Realmente necesito recuperarme de esta pérdida.

Domínguez pretendía que llevara 25 *pollos* en mi camioneta. Tras una breve negociación, acepté llevar quince en el primer viaje y luego regresar por los otros diez. Domínguez estuvo de acuerdo en ir hasta Albuquerque en otro auto para ayudar con la entrega y la recolección de los pagos.

Encontré un teléfono público en la parte trasera del bar y llamé a Terrie. Usando mi apodo, le pedí escusas por tener que cancelar nuestra "cita" de esa noche. No llegaría al lado estadounidense de la frontera hasta las 3 o 4 de la mañana y no quería que ella se preocupara.

Le dije a Domínguez que saldría a comer algo pero él insistió en que me quedara con él hasta cerrar el trato. No quería correr ningún riesgo conmigo. Después de unos cuantos juegos de billar, me informó que teníamos que ir a otra taberna para reunirnos con otros contrabandistas que harían el viaje con nosotros. Me parecía que la noche mejoraba por segundos. El guardaespaldas de Domínguez, ahora muy amistoso conmigo, nos acompañó en mi camioneta —propiedad del gobierno estadounidense. En la taberna encontramos a los otros traficantes y revisamos el plan. Cuando ya abandonábamos el bar, llegó un grupo de hombres que se identificaron como amigos de Domínguez y se sentaron a hablar con él en privado. Comencé a ponerme paranoico cuando noté que el grupo nos miraba a Manny y a mí mientras hablaban, y me preocupé aun más cuando Domínguez nos ordenó salir del lugar. Mi arma estaba en la camioneta y me era imposible llegar a ella.

—Esos tipos son amigos míos —me dijo—. Están negociando un trato de heroína en otro bar y quieren llevarla a los Estados Unidos esta misma noche. No quieren ir solos. Quieren saber si podemos ir con ellos.

—Carlos, ¿por qué no nos acompaña a El Paso? —pregunté—. Tenemos unas chicas esperándonos en mi casa. Podemos relajarnos y pasarla bien mientras esperamos a que el grupo atraviese el río.

Domínguez pareció relajarse. Para sorpresa mía, aceptó ir a El Paso a fiestear con nosotros y le pidió a su guardaespaldas que nos acompañara. Su única condición fue que viajáramos todos en mi camioneta. Ya con Domínguez y su matón, fuimos a una taberna cercana para cerrar el negocio de la heroína. El bar estaba cerrado al público. Era una cueva de narcotraficantes, oscura, llena de humo y apestaba a cerveza. Las pequeñas mesas estaban cubiertas de botellas a medio terminar y ceniceros repletos de colillas. Todos los que estaban allí se conocían, así que estaban relajados y eran cautelosos, todo a la vez. Era difícil saber quién estaba drogándose, pero supuse que todos tenían algún tipo de droga en su sistema. Tuve que esconder toda sensación de incomodidad mientras seguía al grupo de Domínguez hasta el bar. Nos sentamos a tomar en un extremo mientras sus amigos hablaban con los tipos del lado opuesto. Los tipos con los que estaban negociando eran policías corruptos de la Policía Federal Mexicana. No hubo presentaciones y nosotros cuatro tomamos varias Coronas mientras se hacía el negocio. Me sorprendí cuando uno de los amigos de Domínguez se acercó y nos informó que ya habían depositado los narcóticos en el automóvil y que debíamos salir de México tan pronto pudiéramos. Además, nos dijo que iríamos adelante y ellos nos seguirían.

Por primera vez en esa misión, sentí mucho miedo. Todos en el grupo estaban nerviosos. No veía la hora de salir a respirar aire puro.

Nos subimos a los autos y nos dirigimos al puente fronterizo. Las calles de Juárez estaban llenas de gente: prostitutas, gringos, nativos, borrachos, policías y matones intimando con los policías. El tráfico avanzaba lentamente hacia el puerto de entrada. Me encontraba a menos de dos manzanas del Puente Internacional y podía ver las luces en las montañas al otro lado de la frontera. Intenté calmarme poniendo música norteña en la radio. Con la humedad y calor de la medianoche, llevábamos las ventanas abiertas. Domínguez viajaba en el puesto del pasajero a mi lado, mientras Manny iba en la parte trasera con el gorila de Carlos. Supuestamente las drogas iban en el vehículo que nos seguía. Una vez llegáramos al puerto de entrada, no solo apresaríamos a Carlos sino también a los pasajeros del otro auto. Esperaba tener mejor suerte esta vez con el agente de aduanas de turno y ser más convincente. Nunca tuve la oportunidad de descubrirlo.

Estábamos detenidos por el tráfico cuando alguien abrió de un tirón mi puerta. Con increíble agilidad, una mano pasó frente a mí y apagó la camioneta. ¡No tenía ni idea de lo que estaba sucediendo! Un hombre me tomó por el cabello, me sacó a rastras del vehículo y me lanzó contra el pavimento. El gorila presionaba contra la parte trasera de mi oreja un arma automática. Moría del pánico de pensar que se le disparara accidentalmente, desparramando mi cerebro por la carretera. Todo el mundo blasfemaba, empujando y agarrando y repartiendo palizas a quien estuviera al alcance. Los ocupantes del otro auto también estaban siendo arrastrados a la mitad de la calle.

Con toda la calma posible, le pedí al matón que me tenía que quitara su arma de mi cabeza, jurándole que no me movería. Por fortuna lo hizo. Un grupo de salvajes se subió a nuestra camioneta y comenzó a destruirla, arrancando las sillas y el tablero de mandos, en busca de armas y narcóticos. De repente entendí que nos habían puesto una trampa, que los policías que nos habían vendido las drogas en el bar estaban confabulados con estos idiotas que nos habían atacado. Dudaba incluso de que hubieran puesto las drogas en el automóvil. Nadie los vio hacerlo. O, tal vez, sí las habían puesto allí y estos estaban destrozando todo para robarlas. Como quiera que fuera, sabía que tenía que hacer algo muy pronto o ellos encontrarían mi pistola, radioteléfono y credenciales escondidas bajo el asiento del conductor.

—Señor, dígale a su comandante que quiero negociar con

él —le pedí. El dinero hacía milagros cuando se trataba de policías mexicanos. Los negocios y sobornos eran el único lenguaje que esos bastardos entendían. Les importaba un rábano si teníamos narcóticos o no. Querían dólares.

—¡Siéntate! —me ordenó el comandante tras aparecer de la nada. Me senté y miré hacia arriba para encontrarme con un oficial deplorable y barrigón.

Sabiendo que son corruptos pero no estúpidos, le declaré:

—Soy agente federal del gobierno de los Estados Unidos —nadie en sus cinco sentidos le haría daño a un agente estadounidense, temiendo el largo alcance de su sistema de justicia—. Mis credenciales están bajo la silla del conductor.

El comandante quedó momentáneamente mudo. Fue hasta la camioneta y sacó una bolsa de debajo de la silla. Me ordenaron quedarme quieto mientras el saco de grasa consultaba a dos de sus secuaces. Me miraban continuamente durante su agresiva conversación, tratando de decidir qué hacer. Maté el tiempo recordando historias que había oído sobre personas que habían sido llevadas al desierto, asesinadas y enterradas donde nadie las encontrara. Estaba totalmente a su merced y rezándole a Dios que me salvara. Los canallas no solo tenían mi pistola, sino que todos llevaban armas propias.

Podía oír a Carlos Domínguez tratando de negociar con uno de ellos, diciéndole quién era y que su hermano era algún tipo importante. No le ponían demasiada atención, ahora que sabían quiénes éramos Manny y yo. Repentinamente, la conversación terminó pero desconocíamos la conclusión a la que habían llegado. Un corpulento policía nos llevó a empujones a los cuatro —Domínguez, su guardaespaldas, Manny y yo— hasta la parte trasera de mi camioneta, se subió al puesto del conductor y arrancó. Pude ver que también habían hecho subir a los ocupantes del otro auto y estaban arrestando a otros individuos que yo no había visto hasta entonces. Nuestro destino resultó ser la cárcel de Juárez, un prospecto aterrador, pero menos malo que la opción de ser llevados fuera de la ciudad a quién-sabe-dónde y asesinados.

El problema ahora era qué harían los policías corruptos con nosotros. Varios de ellos habían alardeado sádicamente sobre los métodos que usaban para obtener confesiones. Los policías mexicanos eran expertos en la tortura del submarino mucho antes de que el público estadounidense supiera de su existencia. A decir verdad, el submarino pertenecía a su lista de torturas *suaves*. Mi mayor miedo era que estos imbéciles nos hicieran confesar un falso delito de tráfico de narcóticos para justificar nuestro encierro. El problema no era si cederíamos a sus torturas, sino qué tendríamos que admitir.

Sorprendentemente, Manny y yo, además de Domínguez y todo su grupo más otro poco de matones que yo no conocía, fuimos encerrados en la misma celda. Estaba tan abarrotada que todos teníamos que permanecer de pie. Justo cuando pensé que las cosas no podrían empeorar, uno de los policías mexicanos —un supervisor tal vez o uno que se hacía pasar por tal— vino hasta nuestra celda y llamó a Domínguez.

—¿Sabe con quién está? —le preguntó sarcásticamente, señalándome—. ¿No se alegra de que lo hayamos agarrado antes de cruzar? En este momento estaría en una prisión estadounidense...

Domínguez me miró fijamente y todos los ocupantes de la celda se situaron detrás de él y nos observaron a Manny y a mí con odio. La situación era tan tensa que supe que no pasaría mucho tiempo antes de que saltaran sobre nosotros y nos molieran a golpes. No podía dejarles ver lo asustado que estaba. El policía les había revelado nuestra identidad a propósito con la esperanza de que desapareciéramos sin él tener que involucrarse. Si sobrevivíamos al ataque o no, la policía siempre podría decir que los otros prisioneros eran los responsables. La cantidad de músculo acumulado en la celda era tal que la muerte a golpes sería rápida. Una vez más tenía que comenzar a fanfarronear y pronto.

—Carlos, lo que ese policía dice es cierto. Soy un agente federal estadounidense y sé que usted es residente de mi país y tiene a sus hijos allá —argumenté muy racionalmente—. Si algo me sucede aquí, le prometo que nuestro gobierno lo encontrará... ¡a usted y a su familia! Salgamos de esto juntos y, si usted regresa a nuestro país, me aseguraré de que mis jefes sepan que no me jodió acá.

Pensé que hacernos parecer un equipo en el embrollo en que estábamos era una estrategia tan buena como cualquier otra. Él era el único con el poder para controlar a la manada de salvajes con los que compartíamos la celda.

Domínguez estaba pensando en lo que acababa de decirle. Sabía que yo estaba desesperado pero también era verdad que tenía a su familia en los Estados Unidos. Su pandilla de matones esperaba su orden para destrozarnos; gritaban exigiéndole una decisión. A pesar de todo el barullo, ni un guardia se acercó.

Domínguez finalmente levantó la mano y todos callaron. Tenía que mantenerlo hablando y pensando porque sabía que esa calma no duraría. Tenía que buscar una mejor solución. Un guardia pasó por allí pero solo a curiosear. Para ese momento todo el mundo en la cárcel sabía que tenían a dos agentes secretos estadounidenses tras las rejas. Aunque al guardia no le importaba el callejón sin salida en que nos encontrábamos, aproveché el momento. Le dije que necesitaba ver a su jefe pues, de otra manera, muchas cabezas rodarían. Casi respetuosamente, aceptó llevarnos a Manny y a mí donde la persona encargada. El jefe de turno no quedó muy satisfecho de vernos y regañó a alaridos al guardia por habernos llevado. Sentí lástima por el tipo pero mi pellejo era mi principal preocupación en ese momento. Justo antes de entrar a su oficina alcancé a oír al mandamás hablando por teléfono sobre la posibilidad de trasladarnos a El Cereso, la prisión más peligrosa de la zona. Ese había sido uno de mis mayores temores… acabar en El Cereso. En aquellos tiempos era un infierno y las cosas no han cambiado. Tan solo en 2011, trece prisioneros fueron masacrados por narcotraficantes autorizados a ingresar allí tan solo para perpetrar la masacre. Una investigación reveló que incluso el director estaba involucrado en el plan. Desde allí, no tendríamos ninguna opción de enviar un mensaje a alguien en nuestra oficina para avisarles dónde estábamos. Mi vida dependía de ser agresivo y convencer al director de mantenernos en la prisión actual.

—Vengo a pedirle que nos saque de la celda en la que estamos —exigí—. Usted y sus oficiales han revelado nuestra identidad y nos han puesto en gran peligro. Usted sabe lo que pasará si seguimos ahí.

—Usted no me dirá cómo dirigir esta cárcel —gritó el tipo—. Ustedes los estadounidenses son siempre tan prepotentes y creen que siempre pueden salirse con la suya. Permanecerán en la celda con los demás.

—Muy bien —le dije desafiante—. Pero recuerde una cosa: las relaciones entre nuestros países están muy mal ahora a causa del asesinato de Camarena y alguien pagará por este asesinato. Si algo nos sucede en su cárcel, debe saber que usted será el responsable.

Kike Camarena era un agente de la DEA que, unas pocas semanas antes, mientras trabajaba en México, había sido secuestrado por un policía judicial, torturado y asesinado.

—¡Lárguese de mi oficina! —exclamó enfurecido.

Manny y yo regresamos lentamente a la celda con la sensación de que nuestras opciones se acababan. Domínguez y sus canallas estaban otra vez intercambiando alaridos mientras discutían qué hacer. Parecía ser que Domínguez había perdido la guerra al decidir no hacernos nada. Manny y yo nos preparamos para lo peor y nos ubicamos contra la pared. Era una pelea que perdería, lo sabía, pero no iba a caer sin llevarme por delante tantos bastardos como pudiera. Manny haría lo mismo.

Justo cuando la gritería se convertía en violencia física, el guardia apareció nuevamente y les ordenó detenerse. Manny y yo fuimos sacados de entre el nudo de enemigos y nos ordenó que lo siguiéramos.

Nos llevaron a otra zona de la prisión y, para nuestra sorpresa, nos dejaron en una celda con la puerta abierta. Me temí que el guardia la hubiera dejado así a propósito para que alguien viniera a destrozarnos o para que intentáramos escapar y ellos pudieran asesinarnos en la persecución. Sin relajarme, observé que el guardia al hacer su ronda dejaba que la puerta que conducía a las oficinas administrativas se cerrara lentamente tras él. Le dije a Manny que me arriesgaría e intentaría llegar hasta la oficina.

La siguiente vez que el guardia pasó frente a nuestra celda, esperé el momento adecuado. Me lancé corriendo desde nuestra celda, alcancé a agarrar la puerta segundos antes de que se cerrara y la mantuve abierta con mis dedos. Por la mirilla pude ver que el guardia se alejaba por el corredor. Rápidamente abrí la puerta y entré a hurtadillas en lo que supuse era la oficina. Corrí hasta el escritorio y recé para poder realizar una llamada externa a El Paso. Para mi gran alivio, tuve suerte y escuché el tono de marcado. Marqué lentamente el número del supervisor de operaciones en la oficina principal de la Patrulla de Fronteras. Afortunadamente, Ray Navarrete, un supervisor que me conocía bien, respondió la llamada.

—Ray, soy Acosta. Pon atención, por favor —le rogué—. Manny Ávila y yo estamos presos en Ciudad Juárez y planean trasladarnos al Cereso. Te lo digo en caso de que los mexicanos nieguen tenernos en su poder.

Antes de que Navarrete pudiera responder, el mandamás —enfurecido— se lanzó sobre mí y me hizo colgar. Controlando mi satisfacción, le dije que acababa de comunicarme con la Oficina Principal de la Patrulla de Fronteras y enviarían a alguien inmediatamente. De esa forma, lo pensaría dos veces antes de lanzarme a los lobos. También le dije que el Consulado estadounidense ya estaba informado. Navarrete no había tenido oportunidad de decir palabra pero yo pretendí que la charla había sido muy detallada y que mis carceleros debían ser cuidadosos.

Yo no lo sabía pero algunos agentes en El Paso se habían preocupado cuando vieron que Manny y yo no regresábamos. Especialmente, el agente David Castañeda, mi antiguo compañero, había pasado a Juárez y encontrado ya cerrado el Club Dumas. David era un agente excepcional y conocía los lugares a los que podríamos haber ido. Los visitó todos. Finalmente cruzó la frontera de regreso y fue a mi casa para saber si Terrie sabía algo.

Mi esposa presintió que algo había salido mal desde antes de que él apareciera en casa. Al ver a David y otro agente en la puerta a tan temprana hora de la mañana se aterrorizó pensando que tal vez le anunciarían mi muerte. No se sintió mucho mejor cuando David le dijo que no sabían dónde me encontraba.

David y Terrie no sabían de mi llamada a Navarrete. Navarrete había reaccionado rápidamente a mi solicitud de ayuda, notificando a los altos mandos y al jefe Richardson sobre mi situación. El Oficial de Inteligencia Bert Ávila, quien era nuestro oficial de contacto con los oficiales mexicanos, marcó inmediatamente el número de sus contactos de alto nivel en Ciudad Juárez para pedirles que intervinieran. Bert sabía que el tiempo era esencial y se comunicó con el Departamento de Estado. Antes de media hora, Ávila e Imogene Iwakara, un oficial del Departamento de Estado, estaban en camino a Juárez para lograr nuestra liberación.

Al llegar a la prisión, Ávila pidió hablar con la persona encargada. Cuando se negaron, simplemente ingresó a la oficina del director y le informó que el gobierno estadounidense estaba enterado de que nos tenían allí y que no se irían hasta hablar con nosotros. Los oficiales mexicanos negaron tenernos bajo custodia. Durante varias horas, Ávila e Iwakara montaron guardia en el lugar mientras los avisos oficiales llegaban a nuestra oficina principal, el Consulado de los Estados Unidos en Juárez y la Embajada de los Estados Unidos en la Ciudad de México.

Si las cosas no hubieran sido así, no creo que mi detención se habría resuelto tan fácilmente como sucedió. Manny y yo fuimos puestos en libertad, pero Domínguez y su grupo también. Ni él ni ninguno de sus matones fue acusado de ninguna actividad criminal. La versión oficial del gobierno mexicano sobre nuestro arresto y liberación fue que todos los del grupo de Domínguez, incluyéndonos a Manny y a mí, habíamos sido detenidos por tomar alcohol en público. No se dijo una palabra sobre los narcóticos. En pago por no contradecir dicha versión, el gobierno mexicano aceptó devolverme mis credenciales, arma, radioteléfono y la camioneta del gobierno estadounidense. Manny y yo aceptamos y la noche siguiente fuimos llevados de regreso a las Oficinas de la Patrulla de Fronteras de Estados Unidos.

Los ocho arrestados en el lado estadounidense de la frontera fueron condenados por cargos de contrabando de inmigrantes ilegales. Domínguez continuó con su negocio en el lado mexicano, mientras descaradamente intentaba radicar una queja contra nosotros por lo que él llamaba un intento de secuestro. No tenía problema en ir a la prensa con sus quejas. Uno de los periódicos informó sobre nuestras "indignantes" acciones que violaban la soberanía mexicana. Al final, Domínguez regresó a Estados Unidos y fue arrestado nuevamente por tráfico de inmigrantes ilegales, pagó su condena en Estados Unidos y luego fue oficialmente deportado. No me sorprendería que ya esté de regreso pero, donde quiera que esté, es muy probable que no se dedique a una labor honrada y respetable.

Pese a los resultados de mi obstinada persecución a Domínguez, los dos años en la Unidad Anti-Contrabando de la Patrulla de Fronteras en El Paso habían sido suficientes para transformar la oficina. Habíamos hecho grandes avances y acabado con varios negocios criminales importantes. Yo estaba listo para un cambio y Brownsville, a mil trescientos kilómetros al este, era mi siguiente destino. Sería Agente Especial Supervisor a cargo de la Unidad Anti-Contrabando allí. Este sería mi primer cargo directivo y mi trabajo estaba ya definido.

CAPÍTULO NUEVE

El Zorro

MONTERREY SE ENCUENTRA en un escenario espectacular en las montañas del noreste de México, a 100 millas de la frontera de Texas. Al llegar a la ciudad desde el norte, Terrie y yo quedamos fascinados por el paisaje. Yo estaba entusiasmado pues este sería mi primer trabajo en el que de hecho estaría radicado en México. Llegamos con emociones encontradas. Estábamos entusiasmados de comenzar una vida en un ambiente de lengua española pero, al mismo tiempo, estábamos inquietos y preocupados por la seguridad de la familia. Yo ya había hecho muchos trabajos clandestinos en México y encarcelado a muchos de sus ciudadanos así que conocía los riesgos. A la vez, estaba encantado de que los contrabandistas y criminales que creían poder evitar la justicia estadounidense simplemente permaneciendo en el lado sur de la frontera ahora estarían en mi mira. Yo estaría en su patio trasero.

Monterrey, la tercera ciudad más grande de México, está rodeada por todos los costados por la Sierra Madre, un lugar de espectacular belleza natural. La parte más antigua de la ciudad aun mantiene la elegante arquitectura de la época colonial pero, a medida que la ciudad creció, sus pudientes y progresistas ciudadanos la convirtieron en una elegante y moderna metrópoli con museos, teatros, campos deportivos, hoteles y restaurantes. Empresas mexicanas e internacionales ocupaban los pisos de sus modernos edificios.

Mi familia y yo llegamos a Monterrey justo a tiempo para presenciar la migración de la mariposa Monarca, uno de los eventos biológicos más significativos y extraordinarios en el universo. Trescientos millones de mariposas, tras viajar casi 5.000 kilómetros, pasan el invierno en México en su propia reserva en las afueras de la ciudad. Terrie y yo también habíamos migrado a la zona pero nuestro viaje nos había llevado a recorrer 14.000 kilómetros, tras una estadía de cinco años en Filipinas donde yo obstinadamente perseguí contrabandistas y traficantes de documentos que intentaban burlar las políticas de inmigración estadounidenses. Mientras estuve en Manila también salieron a la luz actos de corrupción en las filas del gobierno de Estados Unidos. Varios oficiales de la Embajada Estadounidense en Manila, una de las más atareadas oficinas extranjeras del Departamento de Estado, tuvieron que ser retirados de sus cargos. Uno de mis mayores logros en Filipinas fue la coordinación del programa de naturalización de los leales y heroicos veteranos filipinos de la Segunda Guerra Mundial. Gracias a mi iniciativa, más de 7.000 de esos hé-

roes olvidados se convirtieron en ciudadanos estadounidenses
—muchas décadas tarde, pero no por ello menos merecido.

Mi nuevo puesto estaba a unos trescientos veinte kilómetros al oeste de Brownsville y 240 kilómetros al sur de Laredo,
lejos de la frontera pero conectado a ella por excelentes y costosas autopistas. El moderno sistema de autopistas daba a los
viajeros legítimos y a los turbios contrabandistas la misma
facilidad de acceso a los puertos de entrada a Estados Unidos.

A las pocas semanas de mi llegada ya me encontraba persiguiendo a uno de los contrabandistas de humanos más exitosos en todo México, el legendario Ernesto Sandoval alias
El Zorro. Este criminal había dejado de visitar Estados Unidos en un intento de distanciar sus actividades criminales de
la ley pero estaba a punto de descubrir que la justicia estadounidense es de gran alcance.

El Zorro había sido el objetivo de investigaciones en la
oficina de Monterrey y del Servicio de Inmigración en Estados Unidos durante años. No era un hombre imponente pero
era respetado y tenía un aire de autoridad, una característica
inestimable en los bajos mundos. Era astuto como un zorro y
por ello su apodo. Tenía gran influencia en México a través de
oficiales corruptos y, supuestamente, también contaba con el
apoyo de varios inspectores de inmigración estadounidenses
del puerto de entrada de Laredo, Texas.

El Zorro pretendía ser un hombre de negocios, haciéndose
pasar como el propietario de un taller y almacén de partes
automotrices. Su verdadera ocupación era el transporte ilegal
de cientos de inmigrantes cada mes, dependiendo de su destino en Estados Unidos. El almacén de autos le facilitaba los
vehículos que necesitaba para transportar el gran número de

clientes a las entrevistas para visas en el Consulado estadounidense en Monterrey o a los puestos de entrada a lo largo de
la frontera. Su mentalidad cívica hacia que patrocinara uno
de los equipos de beisbol de Nueva Rosita en el que jugaban
varios de sus conductores y socios.

Sus servicios eran tan solicitados que necesitaba dos secreta-
rias de tiempo completo para llevar su contabilidad. Los clientes solían esperar dos semanas para una cita con él. Hacía sus
negocios abiertamente, reuniéndose con los clientes en la sala de
su casa en el pueblo minero de Nueva Rosita, a ciento sesenta
kilómetros al oeste de Monterrey. Incluso, había un hotel en el
pueblo que atendía exclusivamente a sus clientes. No parecía
el lugar más adecuado para dirigir un negocio tan exitoso de
contrabando de inmigrantes ilegales, sin embargo era perfecto.
El Zorro estaba tan seguro de que su negocio no sería atacado,
que no tomaba precauciones para disimularlo. De hecho, era
considerado el héroe local que daba a los pobres y desespera-
dos la oportunidad de una vida mejor en los Estados Unidos.

Su funcionamiento era sencillo. El Plan A era intentar conseguir visas legítimas para sus clientes. Obtener una visa no
necesariamente significaba que el candidato fuese honorable,
cualquiera podía solicitarla. Los oficiales que hacían las entrevistas, en dos minutos o menos, tenían que tomar decisiones
instantáneas sobre la aprobación o negación de la solicitud.
Sin querer insultar a los entrevistadores, los resultados eran
similares a lanzar una moneda. El Zorro conocía las proba-
bilidades y, en consecuencia, la mitad de sus clientes recibía
visas. La otra mitad eran llevada de regreso a Nueva Rosita
para proceder al Plan B.

El Zorro mantenía una provisión de documentos y visas

falsificadas para uso de sus clientes cuando les negaban la visa. Estaban tan bien hechos que podían ser presentados en los puertos de entrada de Laredo, Del Río y Eagle Pass, Texas, con absoluta tranquilidad. Una vez que el viajero se encontraba al otro lado de la frontera, los guías o conductores al servicio de El Zorro recuperaban los documentos y los llevaban de regreso para ser modificados y vueltos a utilizar. En los pocos casos en que la falsificación no pasaba el examen, El Zorro cruzaba a sus clientes en la forma tradicional: a nado por el Río Grande. En resumen, tenía casi un 100 por ciento de éxito contrabandeando a sus clientes hasta los Estados Unidos.

El Zorro tenía otra ventaja trabajando a su favor: su esposa Alma. Ella era su socia pero, en el mundo legal, era empleada de la oficina de seguridad social mexicana. Nuestros informantes nos indicaron que en su cargo ella tenía acceso a los documentos que los clientes necesitaban para conseguir las visas en el Consulado Estadounidense en Monterrey.

Antes de mi llegada a Monterrey, se había organizado un grupo y se llevaba a cabo una investigación de las actividades de El Zorro. El plan era arrestarlo cuando cruzara a Estados Unidos con uno de sus cargamentos. Nos habíamos infiltrado en sus operaciones y uno de nuestros informantes había conseguido una cita para ser contrabandeado a Estados Unidos.

El problema era que alguien de nuestras filas había avisado a El Zorro. Los agentes lo habían visto caminar hasta el centro del Puente Internacional en Laredo, Texas, donde se reunió con uno de los inspectores de inmigración estadounidenses antes de dar media vuelta y regresar a México.

Resolví que mi mejor estrategia sería pasar a la clandestinidad y visitar su negocio en Nueva Rosita. Encontrarlo fue fácil. Todos en el pueblo sabían dónde vivía. La casa se encontraba a poca distancia del hotel en el que se hospedaban sus clientes y el tráfico peatonal entre ambas era permanente, día y noche. La casa, situada en un vecindario de clase media, estaba en buen estado y era discreta. Estaba construida sobre cimientos de cemento y revocada en blanco. La llegada y salida de clientes era tan regular que la puerta rara vez estaba cerrada. Los campesinos esperaban su turno fumando en el jardín delantero. Tras tres días de vigilancia supe que podría presentarme como aspirante. Entré y me encontré en lo que habría sido la sala si la casa se usara como residencia. En realidad era una sala de espera de una oficina, con un pequeño escritorio para la secretaria y cuatro o cinco sillas baratas para los clientes. Nadie esperaba mucho tiempo. La secretaria ordenaba a los aspirantes que se registraran en el hotel de esa misma calle y esperaran instrucciones.

Aun cuando yo no tenía referencias verosímiles, la joven que me recibió me mandó conseguir un cuarto en el hotel y esperar. Me advirtió que pasarían varios días antes de que me contactaran.

Nadie pareció notar mi presencia así que vigilé la casa varias horas más antes de regresar a Monterrey para hacer planes con mi equipo.

Luego recluté a otro agente de la oficina de Monterrey, Al Pineda, para que me acompañara a varias misiones de vigilancia en Nueva Rosita. La idea era rastrear a El Zorro cuando moviera a sus clientes hasta la ciudad fronteriza de Nuevo Laredo, preparándolos para cruzar. Un informante nos había dicho que alguien le había advertido a El Zorro que lo estábamos vigilando pero él no parecía estar tomando demasiadas precauciones. Ya había decidido que nunca más iría a Estados Unidos, así que poco le importaba que lo rastrearan en México. Escoltaba tranquilamente a sus clientes hasta Nuevo Laredo, donde se los entregaba a los guías y conductores que los llevarían en su viaje a los Estados Unidos.

Necesitábamos una nueva estrategia para poder agarrarlo. Recomendé hacerlo arrestar en México. Él nunca esperaría que le diéramos un golpe en su propia tierra, pero no sería fácil. Tendríamos que convencer a las autoridades mexicanas de arrestar a su ciudadano, a sabiendas de que ellas conocían las actividades criminales de El Zorro y probablemente recibían sobornos. Un obstáculo aun mayor era evitar que El Zorro se enterara de lo que estábamos planeando. Tenía socios a ambos lados de la frontera y sería ingenuo creer que no se enteraría. Eso significaba que su pandilla de criminales estaría prevenida contra individuos que intentaran infiltrarse en el grupo. No obstante, yo contaba con su codicia. Esta era su forma de vida y él no estaba dispuesto a abandonarla.

En un esfuerzo de cooperación, nos reunimos con los agentes de la Procuraduría General de la República (PGR) asignados al Consulado mexicano en San Antonio para pedirles ayuda para atrapar a El Zorro en México. Nos dijeron que necesitaban pasaportes mexicanos alterados y declaraciones juradas de testigos, todo lo cual les entregamos. Sin embargo, quedamos estancados cuando el PGR no cumplió su promesa de enviar la evidencia a los funcionarios de la oficina principal en la Ciudad de México.

La oposición no provenía únicamente de los burócratas mexicanos. Una serie de oficiales estadounidenses insistía en continuar con su plan original de capturar a El Zorro en los Estados Unidos para juzgarlo allí. Un supervisor de Eagle Pass estaba especialmente reacio y se rehusó incluso a estudiar mi idea de perseguir a El Zorro por medio del sistema legal mexicano. Era un verdadero imbécil, un sabelotodo, aun cuando jamás había tomado parte en una operación clandestina. Era la personificación de aquellos individuos que ascienden en la jerarquía adulando y sin hacer nada para merecerlo. Con la esperanza de que entendiera mi punto de vista, lo invité a visitarnos en el lado mexicano. Cuando aceptó, salimos de la fiscalía en equipos para vigilar y atrapar a El Zorro. Yo iba en un equipo y él en el otro. Empecé a preocuparme cuando, encontrándonos ya en el terreno, no contestó mis llamadas por radio. No volví a ver al desgraciado hasta el día siguiente, en el lado estadounidense. Aparentemente, había salido con una excusa idiota para regresar a Estados Unidos y evitar viajar a los terrenos de El Zorro. ¡Qué cobarde!

El Zorro era un tipo audaz pero no tenía una actitud de gallito de pelea. De complexión mediana, con entradas y rostro infantil, manejaba su negocio con mano dura. La aislada ubicación de Nueva Rosita le daba la ventaja adicional de interceptar fácilmente a quien tratara de invadir su territorio. Llevaba quince años en el negocio y sabía lo que hacía. Lo más probable era que continuara otros quince años si yo no lograba armar el caso en su contra.

Nuestra agencia y el Consulado de los Estados Unidos en Monterrey tenían dos excelentes investigadores nacionales del Servicio Exterior, Jorge Garibay y Mauro Huerta. Los dos tenían excelentes contactos en la región.

Los Nacionales del Servicio Exterior (FSNs, por sus siglas

en inglés) son personas nativas contratadas por nuestras misiones diplomáticas en el mundo. Los empleos son muy codiciados y la gran mayoría de los FSNs son excelentes trabajadores y muy leales a nuestro país. Cuando cumplen quince años de servicio, y sus servicios se califican como excepcionales, pueden solicitar visas para inmigrar a Estados Unidos con sus familias. Muchos aprovechan esa oportunidad. El personal estadounidense va y viene en rotaciones establecidas mientras los FSNs ofrecen la continuidad y el apoyo necesario para el funcionamiento diario de nuestras agencias. Fui muy afortunado al tener a estos dos FSNs trabajando para mí. Ellos, por su parte, estaban entusiasmados de trabajar en lo que se podría considerar investigaciones criminales "delicadas", ya que sus talentos y participación habían estado bastante restringidos por los anteriores jefes en Monterrey. Agradecían la confianza y fe que teníamos en ellos.

Huerta era un abogado penalista especialmente agudo que conocía muy bien la ley mexicana. Juntos, Huerta y Garibay, lograron encontrar una base legal para juzgar a El Zorro en varias jurisdicciones de México. Durante sus muchos años en el negocio, El Zorro se había propuesto utilizar diferentes puertos de entrada en la frontera. Hacerlo hacía que su operación pareciera de menor magnitud en cada lugar y atraía menos atención de las autoridades en ambos costados de la frontera. Para nosotros eso constituía una ventaja pues nos daba la oportunidad de buscar diferentes áreas en las cuales juzgarlo por violaciones a la ley. Pineda, Huerta, Garibay y yo conformamos un excelente equipo. Una vez más, era un caso en el cual mis subordinados creían en mi liderazgo y en la misión. Estos hombres no solamente eran leales, también estaban dispuestos a hacer lo que fuera necesario para lograr lo que los funcionarios a ambos lados de la frontera nos decían que era imposible: encerrar a El Zorro.

Los fiscales mexicanos no estaban interesados en el tema. En la primera ronda de reuniones, nos dejaron plantados o nos hicieron esperarlos horas enteras. Si finalmente aparecían, nos informaban que estábamos en la jurisdicción incorrecta y nos remitían a algún otro lugar. Mientras viajábamos hacia "el otro lugar", alguien llamaba a la oficina a la que nos dirigíamos y les advertía que íbamos en camino y lo que queríamos. Me enfurecía muchas veces llegar y ver al fiscal sacar un libro de leyes de su estantería y leernos la sección que les impedía perseguir a El Zorro. Sin importarme establecer una amistad, numerosas veces los interrumpí en mitad de la lectura y les pedí buscar una sección de la ley que permitiera juzgar al canalla ese. Generalmente eso señalaba el fin de la reunión. Aunque no había obtenido los resultados deseados, por lo menos sentía que les había dejado claro que no me engañaban.

En Nueva Rosita nos ignoraron. En Nuevo Laredo, la policía judicial estaba más interesada en proteger su terreno y sacar beneficios de los narcotraficantes y contrabandistas de humanos que en atrapar a El Zorro. Los fiscales en Nuevo León, Acuña, Saltillo y Sabinas fueron igualmente displicentes. Sin importar qué plan les propusiéramos, ellos nos respondían alguna estupidez y nos despedían.

Los viajes entre una y otra oficina de la fiscalía eran exigentes, las distancias largas y siempre existía la preocupación por nuestra seguridad. Cada día hacíamos más enemigos y ya todo el mundo sabía lo que nos proponíamos. Éramos agentes extranjeros y, por tanto, indefensos en los bajos fondos de México. No teníamos medios de comunicación, vehículos blindados, ni apoyo. Estábamos en el centro del peligro, los carteles de la droga y los matones. El Zorro era una leyenda y un héroe en esta región, y nosotros nos estábamos metiendo con él.

En muchas ocasiones me quedé a pasar la noche para intentar desarrollar una relación de trabajo fuerte con los líderes de las autoridades y ganarlos para mi campaña. Como en los negocios del mundo entero, los invitaba a cenar y beber durante horas enteras. Usaba mi ingenio, encanto y cojones para persuadirlos y hacerlos creer que no sentía miedo. La verdad era que estaba muy consciente de las cosas que algunos de esos tipos eran capaces de hacer y tenía que estar siempre alerta. Podríamos llamarlo un miedo saludable, pero me mantuvo vivo y no tengo duda de que seguir mis instintos durante todos esos años de trabajo clandestino fue lo que me mantuvo con vida.

Todos esos tipos sabían dónde me hospedaba y me habrían asesinado por cinco centavos. No había riesgo de que pasara la noche en su terreno aunque tenía una habitación. Después de las cenas, regresaba a mi alojamiento y, poco después, me escabullía por la puerta trasera y abandonaba la ciudad. No me interesaba ser víctima de algún tipo de "accidente".

La única oficina de la fiscalía que quedaba en mi lista era la de Piedras Negras, la peligrosa ciudad fronteriza donde había logrado infiltrarme en las operaciones de Sonia y Manuel Ramírez y había conocido a Neto Muzquiz, el narco local. Le informé la situación a Benito Villareal, el joven fiscal federal a cargo de esa oficina y esperé lo mejor. Él era mi última opción.

Villareal era de Monterrey y miembro de una de las familias más adineradas de esa ciudad. Escuchó pacientemente mi presentación sin hacer un solo comentario. Me concedió toda su atención. Mis esperanzas aumentaron cuando me invitó a almorzar en un restaurante cercano. Durante la comida no se mencionó nada del caso. Finalmente, cuando regresamos a su oficina, Benito me dio su opinión.

—Mire, este tipo está transportando mexicanos hasta la frontera. No hay ningún delito en ello y, aunque entiendo la preocupación del gobierno americano, no creo que pueda ayudarles —me dijo.

Durante el corto rato en que habíamos estado juntos me sentí cómodo presionando el tema.

—Benito, concédame tan solo unos minutos más de su tiempo y escúcheme nuevamente. Tiene que haber alguien en México que quiera hacer lo correcto —le dije—, pasaportes mexicanos están siendo modificados y usados por individuos que pueden o no ser ciudadanos mexicanos. ¿A nadie le importa eso?

Quedó sorprendido por mi comentario y, por un momento, pensé que me ordenaría largarme pero en cambio me pidió que habláramos en el interior. Cuidándome para no sobrepasarme, volví a repasar todo el caso. Demostró mayor interés en perseguir a El Zorro cuando le dije que el caso había llamado la atención de la Fiscal General de la Nación, Janet Reno, y que allí estaban muy interesados en su desenlace. Puede haber sido un poco exagerado de mi parte pero, de hecho, habíamos enviado una propuesta al Departamento de Justicia en Washington y recibido su aprobación. También era conveniente que Janet Reno fuera a venir a México, aunque su visita nada tuviera que ver con El Zorro. Yo estaba muy contento de haber logrado despertar su interés. Me aseguró que, sin importar quién estuviera protegiendo a El Zorro, su oficina lo juzgaría si estaba violando las leyes mexicanas.

Tuve que insistir muchísimo pero finalmente Benito nos permitió enviar a un par de informantes a obtener documentos falsos de El Zorro. También me dijo que una vez tuviéramos la evidencia, El Zorro tendría que ser arrestado y juzgado inmediatamente. Benito quería hacer las cosas de inmediato, antes de que nadie tuviera oportunidad de interceder a favor de El Zorro. Creía que era la única forma de lograrlo. Si esperábamos, con seguridad cambiaría de tácticas. Tan pronto se enterara —y se enteraría—, el canalla tendría tiempo de pagarle a los oficiales mexicanos para que lo protegieran.

De regreso en Eagle Pass, le informé al personal de la Unidad Anti-Contrabando y a las 4:30 de la mañana siguiente nos reuníamos todos en el estacionamiento de la PGR en Piedras Negras. La magnitud de esa reunión a media luz a la entrada de una agencia mexicana no me pasó desapercibida. Benito y yo estábamos encargados de dar instrucciones a los oficiales mexicanos y americanos que trabajarían en parejas.

No había riesgo de que yo enviara a mis oficiales desarmados en una redada en México, pero les pedí esconder sus armas. Estoy seguro de que Benito conocía nuestra intención de ir armados y la entendía, pero lo pondría en problemas si le informaba que era así. No teníamos idea de lo que encontraríamos una vez comenzara la operación. No estaba muy preocupado por El Zorro pero sí por algunos de sus subordinados, varios de los cuales habían sido arrestados y cumplido condenas en los Estados Unidos.

A las 6 de la mañana ya estábamos vigilando tanto el hotel como la residencia de El Zorro en Nueva Rosita. Algunos de nuestros oficiales no conocían el área así que sugerí que fuéramos en parejas, por conveniencia y para garantizar la seguridad. Tenía otro motivo: evitar que los oficiales mexicanos le avisaran a El Zorro, cosa que habíamos evitado hasta ahora no informándoles nuestros planes hasta el último momento. Los oficiales mexicanos no estaban contentos con la decisión, cosa que me preocupó ya que estaríamos viajando por zonas desoladas del campo mexicano. Estaba seguro de que los agentes liderados por Benito harían lo que se les había ordenado pero yo no confiaba en todos ellos. Con que un idiota le avisara a nuestros objetivos, la situación podía convertirse en todo un desastre. A mi manera de ver, ningún caso justificaba arriesgar la vida de uno de nuestros agentes.

En el viaje a Nueva Rosita todo el mundo estaba muy tenso. Una hora y media después, todos nos reagrupamos cerca de la residencia de El Zorro. A través de radioteléfonos, Benito y yo ordenamos a los agentes en otros vehículos estacionarse a varias manzanas de la casa. El Zorro podía confiar en que nadie lo molestaría en su patio trasero, pero no era tan idiota como para pasar por alto una serie de automóviles con dos hombres desconocidos en cada uno.

En el exterior había veintiocho clientes, los siguientes que partirían en dirección a la frontera. Una vez más, estábamos rompiendo los esquemas con nuestro esfuerzo de frustrar la inmigración ilegal y atrapar a los contrabandistas responsables de ella. Los agentes estadounidenses presenciaban por primera vez a un grupo organizando su operación criminal en la sede de un país extranjero.

Observamos a El Zorro y varios individuos de su confianza mientras daban instrucciones de último minuto a los hombres y mujeres reunidos frente a la residencia. El Zorro podía parecer confiado pero, desde la corta distancia a la que nos encontrábamos, podíamos ver que muchos del grupo no compartían esa confianza. Aunque podrían estar emprendiendo una nueva aventura, en realidad estaban abandonando sus hogares y familias en busca de una nueva vida. Yo conocía esas miradas.

A las 9:30 de la mañana todos subieron a cuatro vehículos. Benito esperó hasta que la caravana salió de la ciudad para ordenarles a sus hombres detener el convoy y arrestarlos. Uno de los autos escapó, los otros tres fueron escoltados hasta Piedras Negras, donde los esperaban agentes de la PGR y dos del Servicio de Inmigración.

El Zorro y su grupo fueron rápidos y resueltos al darle instrucciones a sus *pollos*. Señalando diferentes vehículos, gritaban instrucciones de manera que sus clientes entendieran exactamente a dónde debían ir y sin perder tiempo. Por si no hubiéramos estado en posición de observar y, finalmente, detenerlos, El Zorro y sus traficantes se estaban asegurando de que sus clientes supieran exactamente quién mandaba y que no se aceptaban desviaciones de las órdenes. Podíamos ver la docilidad del grupo mientras se movían sumisamente hacia los vehículos. Nosotros teníamos que reaccionar de manera similar pero con los Federales mexicanos.

—Están saliendo —le dije a Benito—. Tenemos que estar seguros de que sus oficiales saben qué vehículos seguir y qué hacer cuando salgan de Nueva Rosita.

Su mirada me demostró que entendía y, aunque estaba

confiado, podía notar que dudaba. Esto también era un territorio nuevo para él y estoy seguro de que pensaba en las posibles consecuencias a pesar de haber dicho que llevaría el caso hasta el final.

Dando órdenes enérgicamente por su radio, le recordó a su equipo las instrucciones que habían recibido en la Oficina de la PGR en Piedras Negras. Sin importar su confianza en sí mismo, les hizo saber que esperaba lograr un éxito. Cada vehículo fue perseguido por un agente de la PGR y uno de los nuestros. En las afueras de la ciudad, uno de los supervisores ordenó por el radio comenzar a detenerlos. Los policías mexicanos no necesitaban o preferían no usar luces rojas intermitentes para indicar a los vehículos que se detuvieran. Sencillamente se ubicaban al lado del vehículo y sobresaltaban a los conductores.

—¡Deténgase, hijo de la chingada! —gritó uno de los federales a un conductor.

No tenían motivos para no detenerse, pues pensaban que sencillamente les darían un sacudón, El Zorro pagaría la *mordida*, como llaman a los sobornos, y ellos continuarían su viaje.

Pero hoy no era lo usual. Desafortunadamente, el vehículo de adelante siguió su rumbo y el conductor del vehículo de la PGR asignado para detenerlo afirmó que había entendido mal y se detuvo con el segundo vehículo del convoy. Se le ordenó intentar alcanzarlo pero regresó pocos minutos después, asegurando que el auto parecía haber abandonado la carretera principal. A pesar de nuestros esfuerzos y la insistencia de Benito, uno de sus hombres nos había fallado. Yo habría preferido atraparlos a todos, pero tenía que darme por satisfecho con lo que teníamos.

Comenzamos nuestro viaje de regreso a Piedras Negras. Benito estaba obviamente molesto por lo sucedido pero trataba de disimularlo mientras nos manteníamos cerca del convoy, de últimos para poder observarlos a todos.

Yo tenía a dos de mis oficiales en las oficinas de la PGR y, junto con varios oficiales mexicanos, comenzaron a interrogar inmediatamente a los pasajeros. Quedé agradablemente sorprendido con los detenidos. Teníamos a cuatro de sus principales lugartenientes: dos eran guías veteranos que debían haber llevado al grupo a San Antonio y los otros dos escoltarían a parte del grupo al puerto de entrada de Laredo, donde esperaban obtener permisos de entrada. También teníamos a uno de sus conductores, pero el mayor logro era haber atrapado a Ernesto Sandoval-Castaneda.

Después de quince años, finalmente habíamos detenido al bastardo en su propio terreno, su propio país. El Llanero Solitario —ese sería yo— había cabalgado hasta México para conquistar a El Zorro, el impostor que había dado al nombre de nuestro mítico héroe un golpe bajo.

Arrestar a El Zorro y sus secuaces era una cosa, juzgarlos era otra y enfrentábamos otra batalla para lograr que Benito Villareal llevara a término lo que habíamos comenzado. La ley mexicana exige que los individuos arrestados sean acusados antes de 36 horas. Era evidente que algunos de los agentes de la PGR estaban muy molestos con la detención de El Zorro. De hecho, parecía que estuvieran esperando a que abandonáramos el lugar para sacar alguna excusa y liberar a Sandoval.

Sabíamos que El Zorro mantenía registros exhaustivos de sus clientes y operaciones, pero no logré convencer a Benito de darme una orden de registro.

De regreso en las oficinas de la PGR en Piedras Negras, me preocupó la informalidad con que se estaba manejando el caso y mi instinto me dijo que no me separara de esos tipos hasta que todo terminara. Los inmigrantes daban vueltas libremente en la entrada y era obvio que no escaparían para no atraer la ira de los federales. El Zorro fue puesto en una celda junto con sus secuaces; ninguno de ellos parecía muy preocupado por la situación. Los pasajeros dieron sus declaraciones en la zona abierta. Dado que aun estaban en México y no habían descubierto que nosotros éramos agentes estadounidenses, fueron muy francos sobre sus destinos en Estados Unidos y las tarifas que habían pagado. Se copiaron los pasaportes cuyas fotos habían sido sustituidas pero no logré que los agentes mexicanos me dieran una copia. Me alegró que ninguno de los contrabandistas fuera liberado. Las declaraciones incriminatorias señalaban un proceso sencillo y, hasta donde podía decir, otro caso fácil como muchos anteriores. Pero nada se estaba haciendo con respecto a El Zorro y yo no quedaría satisfecho sin una condena. Ordené a los agentes de Eagle Pass regresar a Estados Unidos y planeaba también devolver a los empleados del Consulado a Monterrey.

—Señor Acosta, será mejor que nos quedemos para garantizar que no liberen a El Zorro —me dijo el FSN Huerta.

Él también había notado la falta de interés en acusar a El Zorro. Tomé una decisión. Me quedaría allí junto con Huerta hasta que se presentaran los cargos en su contra. Para consternación de algunos de los agentes encargados de redactar los documentos del caso, uno de nosotros permaneció en la oficina, al lado de donde estaba encerrado El Zorro, durante el resto de ese día, la noche y el día siguiente. Las horas pasaban y no había cargos contra él. Los agentes esgrimían excusas para explicar la demora, alborotando y abandonando el edificio durante horas. Benito no estaba y dejaron claro que no aceptarían órdenes mías. Nos encontrábamos a pocas horas de que El Zorro fuera liberado por falta de cargos y yo estaba enfurecido, especialmente porque uno de los policías mexicanos anunció que no podrían conseguir la documentación necesaria en el tiempo estipulado. Los fiscales se habían ido y nadie más estaba autorizado a llenar los formatos.

—Lo siento —me dijo el oficial con una mueca burlona.

—Si eso es lo único que nos detiene, no hay problema —le respondí sonriendo—, mi investigador es fiscal así que él preparará los documentos.

Antes de que nadie pudiera oponerse, Huerta se sentó en uno de los escritorios y comenzó a redactar los cargos. Los oficiales estaban mudos. Se les habían acabado las excusas y no tenían cómo impedir que siguiéramos con el proceso.

Mientras, El Zorro se encontraba en una celda en el piso inferior del edificio. Estaba confiado y consoló a su mujer cuando vino a visitarlo diciéndole que muy pronto estaría libre y en camino. Estaba muy equivocado. Unos días después continuaba en la cárcel, acusado de falsificación de documentos y del Artículo 138, referente a la exportación ilegal de ciudadanos mexicanos a otros países. Sus cinco subordinados fueron acusados de complicidad.

Los medios de comunicación mexicanos hicieron un gran cubrimiento cuando se realizó una conferencia de prensa para anunciar el arresto de El Zorro. No sobra recalcar que esta era la primera vez en que un contrabandista mexicano era arrestado en México por transportar mexicanos a la frontera para introducirlos ilegalmente a los Estados Unidos.

Inicialmente esperábamos que El Zorro pagara condena en una prisión en Estados Unidos por "crímenes cometidos contra los Estados Unidos". Sin embargo, después del veredicto de culpabilidad, fue condenado a trece años en una prisión mexicana —mucho más tiempo del que le habrían dado en mi país. Si lo hubiera sabido, estoy seguro de que El Zorro habría preferido la justicia estadounidense.

Algo divertido sucedió después de que el caso se cerrara. Nuestra oficina en la Ciudad de México pidió a sus sucursales en todo el país enviar ejemplos de casos de cooperación entre México y Estados Unidos para el cumplimiento de la ley. Tal como le había dicho a Villareal, la Fiscal general Janet Reno visitaría México muy pronto y quería hacer énfasis en algunas historias de cooperación. Ninguna oficina envió nada porque, francamente, no existían casos. El único que fue enviado a su oficina fue el de El Zorro. Varios meses después recibí una llamada de Benito Villareal. Para mi gran sorpresa, me informó que el Fiscal General de México, Antonio Lozano, se había comunicado con él a causa de la visita de Reno. Le pidió información sobre el proceso a El Zorro porque Janet Reno supuestamente le había agradecido personalmente la cooperación de México. Me pareció divertido.

Cuando le hablé a Villareal del interés de la señora Reno, él lo descartó como una sandez. Posteriormente me dijo que en ese momento había deseado mandarme al carajo. Ahora quería reconocer que yo sí tenía esas elevadísimas conexiones. Con una carcajada, le informé que yo era un soldado raso, como él mismo, y me alegraba de haber podido trabajar con él. Cuando me trasladaron de Monterrey, me sentí orgulloso de entrar a su oficina y ver en la pared la Placa de Aprecio que le había enviado. Para mí fue importante pues, como él no sabía que yo me aparecería por allí, no la había colgado para impresionarme.

Hace poco tuve oportunidad de conversar con nuestros Investigadores del FNS y descubrí que El Zorro cumplió su condena, regresó a Nueva Rosita y que aparentemente está de nuevo en sus andanzas. Tal vez sea hora de comunicarme con Benito Villareal y plantearle el caso otra vez.

CAPÍTULO DIEZ

Los jóvenes y los inocentes

El pequeño de 18 meses Diego José Gómez lloraba de manera incontrolable en medio de la confusión del centro de detención en Ciudad de Guatemala, mientras las autoridades de inmigración comenzaban a separar a más de cincuenta niños de los contrabandistas que los llevaban a Estados Unidos. Los avezados oficiales estaban fascinados por el lindo y carismático niño salvadoreño que viajaba con un pijama azul de lunares, como si hiciera un corto paseo con sus padres. Unas pocas jóvenes oficiales, la mayoría madres, disimulaban sus lágrimas mientras los aterrados niños buscaban desesperadamente consuelo de cualquiera que les pareciera confiable. Todos los pequeños viajeros habían sido entregados a traficantes especializados en el traslado de niños hasta los Estados

Unidos. Sus padres solo podían confiar en que tuvieran éxito y los entregaran sanos y salvos donde los esperaban, a miles de kilómetros de distancia. Esa confianza no era barata. La tarifa por cada niño era de más de $5.000.

Medio en broma, varios oficiales de inmigración se ofrecieron a adoptar al Pequeño Diego, como llegó a conocerse, y a su hermano Eduardo de siete años. Con ellos viajaba también un primo de cinco años de edad. Los padres de Diego y Eduardo habían abandonado El Salvador rumbo a los Estados Unidos tres meses antes en busca de una vida mejor. Se habían establecido en Washington D.C. No tuvieron problema para encontrar empleo allí y, tras ahorrar el dinero para la tarifa de los traficantes, habían mandado por sus dos pequeños hijos que habían permanecido en El Salvador con sus abuelos maternos. Eduardo no entendía que la causa de la demora no era el dinero.

—Mi mamá pagó para que nos llevaran —declaró confiadamente, pensando que todo lo que tenía que hacer era informarle a los oficiales de inmigración que ya habían pagado por el viaje. Era un jovencito muy seguro de sí mismo e intentaba calmar a su hermanito.

—No te preocupes Diego —le aseguró tranquilamente—, mamá nos recogerá. —Su confianza era desgarradora.

Brenda, una niña de siete años, hablaba con otro de los oficiales.

—Hace tres años mi mamá se fue a los Estados Unidos —le explicó—. Es por eso que no recuerdo muy bien su cara, pero ahora iré a verla para reconocerla.

Para Diego, Eduardo, su primo y Brenda, el viaje había terminado. No verían a sus padres muy pronto. Por fortuna,

Diego y sus compañeros de viaje no habían llegado muy lejos en su odisea. Estaban tan solo a unos ciento sesenta kilómetros de San Salvador, así que sus abuelos llegaron a recogerlos en uno o dos días. Los abuelos casi parecían aliviados de que el viaje no hubiera llegado más lejos. Hubo lágrimas de emoción cuando abrazaron a los niños. No se habían sentido tranquilos cuando los tres pequeños salieron de El Salvador con un par de desconocidos y se preguntaban si los volverían a ver.

Nuestra operación había evitado que este grupo de cincuenta y tres niños sufriera hambre, frío, abusos o algo peor. Tal vez también habíamos evitado una vida de esclavitud o prostitución —no eran raras las historias de niños vendidos a traficantes durante el viaje. Nuestro reforzado control de las fronteras, especialmente después del 11 de septiembre, estaba haciendo más difícil y costoso cruzar hasta Estados Unidos. También estaba haciendo más difícil para quienes ya estaban ilegalmente en Estados Unidos regresar a casa a recoger a sus hijos, motivo por el cual se veían obligados a confiárselos a los coyotes. No podían darse el lujo de pagar su viaje de ida y regreso, además de las tarifas de uno o dos niños. Por ello, habían comenzado a contratar coyotes para que les llevaran sus familias. Era frecuente que no pudieran traer sino a un miembro de la familia a la vez. Normalmente la esposa era la primera que seguía a su marido y, cuando habían ahorrado suficiente dinero, seguían los hijos ya fuera de uno en uno o todos juntos.

En mi primera operación clandestina entre Juárez y Chicago, la esposa de Pedro Márquez y sus seis hijos viajaron conmigo. Él había pagado $7.000 a la familia Medina para que los llevaran a todos. La señora Márquez había protegido a sus hijos durante todo el viaje, impidiendo que se alejaran de ella. Habría sido impensable que alguno de sus hijos viajara solo.

Después del 11 de septiembre, el mundo vio un auge de las redes de contrabando de niños. Dichas redes se especializan en el tráfico de niños en grupos grandes o pequeños. A los padres se les hace creer que sus hijos serán bien tratados y que los viajes son cosa fácil. Se sabe que los coyotes abandonan a los niños si piensan que los están siguiendo; también que los privan de alimento y agua para reducir su necesidad de ir al baño. Existen también reportes de abusos físicos y sexuales. Algunos niños mueren en el viaje.

En abril de 2011 leí sobre una niña de ocho años de El Salvador cuyos padres contrataron contrabandistas para que la llevaran hasta Los Ángeles, donde vivían. En el camino, la niña fue violada no solo por los contrabandistas sino también por un inmigrante de diecisiete años. Los hombres la pinchaban con una aguja para obligarla a abrir las piernas.

En el centro de detención en Ciudad de Guatemala, las autoridades intentaban registrar a todos los niños. Su principal objetivo era repatriar a las víctimas ya que no continuarían su viaje al norte y sus documentos de identificación no siempre ayudaban. El trabajo era inmenso y los asuntos consulares y de inmigración eran tan solo una parte de él. Algunos de los niños eran tan pequeños que ni siquiera sabían cómo habían llegado hasta allí. Los más afortunados eran reclamados por sus parientes. El centro de detención era miserable; estaba lleno a reventar de inmigrantes del mundo entero que habían sido interceptados al intentar entrar a México. Provenían de países de Centro y Sur América, así como del Medio Oriente y

Asia. El lugar estaba atestado y no contaba con suficientes facilidades sanitarias. No tenía ventanas. Las mujeres y niños se mantenían aparte de los hombres en un rudimentario intento de mejorar la seguridad de todos.

Este grupo de cincuenta niños, que incluía a Diego y Eduardo, había partido de El Salvador donde doce coyotes los había subido a un bus exclusivo para ellos. Normalmente no habrían viajado con un grupo tan grande pero, debido a un retraso en las operaciones, decidieron moverlos a todos al tiempo.

Nos habíamos enterado de esta red de contrabando de niños gracias a dos sobresalientes agentes del Servicio de Inmigración asignados a nuestras oficinas en El Salvador: Eddie Sotomayor y Abraham Lugo. Ellos habían logrado identificar a los criminales que dirigían esta operación. Su investigación reveló que Berta Campos, una gorda mujer salvadoreña deportada dos veces desde Estados Unidos, y varios otros miembros de la banda, eran los encargados de esta lucrativa empresa criminal que ya había ingresado cientos de niños a Estados Unidos a lo largo de ocho años.

Campos cobraba entre $4.000 y $5.000 a los padres de los niños, quienes vivían ilegalmente en Estados Unidos y tenían muchas dificultades para reunir los fondos para pagarles a los contrabandistas por traer a sus hijos al país. Tenían una fe ciega en que los niños estarían seguros con los traficantes simplemente porque las demás opciones eran casi imposibles para ellos.

Mientras vigilaban al grupo, nuestros agentes observaron a los coyotes subiendo los cincuenta niños al autobús que, eventualmente, salió de El Salvador con destino a Guatemala. Dado que el autobús no había salido del país, aun no había ninguna violación de la ley. Para detener al grupo, nuestros agentes tuvieron que esperar hasta que el bus ingresó a territorio guatemalteco.

—Le seguiremos la pista y encontraremos a Berta Rosa Campos. Donde quiera que se esconda la encontraremos y la juzgaremos junto con sus secuaces —le dije a mis agentes. Campos era la cabecilla de la operación de contrabando en la que se llevaba a los inmigrantes menores de edad desde El Salvador hasta Los Ángeles, Washington D.C. y Nueva York. Según varias fuentes, muchos niños habían desaparecido o habían sido abandonados por el camino y nunca llegaron a su destino.

Nuestra investigación había comenzado unos pocos meses antes cuando recibimos información de que cuatro niños estaban retenidos en el patio abierto de un escondite en la Ciudad de México. Trabajando de cerca con oficiales de la Policía Federal Preventiva (PFP), los ubicamos y descubrimos que vivían al aire libre, incluso en las noches cuando la temperatura descendía casi bajo cero. Llevaban tres días sin comer. Pronto nos enteramos de que otros dos menores habían sido abandonados por los contrabandistas en las calles de Tijuana, Baja California. Por suerte, logramos encontrar a dos chiquillos menores de diez años vagando por las calles de la ciudad. Había llegado la hora de sacar de circulación a Campos y su banda de contrabandistas.

En las muchas operaciones clandestinas en las que trabajé, tuve la oportunidad de ser testigo de las duras pruebas, el sufrimiento y la resistencia de los extranjeros resueltos a llegar a nuestro país, muchos de ellos para reunirse con familiares. Muchos adultos pueden ser sumisos o serviles ante los contrabandistas debido al miedo, pero al menos pueden entender por qué suceden ciertas cosas y asumir responsabilidades en caso de problemas. En cambio, los niños no solo no podían defenderse a sí mismos, tampoco tienen idea de cómo acabaron metidos en semejante peligro. Los pequeños como Diego, su hermano y su primo, dependían de los carroñeros de la sociedad para estar a salvo y ni siquiera los conocían. Diecisiete de los niños de este grupo tenían menos de diez años, y el mayor de todos tenía diecisiete. Estaban en manos de traficantes de la organización Campos. Tan solo esta operación les habría producido casi un cuarto de millón de dólares, la mitad de los cuales ya habían sido pagados.

Cuando yo era un joven agente en misiones clandestinas, había asumido la responsabilidad de muchos niños —el joven de dieciséis transportado conmigo en el baúl de un pequeño automóvil en el sur de California y los dos pequeños que viajaron en la parte trasera del camión, para mencionar solo algunos de los que han aparecido en este libro. Cuidar a los niños no hacía parte de las funciones de mi cargo pero era una responsabilidad que me tomaba muy en serio.

Centroamericanos, asiáticos, suramericanos y prácticamente todas las nacionalidades recorrían la larga distancia entre Guatemala y la frontera sur de Estados Unidos en tren, autobús, vehículos privados y, con frecuencia, en la bodega de camiones. El viaje de más de mil kilómetros entre Guatemala y la Ciudad de México tomaba más de 24 horas, y eso era tan solo la mitad del trayecto hasta la frontera estadounidense.

Las inmensas tarifas pagadas por los padres a los traficantes les dan la esperanza de que sus hijos sean tratados humanamente, no se abuse de ellos y lleguen sanos y salvos a sus hogares. Desafortunadamente, no siempre es así.

Me enteré de que Inmigración y Aduanas en Phoenix había rescatado a tres niños salvadoreños que se encontraban en manos de contrabandistas. Sus padres habían pagado $13.000 a los traficantes para que los llevaran a Estados Unidos. Cuando llegaron a Phoenix, los contrabandistas exigieron $6.500 más. Cuando los recibieron, exigieron otros $7.000. En ese punto, los padres decidieron comunicarse con las autoridades y la investigación llevó al rescate de los niños pero no se consiguió arrestar a ninguno de los contrabandistas.

En otro caso, oficiales del Departamento de Seguridad Pública detuvieron un camión a pocos kilómetros al norte de la ciudad fronteriza de Nogales, Arizona, y encontraron a 97 ilegales en la bodega, entre ellos 14 niños y 2 mujeres embarazadas. La bodega refrigerada estaba cargada con 17 palés de mangos y a 34 grados. Los inmigrantes ya habían pagado $3.000 para llegar a la frontera norte de México y otros $3.000 por el siguiente tramo de viaje hasta Phoenix. No exactamente la mejor manera de viajar por ese precio.

Yo insistí en asegurarnos de que Berta Campos y sus secuaces tuvieran que enfrentar la justicia estadounidense. No creía en arrestar simplemente a conductores y coyotes, estaba convencido de que debíamos atrapar a los cerebros tras estos crímenes. Desafortunadamente, no todos en la agencia compartían esta convicción, especialmente en la oficina principal en Washington. Sugerí que dejáramos en "libertad condicional" en Estados Unidos a varios de los niños para reunirlos con sus padres y poder usarlos como testigos para obtener órdenes de arresto. La solicitud fue rechazada. Esa no era la respuesta que yo quería así que le planteé mi idea a Warren

Lewis, el director distrital de nuestra oficina en D.C. Warren era un buen amigo y padre de mi ahijado Aaron.

—Necesito que me ayudes con la Fiscalía para juzgar a Berta Campos y tiene que ser pronto —le dije.

Le expliqué que las autoridades guatemaltecas tenían en su poder a varios de los contrabandistas de Campos. Yo había apostado oficiales para vigilar el perímetro del centro de detención en Ciudad de Guatemala para evitar que salieran libres con un soborno. Roy Hernández, nuestro Oficial Encargado en Guatemala, y yo habíamos contactado al Director de Inmigración de Guatemala quien nos aseguró que si conseguíamos órdenes de arresto para los contrabandistas, éstos serían enviados a Estados Unidos para ser procesados.

Warren y yo habíamos desarrollado una excelente relación con la oficina de la Fiscalía en Washington D.C. Habíamos tenido tanto éxito en procesar casos a través de dicha oficina que no solíamos tener problemas para que los aceptaran. Pero, esta vez, estábamos pidiendo algo fuera de lo común: permitir a testigos menores de edad ingresar al país para declarar en contra de sus contrabandistas. Sería todo un calvario burocrático ingresarlos al país; tendríamos que rastrear a sus padres y convencerlos de firmar una autorización para que sus hijos testificaran para el gobierno. A cambio de dicho testimonio, se autorizaría a los niños a quedarse en Estados Unidos con sus padres mientras la investigación se llevaba a cabo y durante el juicio.

El principal problema es que muchos de los niños no tenían la información de contacto de sus padres, así que Lugo y Sotomayor se dedicaron a convencer a sus parientes en El

Salvador de darnos esa información. Ambos eran muy buenos en su trabajo y muy pronto obtuvieron una lista de padres en Estados Unidos. Cuando nos comunicamos con ellos y se mostraron reacios a colaborar, comencé a llamarlos personalmente. Les conté historias horribles sobre lo que había sucedido a muchos niños rescatados en la Ciudad de México y Tijuana después de viajar con esos mismos contrabandistas. Tras oír las historias, aceptaron confiar en nuestra oferta aunque muchos de ellos asumían que era una trampa y que serían deportados junto con sus hijos. Muchos no creyeron que serían liberados pero estaban tan horrorizados por mis historias que aceptaron correr el riesgo.

Por medio de entrevistas a padres y niños logramos determinar cuáles eran los principales contrabandistas del grupo. Conseguimos órdenes para Ana Karina Cruz Rivas, Juan Orlando Servellon de León, Andrea Girón, Guillermo Antonio Paniaqua y la cabecilla, Berta Campos. Sotomayor y Lugo lograron que las autoridades de El Salvador arrestaran a otros siete miembros de la banda y los acusaran de delitos de contrabando. Entre ellos estaban el hijo de Berta Campos y su ex nuera.

Berta Campos se escondió en Guatemala pero, temiendo que las autoridades de ese país la detuvieran, se trasladó a Los Ángeles. Siete de los doce contrabandistas detenidos en Guatemala en el autobús que transportaba los niños fueron acusados en El Salvador. Para los otros cinco —Berta Campos y cuatro salvadoreños— se formularon cargos en Washington. Los cuatro salvadoreños fueron expulsados de Guatemala y arrestados a su llegada a Houston. A Campos la capturamos en Los Ángeles. Los diarios confiscados como parte de la investigación indicaban que la banda había funcionado desde 1994, y había ingresado cientos de niños a Estados Unidos. Entre diez y quince niños eran transportados semanalmente de sus países de origen, a través de México, hasta Los Ángeles, donde los recibían familiares o eran enviados a otros destinos dentro del país. El viaje normalmente tomaba entre diez y treinta días y, dependiendo de los contrabandistas contratados, podía incluir caminatas por el desierto y aislados pasos de montaña. En muchos casos, durante el viaje a través de México, los niños eran mantenidos en condiciones deplorables en las casas-escondite.

En 1995, Campos había sido deportada por intentar ingresar dos niños a California. Tres años después fue atrapada intentando ingresar nuevamente a Estados Unidos. Empleaba en su negocio a su esposo, dos hijos, dos hijas y una nuera. Un informante declaró que probablemente algunos de los niños habían sufrido abusos sexuales en los viajes y que aparentemente se habían hecho videos pornográficos de algunos de ellos. Una niña de trece años le informó a las autoridades que un traficante de la banda le advirtió sobre dos de los tipos que las llevaban hasta Tijuana. Declaró que le dijo que les gustaba manosear a las niñas. Las declaraciones nunca fueron corroboradas.

Campos había estado entrando y saliendo de Estados Unidos sin problema, volando directamente a Los Ángeles. Normalmente, la organización solamente transportaba entre diez y quince niños cada semana pero, debido a un retraso en los grupos, Campos había decidido que llevarían un cargamento grande. Esa decisión fue su caída, pero aun nos faltaba atraparla a ella.

Nuestros agentes en El Salvador determinaron que había volado a Los Ángeles y que varios niños estaban siendo retenidos en la casa en la que ella se escondía. Inmediatamente avisamos a nuestra oficina en Los Ángeles. Por desgracia, nuestros oficiales se demoraron demasiado en responder y, para cuando llegaron al lugar, ella ya no estaba. Aun peor, encontraron a algunos niños que no pertenecían a los ocupantes de la casa y resolvieron dejarlos allí pues no tenían espacio en los autos para llevarlos. Quedé lívido y me comuniqué con el jefe de la oficina de Los Ángeles. Cuando los oficiales regresaron a la casa ya no había nadie allí.

No podíamos correr más riesgos así que envié a Los Ángeles al Agente Especial Carlos Archuleta para que encontrara a Berta Campos. Archuleta había trabajado en Los Ángeles y aun tenía varios contactos en el área. Al cabo de pocos días descubrió dónde se escondía Campos usando una identidad ficticia. Le había llegado la hora de ponerle la cara a la justicia aun si no habíamos podido atraparla en compañía de inmigrantes ilegales.

Berta Rosa Campos y otros cuatro contrabandistas fueron enviados a Washington D.C. para ser juzgados por cargos de conspiración para cometer contrabando de inmigrantes ilegales. Todos se declararon culpables pero, desafortunadamente, a cambio de no ir a juicio recibieron condenas cortas y poco después fueron deportados de regreso a sus países de origen.

No mucho después del arresto de Berta, me reuní con el Director Distrital Lewis y oficiales del Servicio de Inmigración en Washington D.C. para una conferencia de prensa para anunciar el desmantelamiento de este sindicato de contrabandistas de menores de edad, el más grande hasta entonces en la historia de la agencia.

Yo confiaba en que se hubiese hecho algo de justicia a todos los pequeños que habían sido explotados, heridos y abandonados. Esperaba que los padres ilegales en Estados Unidos hubieran entendido nuestro mensaje de mantener a sus hijos en su tierra natal —en lugar de exponerlos a situaciones extremadamente arriesgadas con criminales, violadores y asesinos que preferían llamarse transportadores. Lamentablemente, mi público no era suficientemente amplio.

CAPÍTULO ONCE

Operación Montoneros

—¿Cómo sé que ustedes no son agentes del FBI? Esos tipos llevan mucho tiempo tras de mí —nos preguntó Gladys Perdomo Board en perfecto inglés cuando el agente Arthur Nieto y yo nos acomodamos con ella en una mesa en Yuppie's, un moderno y popular bar en la zona turística conocida como la Zona Rosa en el centro de la Ciudad de México.

—Gladys, el FBI no tendría los cojones para estar acá en la Ciudad de México. Además, ellos solamente pueden trabajar en Estados Unidos —le respondí mientras miraba al otro lado de la calle y descubría a los dos Investigadores del FSN que había designado como vigías para asegurarnos de que nadie nos seguía. Noté que el investigador que había ubicado afuera no se había quitado sus gafas de sol, la señal en caso de que observara algo fuera de lo normal. Yo ya había tenido un encuentro con agentes de la Procuraduría General de la Republica (PGR) en Monterrey durante mi trabajo en este caso y había logrado salir sin que me hicieran daño. Nuestro informante, quien había estado trabajando para la PGR en el puesto de control cerca a Reynosa, nos informó que Gladys no solo pagaba para que sus inmigrantes no mexicanos pudieran pasar, sino que también utilizaba a los agentes federales para que se encargaran de protegerlos y hacer el trabajo "sucio" cuando era necesario. Yo había participado en muchas misiones clandestinas en la frontera norte de México, pero esta era diferente. Me encontraba a más de 1.600 kilómetros de nuestra frontera y no tenía un arma.

Después de un par de bebidas, Gladys comenzó a alardear sobre su operación de contrabando de inmigrantes ilegales, el hecho de tener policías federales trabajando para ella y la cantidad de dinero que estaba haciendo.

Gladys, cuya edad rondaba los cincuenta, aun conservaba algunas de sus bellas facciones pero su vida de fugitiva y las presiones de dirigir una operación internacional de contrabando de ilegales la habían marcado. Yo no le había mentido. Nosotros no éramos agentes del FBI, pero sí éramos Agentes de Inmigración estadounidenses persiguiendo contrabandistas como ella, sin importar dónde operaran. Todos los que violaban las leyes estadounidenses eran mi objetivo y mis esfuerzos no conocían límites, ni me importaba quién los protegiera.

Cuando la gente piensa en un contrabandista, suele imaginar a un hombre adulón, inmoral y ladrón. Cuando llegó a mi escritorio el nombre de Gladys Perdomo Board, me sentí in-

trigado. Nunca había hecho la cacería a una mujer contrabandista y menos una con semejante reputación internacional. De
hecho, su negocio cubría más territorio que el de ninguno de
los contrabandistas hombres con los que me había topado en
mi carrera.

El nombre de Gladys lo dejó caer una *madrina*, un secuaz
de algún corrupto oficial mexicano de la Procuraduría General de la Republica. Apareció en nuestra oficina de buenas a primeras. Conociendo las terribles consecuencias que
pueden enfrentar, las *madrinas* no solían delatar a sus jefes.
Aspiraban a ser también policías federales —unos bastante
sospechosos— y estaban dispuestos a hacer casi cualquier
cosa para impresionar al oficial de la PGR que los controlaba.
Hacían el trabajo sucio, incluyendo recolectar los sobornos y
repartir palizas.

La *madrina* que nos visitó en Monterrey solicitó hablar
con alguien respecto a una organización de contrabando de
inmigrantes ilegales especializada en inmigrantes del Medio
Oriente y China. Estaba molesto porque lo habían estafado
con las ganancias su jefe de la PGR y una contrabandista llamada Gladys Perdomo Board. Afirmó que ella se había negado
a pagarle un soborno de $2.000 y por eso la quería entregar.

Gladys tenía 51 años cuando nos enteramos de su existencia. Para entonces, dirigía su propia y rentable franquicia
de una bien organizada banda internacional de contrabando.
La organización transportaba clientes pudientes que pagaban
más de $28.000 por el viaje desde su lugar de origen a Estados
Unidos. Gladys atendía en su tramo a aproximadamente cincuenta ilegales al mes. Provenían de China, Pakistán e India,

y llegaban primero a Cuba o Nicaragua, luego a Guatemala, desde donde cruzaban por tierra la frontera sur de México. Desde allí eran transportados al norte de México, por el territorio de Gladys.

Gladys no encajaba en el estereotipo del contrabandista de ilegales. Era universitaria, no creció en la pobreza, era una mujer de negocios exitosa y ciudadana de Estados Unidos por naturalización. Nació en 1944 en La Ceiba, una ciudad portuaria en la costa norte de Honduras. Su padre era un alto funcionario en el Departamento de Elecciones y su tío había sido Jefe de Aduanas y Jefe de Puertos. Gladys estudió en el Instituto María Regina, una institución católica de educación superior para mujeres, supuestamente fundada por la Standard Fruit Company, la primera compañía estadounidense que funcionó en Honduras y uno de los mayores empleadores del país. Gladys se graduó en Educación pero nunca trabajó como maestra. Encontró empleo con la Comisión de Elecciones de La Ceiba. Cuando tenía treinta y tantos, viajó a Estados Unidos donde conoció y se casó con James Board, un ingeniero que vivía en Houston. El matrimonio le permitió convertirse en ciudadana americana. La pareja tuvo tres hijos y posteriormente se divorció.

Gladys necesitaba un empleo, así que sacó su licencia de agente inmobiliario y consiguió trabajo en una agencia local antes de fundar una propia. Algunos de sus clientes eran personajes sospechosos involucrados en el tráfico de drogas y ella muy pronto se encontró presionada por la DEA y el FBI para que les diera información y cooperara con ellos en investigaciones sobre narcotráfico. Según Gladys, un agente federal la amenazó con arrestarla y ponerla veinte años en prisión si no les daba la información. Si eso es cierto, el agente estaba hablando sandeces pero, para alguien nacido y criado en Latinoamérica, la amenaza sonaba seria así que ella comenzó a ayudarles con información sobre los traficantes que le asignaban. Más tarde, cuando conocí a Gladys, llegué a la conclusión de que le entusiasmaban esas investigaciones. Desafortunadamente, los agentes no mantuvieron en secreto su identidad y ella sintió que su familia estaba en peligro. Convencida de que se expediría una orden de arresto contra ella, dejó de hacer de soplona y huyó.

En Guatemala, comenzó a trabajar para una red de contrabandistas que tenía fama de cuidar bien a sus clientes. Sus clientes eran centroamericanos que querían atravesar por México hasta Estados Unidos. El dinero que podía ganar en ese oficio justificaba el leve riesgo de ser arrestada. Los contrabandistas con una buena reputación entre sus clientes no eran considerados depravados sino más bien hombres de negocios respetables que ofrecían un noble servicio a los más desfavorecidos.

El mercado del contrabando estaba a la alza en Latinoamérica. La cantidad de inmigrantes ilegales encaminados a los Estados Unidos desde el Lejano Oriente y Europa Oriental había aumentado sustancialmente desde que los países del Bloque Oriental relajaron las condiciones para obtener visas de salida. Eso, unido al aumento de los requisitos legales para inmigrar a Estados Unidos, hizo que los contrabandistas oportunistas de esta parte del mundo experimentaran un gran auge.

Muchos contrabandistas habían estado aprovechando las rutas marítimas y la relajada vigilancia de la Guardia Costera estadounidense para transportar ilegales por mar... hasta el percance de un simulacro de barco, el *Golden Venture*. El *Golden Venture* quedó varado en Rockaway Beach, a la vista de Nueva York, en la primavera de 1993. Para llegar hasta Rockaway Beach, los pasajeros a bordo habían cruzado las montañas de China y Tailandia a pie, tomado un pequeño bote en Bangkok, navegado hasta Mombasa, Kenia, donde cambiaron de bote y recogieron más pasajeros, luego rodearon el Cabo de Buena Esperanza en ruta hacia Estados Unidos. La odisea de dos años y 27.000 kilómetros terminó el 6 de junio cuando el oxidado barco encalló después de un motín a bordo. Los 286 inmigrantes ilegales chinos y 13 miembros de la tripulación saltaron a las heladas aguas e intentaron nadar hasta la costa. Diez personas se ahogaron, los demás fueron rescatados y detenidos por los oficiales de inmigración estadounidenses. Después de ese incidente, se intensificó la vigilancia a lo largo de las costas —tanto del Atlántico como del Pacífico— dificultando la llegada a los Estados Unidos por mar.

En Latinoamérica, muchas redes de contrabando operaban solo ciertos tramos del viaje. Algunas movían inmigrantes desde el lugar de origen hasta el Caribe o Centroamérica, donde otros los recogían para llevarlos a los Estados Unidos. Tal era el caso de Gladys. Su etapa hasta Estados Unidos era el tramo final de una ruta de contrabando a nivel mundial.

Después de la información inicial que nos dio la *madrina* sobre Gladys, supimos por un informante que ella estaba hospedando a algunos ilegales indios y pakistanís en un árido pueblo mexicano a unos cien kilómetros al noreste de Monterrey. Muy pronto me trasladé a China, Nuevo León, a vigilar el escondite y observé a varios individuos que coincidían con la descripción de nuestro informante. Luego, un hondureño al que habíamos arrestado cuando transportaba una de sus cargas, me la presentó por teléfono a cambio de indulgencia. Gladys era extremadamente astuta y, sabiendo que su conductor estaba preso, la llamada le pareció sospechosa. Imaginó que él había dado a las autoridades su información de contacto. Fue amable pero reservada.

Luego mi informante y yo vigilamos el Hotel Virrey, su base de operaciones en Reynosa. El hotel también hacía las veces de oficina de los oficiales de la PGR asignados temporalmente al área, algunos de los cuales estaban en la nómina de Gladys. La PGR tenía fama de ser de las fuerzas policiales más corruptas del mundo. Oímos rumores que cualquiera que quisiera trabajar con ellos debía "comprar" su empleo y continuar pagando por cada ascenso. Se decía que las posiciones superiores a lo largo de la frontera norte mexicana se "vendían" hasta por medio millón de dólares. Los corruptos policías judiciales federales obtenían ganancias de todo tipo de actividades criminales, incluyendo el contrabando de inmigrantes ilegales.

En todo México, los policías de la PGR operaban con frecuencia desde habitaciones de hotel cuando se encontraban asignados en zonas distintas a la de residencia. Yo vigilaba el hotel desde un estacionamiento al otro lado de la calle cuando un grupo de hombres uniformados rodeó mi auto. Los oficiales de la PGR habían interceptado las llamadas que hice desde mi teléfono celular al Agente Especial Noe Domínguez de McAllen. Uno de los grupos de Gladys estaba programado para ser contrabandeado a Estados Unidos esa noche y yo pretendía seguirlos hasta el río, indicar su ubicación y arrestar a los conductores. Esto me daría la posibilidad de infiltrarme como conductor.

En Reynosa, me sobresalté cuando una manada de matones rodeó mi auto, dos de ellos apuntándome con sus armas desde el frente del vehículo.

—¡Hijo de la madre, aquí voy de nuevo! —fue lo único que se me ocurrió en el momento.

El matón de la PGR que me sacó del auto y me lanzó contra él debía pesar por lo menos cien kilos. Era un desgraciado muy fuerte. Mi arma estaba en el auto pero sabía que no me serviría de nada aunque la tuviera conmigo. Por otra parte, mi celular era mi única salvación y tenía que evitar que me lo quitaran.

—¡Soy un maldito estadounidense con inmunidad diplomática! —le grité al tipo que parecía ser el jefe. Cuando me preguntó si tenía un arma, le dije dónde la guardaba. Mi condición constituía una zancadilla para sus planes y les tomó unos minutos decidirse a llevarme preso. Les respondí que no tenía objeción, pero solicité que me quitaran las esposas. Una vez lo hicieron, se asignó a uno de sus agentes para conducir mi vehículo. Insistí en ir con él y en la ruta marqué a la Embajada de Estados Unidos donde hablé con el Agente Arthur Nieto y le informé lo que había sucedido. El oficial de la PGR estaba muy molesto pero no pudo hacer nada al respecto. Su jefe no estaría nada contento cuando llegáramos al centro de detención. Al igual que en mi primer encuentro con la policía mexicana, haber logrado hacer esa llamada sería mi salvación. Aun cuando el arresto me sacudió un poco, permanecí a la sombra tan solo un par de días antes de retomar mi labor de vigilancia.

Tuve que hacer varias llamadas más a Gladys antes de que aceptara verme. Era una maestra contrabandista, audaz y confiada en su papel de jefe. Distribuía órdenes a corruptos policías mexicanos y sus subordinados con la misma drástica autoridad que sus contrapartes masculinas. Sentados en Yuppies hablando y bebiendo, Gladys entró en confianza. Me contó que tenía una relación abusiva con un contrabandista más joven, y que él y su familia se aprovechaban de ella, le exprimían su dinero y la maltrataban.

Para ser honesto, nunca me habría imaginado acabar sentado a la mesa escuchando la vida amorosa de esta contrabandista. Ni siquiera se suponía que estuviese trabajando en ese caso. Siendo un funcionario de alto rango y administrativo en el Consulado de los Estados Unidos, simplemente había querido pasar la información sobre Gladys a los agentes de la Unidad Anti-Contrabando de la Patrulla de Fronteras de McAllen o la Rama de Investigaciones de la Oficina Distrital de Houston para que ellos se encargaran. Pero resultó que ninguna de esas oficinas estaba interesada en este complejo caso transnacional, así que yo pasé a la clandestinidad para trabajar en él.

Gladys era de baja estatura, fornida y sofisticada. Su bronceado rostro estaba arrugado y tenía canas en su cabello castaño. Me concentré en ella como si fuera la única mujer en el lugar, sonriendo mientras escuchaba sus historias, victorias y detallados planes para el futuro.

—Gladys, eres sorprendente —la halagué—. Nunca he

conocido una mujer con tantas agallas y tan astuta en su negocio.

Ella era una gran conversadora y creo que hacía muchos años no recibía ese tipo de cumplidos. De vez en cuando yo me reía de sus historias, extendía mi mano y le daba un suave toque en la mano diciendo:

—Me gusta escucharte hablar.

Necesitaba enlazar a esta reina del contrabando para que aceptara volver a verme y, para el final de la noche, estaba convencida de que yo era su nuevo mejor amigo.

La siguiente vez que la vi fui con David Ramírez, un agente clandestino de la oficina de Houston. Por cosas de la vida, Gladys también se presentó con una amiga —Marisol Camacho— que encajó muy bien con Ramírez.

La familia de Marisol formaba parte de una flexible asociación de familias que servían de lugares de paso y escondites en el sur de la Ciudad de México. No hacían grandes fortunas para sí mismos pero varios cientos de personas llegaban y partían de sus propiedades a diario. A todo lo largo de las rutas de contrabando se encuentran familias como los Camacho. Pueden ser considerados como contrabandistas de bajo nivel, pero su participación es decisiva para las líneas de contrabando de humanos. Debido a que ganan menos que los grandes contrabandistas, tienden a abusar de los inmigrantes ilegales a los que consideran inferiores a ellos. Cuando supe de la existencia de este escondite, viajé al lugar y quedé horrorizado al ver lo que ocurría allí. Un área desolada y sucia, cerca a una estación de PEMEX, estaba cubierta por docenas de pequeñas chozas. Pasando la mayor parte del tiempo a pie para no llamar la atención, observé la llegada de dos camiones con remolque al anochecer. De cada uno descargaron más de cien personas, que luego fueron escoltadas por separado a las chozas de adobe dependiendo de su destino final. Algunos iban a Brownsville, otros a Laredo y algunos más a Baja California. Estas personas acababan de soportar más de veinticuatro horas de viaje en los recalentados remolques y aun no se encontraban a mitad de camino hacia la frontera. Niños, mujeres, ancianos... parecía no haber límites. Vi chinos, pakistaníes, indios y otras nacionalidades. No había discriminación allí, tan solo tenían que pagar la tarifa establecida. Sus vidas en su lugar de origen deben haber sido terribles para resignarse a esta horrible experiencia.

Las chozas mismas eran lamentables y deprimentes. Logré echar una mirada al interior de una de las diminutas casas de adobe y vi muchísimas personas sentadas en el suelo y recostadas contra las paredes. Los Camacho eran propietarios tanto del escondite de paso como de la pequeña tienda donde se compraba la comida, así que fijaban los precios con descaro a sabiendas de que no existía otro lugar donde abastecerse. Marisol no viajaba con Gladys —ya que pertenecía a un nivel muy inferior en la cadena de contrabando— pero buscaba entretención y esa noche su compañía cayó bien en nuestro grupo. Tras unos cuantos tragos, Gladys aceptó contratarme como conductor.

Durante las siguientes semanas, Ramírez y yo transportamos varios grupos pequeños de chinos, pakistaníes, salvadoreños, indios y colombianos a Houston. En uno de los viajes, llevé a un grupo de ilegales indios y pakistaníes que casi habían muerto de hambre. Yo había comprado provisiones cerca al escondite donde los tenían, en una desierta aldea llamada

China, en Nuevo León, México, a unas dos horas al sur de la frontera. Durante todo el día los observé en el patio trasero, totalmente abandonados a su suerte. Esos pobres hombres deben tener hambre, me dije. Ese grupo sería trasladado esa noche, así que me adelanté y visité a Domingo, el guía del río.

—Domingo, ten estos $100. Compra comida para el grupo de esta noche y asegúrate de que coman bien antes de llevarlos a McAllen —le dije. Luego me dirigí al lado estadounidense para esperar al grupo.

Estábamos programados para partir temprano la mañana siguiente, así que alquilé una habitación cercana al hotel donde pasarían la noche los ilegales. Cuando Domingo me avisó que ya estaba en el hotel con los inmigrantes decidí tomar un descanso. No era fácil dormirse con tantos detalles para resolver a la mañana siguiente, así que resolví visitar a nuestros clientes y asegurarme de que estaban tranquilos. El estúpido de Domingo no estaba en la habitación con ellos como debía. Cuando abrí la puerta, noté la carne sin tocar en un par de platos de papel.

—Ey, ¿ustedes ya comieron? —le pregunté a uno de los jóvenes del grupo.

—No señor, nosotros no comemos esta carne. Estamos muy hambrientos. Hemos comido muy poco en dos días —me respondió.

El muy cabrón había comprado —a propósito— carne de cerdo, sabiendo que ellos no la comerían. De esa forma, compraba muy poca carne y se guardaba el resto del dinero para él. Estaba furioso y consternado, pero ya me encargaría de él más tarde cuando le tocara su turno. Sin importar si estoy trabajando clandestinamente o no, siempre he respetado las creencias y tradiciones de todos los pueblos, de donde quiera que provengan o como quiera que hayan llegado a donde están. Tal irrespeto por los seres humanos me enfurecía.

—Ven, vamos a conseguir algo de comer para ustedes —le dije al joven. El muchacho entró en pánico ya que Domingo los había hecho creer que era el mandamás y no querían enojarlo.

—No señor, estamos bien —me respondió. Le dije que no habría problema y que no debía preocuparse por Domingo. No tuve que insistir mucho y el hambre lo convenció.

Llevé a uno de los hombres a una tienda HEB para que comprara fruta y verduras para el grupo. Creí que se desmayaría al ver la cantidad y calidad de la comida. Me hizo feliz solo verlo llenar su carrito de compras con cantidades de productos frescos aceptados por sus creencias religiosas.

Después de algún tiempo, Gladys me aceptó en su círculo privado y se sintió lo suficientemente cómoda para compartir conmigo información sobre sus actividades de contrabando internacional. Dijo que su principal contacto y transportista en Centroamérica era un hombre llamado Carlos Sánchez. Sánchez era contador de profesión. Se había involucrado con el tráfico de ilegales cuando tenía veintitantos. Conocía a casi todos los peces gordos del negocio en la región y era ciudadano de México y El Salvador.

Otro contacto importante de Gladys era Navtej Pall Singh Sandhu, un ciudadano británico de ascendencia india. A causa de los relajados requisitos para conceder visas y la corrupción reinante, los inmigrantes pakistaníes e indios no tenían problemas para ingresar a Ecuador. Una gran comunidad de inmigrantes de esos países se había acumulado en un periodo de tiempo, mientras esperaban dinero de sus parientes en Estados Unidos para continuar su viaje al norte. Sandhu se había unido a Sánchez y a Gladys, fortaleciendo el tramo de la ruta controlado por ella con el movimiento de inmigrantes pakistaníes, indios y del Medio Oriente en camino a Estados Unidos. Aunque Sandhu llevaba bastante tiempo involucrado en el tráfico y permanecía en Ecuador, su organización tenía su base en Nicaragua, con una gran cantidad de funcionarios nicaragüenses en su nómina. De esa manera, estaba en capacidad de recibir inmigrantes procedentes de Perú y Ecuador, o directamente de Cuba, y tenerlos en su escondite sin ser descubierto.

La mayoría de los clientes eran indios y venían a Estados Unidos como mano de obra mal pagada en restaurantes indios y cadenas de comidas rápidas.

Gladys se encargaba de transportarlos desde la frontera guatemalteca hasta la estadounidense, más de dos mil kilómetros. Allí, otros contrabandistas se encargaban de llevarlos al otro lado de la frontera. Gladys tenía sus escondites en la Ciudad de México, a mitad de camino entre las fronteras, y en la ciudad fronteriza de Reynosa. Era tan osada que utilizaba los autobuses de servicio público para llevarlos hasta la frontera.

Mover inmigrantes indocumentados a través de puestos de control requería sobornos y Gladys afirmaba que ella siempre comenzaba por los altos mandos. Nos dijo que nunca se preocupaba por los subalternos, solo por los funcionarios realmente importantes. Niranjan Mann Singh era, probablemente, su socio más importante. Era uno de los líderes de la empresa de contrabando internacional que Gladys subcontrataba, la más grande del mundo en esa época. Singh transportaba inmigrantes, sobre todo indios, desde Rusia hasta Cuba y, luego, a Ecuador. Gladys decía que había viajado a Londres y Panamá para negociar con Singh y funcionarios panameños para que los inmigrantes del Medio Oriente pasaran por ahí para luego ser transportados al norte.

Sabíamos que Gladys tenía un negocio tremendamente bien organizado. Desafortunadamente, su captura se dificultaba porque estaba bajo la protección de funcionarios corruptos del gobierno y las fuerzas policiales en los países donde trabajaba.

Durante mis reuniones con Gladys me dejó claro que estaba interesada en tener una relación romántica conmigo, y que Marisol estaba interesada en Ramírez. Tendríamos que coquetear lo suficiente para ser creíbles. Pero Gladys estaba comenzando a sentirse frustrada. Una vez, cuando llegué a su hotel para recoger algún dinero, me abrió la puerta envuelta en una toalla. Tartamudeé una excusa para no quedarme, algo sobre llevar comida a los inmigrantes en el lugar de paso. Le dije que regresaría en un par de horas. Cuando no regresé, enfureció. A la mañana siguiente, le dije que me había emborrachado y quedado dormido. Le rogué que me perdonara.

La noche del arresto, le prometimos a Gladys y Marisol que esa sería la gran noche —cuando los inmigrantes ilegales que teníamos a cargo fueran llevados a Estados Unidos. Les dijimos que la "diversión" sería en el Holiday Inn de McAllen. Gladys, ciudadana estadounidense, en su gran ilusión, cruzó conmigo por el puerto de entrada de McAllen y se dirigió al hotel. Como Marisol no tenía documentos, cruzaría el río con los inmigrantes.

Cuando nos avisaron que el grupo estaba en camino, Ramírez se dirigió a la frontera para encontrarse con ellos. Marisol, toda engalanada y lista para fiestear, se acercó a darle un abrazo. Él rápidamente la esposó. Una vez me avisaron que Marisol y los demás estaban en custodia, el agente Noe Domínguez, mi compañero, y yo fuimos hasta el hotel a arrestar a Gladys. Ella ya había ordenado dos tragos para nosotros y me esperaba ansiosamente para bailar. Di la señal a Domínguez, quien se identificó como agente federal y le informó que quedaba arrestada.

Quedó muda ante la situación y me miró melancólicamente pensando que podría salvarla. Cuando saqué mi insignia y credenciales, quedó horrorizada. No obstante, no le tomó mucho tiempo volver a ser la luchadora que era, ofreciéndose a colaborar de cualquier forma a cambio de una reducción de los cargos.

Gladys ofreció ayudarnos a arrestar a un oficial corrupto de la PGR —Gabriel Vásquez— que se encontraba en su nómina. Ella lo atraería a este lado de la frontera diciéndole que quería entregarle su parte de las ganancias del negocio pero que tendría que ser en el lado estadounidense porque partiría para Houston en pocas horas. Velásquez aceptó reunirse con ella en una habitación del Hotel Best Western en McAllen unas horas después.

Me comuniqué con el supervisor del sector de McAllen para darle la información. Aceptó encontrarse allí conmigo y traer un equipo de agentes. Llegué al hotel una hora antes de que Gladys se encontrara con Velásquez pero allí no había nadie de McAllen. Preocupado, llamé a la oficina central para saber qué estaba pasando.

Para mi sorpresa, el supervisor que respondió la llamada me ordenó que fuese hasta allí. Me pareció raro pero pensé que tal vez tenía nueva información sobre el asunto. Me afané en llegar a la oficina central donde me informaron que, después de todo, ellos no participarían en el arresto de Velásquez. El Subdirector también dejó claro que el policía criminal no debía ser arrestado en su zona. No podía creerlo. No logré comunicarme directamente con el Subdirector y Velásquez estaría llegando al hotel en pocos minutos así que decidí que mi única opción era arrestarlo yo mismo. Me dirigí rápidamente al Best Western pero llegué tarde. Velásquez había llegado y, tras hacer algunas preguntas a la recepcionista, sospechó que fuera una trampa y huyó.

Gladys no se desanimó. Contactó al canalla por teléfono pero él le dijo que ya entraba a turno de servicio y no regresaría a McAllen ese día. Sabíamos que habíamos perdido nuestra única oportunidad de agarrarlo. Eventualmente, el tipo fue acusado pero no pudimos hacer más.

Desde el principio, el Subdirector en McAllen había rechazado nuestra investigación. Ni siquiera parecía impresionado por el hecho de que hubiéramos desmontado una inmensa operación de contrabando humano. Supongo que se sentía humillado de que lo hubiera logrado un agente que no estaba a su servicio, dejando en evidencia la poca efectividad de su programa. Yo me había matado trabajando durante la investigación. Yo era la persona que había abierto el caso, hecho el trabajo clandestino, dirigido a los otros agentes y escrito el informe. Lo presenté atado con un horrible moño a uno de los agentes de McAllen para que lo firmara, aun dándole el crédito al Sector por el trabajo. Sin embargo, no había riesgo de que no le diera a nuestro distrito el crédito que también se merecía.

La competencia para la aparición en la conferencia de prensa en que se anunciarían los arrestos fue vergonzosa. Yo escribí la primera nota de prensa y recibí autorización de nuestro Director Distrital en la Ciudad de México para representar al Distrito. No obstante, el Subdirector de McAllen ordenó que se reescribiera y cambió la hora del evento para los medios de comunicación. Finalmente terminó la lucha interna. Compré una camisa nueva en un centro comercial y me dirigí a la estación. Estaban llegando numerosas camionetas llenas de equipos de noticias. Cinco minutos antes de las dos ingresé a la sala de prensa para anunciar el gran éxito de la operación.

Ya con las cámaras grabando, el Agente de Patrullas Joe Garza de McAllen entró y me agradeció por el caso y por unirme a él para el anuncio. Parecía franco en sus elogios y dudé sinceramente de que fuera consciente del ridículo espectáculo que se había desarrollado antes de que nos saludáramos en la tarima. Sin saber mucho sobre el caso, leyó algunos comentarios y me entregó la conferencia a mí.

Yo estaba muy orgulloso de este caso que denominamos Operación Montoneros. Nunca había sabido de ningún agente federal que hiciera el trabajo clandestino, escribiera los informes, coordinara la vigilancia, consiguiera las órdenes de arresto y cerrara un caso dando una conferencia de prensa para anunciar los resultados de la investigación.

A pesar de la poca disposición del sector para ayudarme con la investigación, yo estaba agradecido con los hombres que nos habían dado apoyo, especialmente mi Oficial Asistente a Cargo, Alfonso Pineda. La operación fue un gran mérito para nuestra agencia. Cuando posteriormente me enteré por Doris Meissner, Comisionada del Servicio de Inmigración y Naturalización, de que ella nunca fue informada sobre la Operación Montoneros, quedé estupefacto pero me rehusé a ser absorbido por los conflictos políticos de la oficina. Preferí concentrarme en el éxito de la misión.

Gladys Perdomo Board aceptó declararse culpable de un solo cargo de conspiración, y seis cargos de contrabando ilegal de inmigrantes fueron retirados. En su alegato describió cómo transportaba cincuenta inmigrantes del sur de Asia cada mes hasta Estados Unidos, por la frontera de Texas. Dijo que ganaba aproximadamente $8.000 por persona lo cual le permitía llevar una vida de derroche. Contó sobre sus dos residencias, una casa de $400.000 en Houston y una casa de recreo más pequeña en México, y su magnífico Mercedes-Benz. También dijo que cuidaba muy bien a sus clientes, mucho mejor que la mayoría de los contrabandistas. Argumentó que la prueba de ello era que no le pagaban si no llegaban sanos y salvos a su destino, cosa que de por sí les garantizaba un trato muy humano. Además, añadió que era misericordiosa con sus clientes. Me costó trabajo creerle. La recordaba contándome que dos años antes, durante un terrible accidente, diecinueve hondureños se habían ahogado cuando uno de sus botes había encallado en el Golfo de México en su viaje al norte. Posteriormente negó que el accidente hubiera sucedido, aunque en una presentación en *Nightline* de la ABC con Ted Koppel narró el evento, contándole al entrevistador cómo salía cada mañana a la costa con la esperanza de ver aparecer sanos y salvos a los inmigrantes perdidos.

En lugar de veinte años en prisión, Gladys recibió una sentencia de dieciocho meses por haber cooperado con nuestro gobierno. El juez federal del distrito que presidió su caso fue muy crítico de nuestra operación. Se sintió obligado a criticarla en tres niveles: la cantidad de dinero que gastamos, la participación mínima de algunos de los acusados y nuestras tácticas. Como ejemplo, citó la forma en que Ramírez y yo habíamos fingido un interés romántico en Gladys y Marisol para atraerlas a nuestro lado de la frontera.

Estuve totalmente en desacuerdo con él. Los recursos asignados a este caso habían sido mínimos y los resultados increíbles. Habíamos destruido totalmente la operación dirigida por Gladys. La participación y rol de cada uno de los acusados era incuestionable, sin importar qué tan importantes eran al interior de la organización de Gladys. Yo sabía, y sigo teniendo claro, que nunca habíamos cruzado el límite en nuestros papeles clandestinos ni en nuestras tácticas. Las condenas de esos criminales lo confirman. Les habíamos dejado claro a los contrabandistas internacionales que no operarían inmunemente fuera de nuestras fronteras. Yo consideraba que debíamos perseguir agresivamente a los contrabandistas fuera de Estados Unidos para detenerlos. Muchos de ellos creían que solo serían juzgados si cruzaban la frontera e ingresaban a Estados Unidos, así que normalmente le dejaban esa parte del trabajo a sus subalternos. Esta errada sensación de seguridad se vino abajo a consecuencia de este golpe.

De hecho, en la Operación Monteros, yo había grabado

muchas de mis conversaciones con Gladys en las que ella se refería a otros miembros de su red. Con la lista de nombres que Gladys me había dado, muy pronto me lanzaría a la cacería humana más grande nunca realizada por el Servicio de Inmigración estadounidense. Denominada Operación "Seek & Keep", me llevaría clandestinamente de país en país pescando a los peces grandes a cargo de una sofisticada operación internacional de contrabando de proporciones nunca imaginadas —pero esa historia queda para otro día...

Epílogo

EL TEMA DE la inmigración sigue siendo tan sensible y controvertido como siempre en nuestra historia. La Ley de la Reforma Migratoria, aprobada en 1986, llevó a la legalización de varios millones de inmigrantes ilegales y a la equivocada creencia de que el aumento de los recursos de la Patrulla de Fronteras detendría la inmigración ilegal. Los recursos adicionales eran necesarios pero constituyen tan solo una parte de la solución. Existen hoy entre diez y quince millones de inmigrantes ilegales en el país y la cifra aumenta a diario. Llegan atravesando las fronteras o se quedan cuando sus visas se vencen.

La posibilidad de trabajar en Estados Unidos es el principal imán que atrae a los individuos a nuestro país. Nos gusta pagar los bajos salarios que los inmigrantes ilegales están dispuestos a aceptar, pero no nos gusta el hecho de que estén acá ilegalmente. Nuestros líderes nunca han enfrentado ese problema. En algunos casos, se ha sabido de compañías que tienen a varios miles de inmigrantes ilegales en su nómina. Los políticos conservadores y liberales por igual han recibido apoyo financiero de esas compañías mientras se culpan mutuamente del problema y nadie hace nada al respecto.

La falta de aplicación de la ley en el interior ha llevado a muchos de los inmigrantes ilegales a ser descarados. Sabiendo que no se aplican medidas serias, no tienen nada que temer —para disgusto de la mayoría de los estadounidenses, incluyendo a los miembros de la comunidad hispana. Donde alguna vez los inmigrantes ilegales vivían temerosos y se escondían de las autoridades de inmigración, ahora es común ver a grandes cantidades de inmigrantes ilegales protestando públicamente y exigiendo reformas a la inmigración. En algunos casos, estas manifestaciones públicas han incluido izadas de la bandera mexicana o profanaciones de la estadounidense.

A lo largo de mi carrera, nunca faltó la información sobre quiénes eran los principales infractores de la ley. Las industrias de cárnicos, arquitectura paisajista, hoteles y restaurantes, para nombrar solo algunas, han sido grandes infractoras de las leyes de contratación, estando dispuestas a contratar indocumentados y hacer inmensas fortunas con el dinero así cosechado. La única forma en que podremos controlar el flujo de inmigrantes ilegales es frenando sus oportunidades de empleo en los Estados Unidos.

¿Cuáles son las razones que llevan a la mayoría de inmigrantes a dirigirse a nuestro país, abandonando a sus hijos y, posteriormente, arriesgándose a ponerlos en manos de contrabandistas? ¿A qué grado ha llegado la pobreza y persecuciones para justificar el abandono de pueblos enteros?

El trauma de abandonar a sus familias, hogares, amigos y recuerdos para buscar un mejor futuro debe ser abrumador. Viajan en autobuses sobrecargados, en el techo de vagones de tren, en bodegas de carga de barcas pesqueras, en camiones, y confían sus vidas a coyotes para que los lleven a Estados Unidos. La soledad de dejar todo atrás y no saber lo que les deparará el futuro debe ser un gran peso.

El campo minado que deben atravesar para llegar aquí es mucho más peligroso ahora que cuando yo comencé mi carrera. Policías corruptos, pandillas, robos, violaciones y asesinatos son todos riesgos reales en la ruta. Alcanzar la frontera estadounidense no reduce sus riesgos pues las pandillas suelen dar un último golpe a los exhaustos viajeros. Ni siquiera si logran llegar a su destino pueden estar seguros. Tienen que comprar documentos falsos para conseguir empleo e, incluso entonces, quedan en manos de empleadores abusivos y explotadores.

En mis misiones clandestinas tuve oportunidad de unirme a muchos de estos pioneros en sus viajes, oír sus historias y vivir en carne propia los riesgos que asumen. Conocí gente buena y gente mala. Llegué a conocer y arrestar conductores, encargados de escondites y coyotes responsables de llevar a los *pollos* al otro lado del río y del país. También arresté a vendedores de documentos falsificados y narcotraficantes.

En la frontera, el tráfico de narcóticos y los problemas de inmigración están tan entrelazados que es difícil separarlos. También conllevan un gran riesgo para nuestros ciudadanos en nuestro propio país. Según un informe publicado por el Centro Nacional de Información sobre Drogas (NDIC, por sus siglas en inglés) en 2011, muchos miembros de los cárteles de los diferentes bandos continúan inmigrando legalmente a Estados Unidos o viajando con visas obtenidas en nuestras misiones diplomáticas en el exterior, trayendo con ellos su cultura de derramamiento de sangre. El informe del NDIC afirma que los cárteles están funcionando en 1.286 ciudades de Estados Unidos, especialmente en la zona suroccidental del país. Eso constituye una verdadera amenaza para nuestras comunidades. La violencia entre cárteles de la droga ha causado la muerte a más de 37.000 personas en México desde 2006. El gobierno del Presidente de México, Felipe Calderón, ha gastado cientos de millones de pesos en su campaña contra los sindicatos. En represalia, los capos de la droga han ordenado el asesinato de cientos de oficiales, funcionarios del gobierno y las cortes.

La ciudad fronteriza de Juárez —donde me disfracé de *pollo* al principio de mi carrera y donde al final de ella descubrí un sistema ilegal de expedición de visas liderado por funcionarios del consulado estadounidense— tiene asignados más de 12.000 soldados y policías. Hoy, Ciudad Juárez es llamada "la ciudad más peligrosa del mundo". A pesar de la presencia de las fuerzas armadas, en 2010 se registró el asesinato de 3.156 civiles inocentes. En comparación, solo 2.080 civiles murieron en ese periodo en Afganistán arrasados por la guerra. La cantidad de personal de los ejércitos de los cárteles es muy similar al de las fuerzas armadas mexicanas.

Tal como en los tiempos en que yo era un joven agente federal en Chicago, la dedicación y decisión de nuestras fuerzas del orden para acabar con el poder de los carteles de la droga en Chicago y otras ciudades de Estados Unidos es implacable.

Algunos de los condenados se fugan pero, tarde o temprano, ellos también pagarán sus crímenes.

Los traficantes de drogas y los contrabandistas de humanos son parásitos en nuestro país, pero no representan a los millones de inmigrantes —legales o ilegales— que se han establecido aquí. Estoy convencido de que el 97–98 por ciento de quienes llegan a nuestro país se convierten en residentes trabajadores que luchan para darle una vida decente a sus familias, una educación a sus hijos y una vida segura. Les enseñan a sus hijos los ideales representados por este país y, como lo ha demostrado la historia, muchos han estado dispuestos a morir en defensa de esta gran nación.

No hay un mejor ejemplo que el del soldado de primera clase, de veintidós años, José Gutiérrez, quien en 2003 fue una de las primeras víctimas estadounidenses de la Guerra de Irak. Había crecido en un orfanato en su tierra natal, Guatemala, tras la muerte de sus padres. Cuando tenía 14 años, recorrió los 3.200 kilómetros hasta la frontera de los Estados Unidos en 14 trenes de carga a lo largo de México. Fue detenido en la frontera por agentes estadounidenses que le permitieron quedarse. Nuestro país no deporta menores de edad que llegan sin sus familias, así que quedó bajo tutela de la corte de Los Ángeles y fue ubicado en una casa de acogida de jóvenes. Aprendió inglés, se graduó en la escuela y, a los dieciocho años, obtuvo su residencia e ingresó a la Marina estadounidense. Murió en un tiroteo en Irak el 21 de marzo de 2001, luchando por el país que le había dado todo.

Desde 2001, los Estados Unidos ha dado la ciudadanía a 65.000 inmigrantes enrolados en las fuerzas armadas dispuestos a luchar por el país. Yo le concedí póstumamente la ciudadanía a Ana Laura Esparaza, otra víctima de la Guerra de Irak. Tenía veintidós años cuando murió; había inmigrado a Estados Unidos a los trece siendo la única hija de dos inmigrantes legales procedentes de Monterrey, México. Entre la población hispánica de Estados Unidos existen muchos ejemplos de personas que han llegado a ser líderes de la comunidad y grandes ciudadanos. José Hernández y su familia habían trabajado como mano de obra itinerante en las cosechas, al igual que yo, y terminó convirtiéndose en astronauta y tripulante del transbordador espacial. Entiendo sus motivos para venir a este gran país pero, aun así, no puedo aceptar el relajamiento en la aplicación de nuestras leyes de inmigración en las fronteras y el interior del país. Ambas deben seguir siendo implacables porque son vitales para nuestra nación. Sin embargo, permitirles conseguir empleo cuando llegan nos hace igualmente culpables.

Esta migración continuará mientras nuestro gobierno no tome las medidas apropiadas y aplique acciones correctivas, y mientras los otros gobiernos no se hagan responsables de su propia gente. No creo que eso suceda en un futuro cercano.

Hoy, como antes, las reformas y aplicación de las leyes migratorias son un tema complicado. Estoy orgulloso de haber representado y trabajado con la Patrulla de Fronteras y el Servicio de Inmigración y Naturalización de Estados Unidos, junto a muchos excelentes oficiales y personal de apoyo. Como oficial en el terreno y luego en posiciones de liderazgo, logré para la agencia éxitos nunca antes logrados y hasta ahora no superados. Los esfuerzos realizados por los Agentes de Inmigración de Estados Unidos se asocian comúnmente con agencias como la DEA o el FBI. Sorprendentemente, nuestra agencia está tanto o incluso más involucrada que esas.

La población de inmigrantes ilegales en los Estados Unidos ha aumentado dramáticamente, a pesar de las medidas tomadas antes y después de la creación del Departamento de Seguridad Nacional en 2003. Los cálculos indican que ahora hay entre diez y quince millones de inmigrantes ilegales en el país. Es un asunto polémico, en el que algunos estados promueven leyes que conceden a las autoridades estatales y locales poderes para determinar la condición de extranjería de los individuos con los que se topan durante el desarrollo de sus deberes. Otros grupos exigen reformas en la legislación que abran una vía a la ciudadanía de millones de personas que ya se encuentran en el país de manera ilegal.

La construcción de un muro a lo largo de la frontera suroccidental y la introducción de leyes a nivel estatal —que algunos perciben como medidas anti-inmigración— no han contribuido a resolver el problema de qué hacer con quienes ya están en el país. Un bando afirma que no se aprobará una reforma de la inmigración hasta que las fronteras estén "aseguradas", pero realmente no saben lo que eso significa. De hecho, millones de inmigrantes ilegales ingresan a Estados Unidos con una visa válida concedida por las misiones diplomáticas en el exterior. A pesar de los esfuerzos de los funcionarios consulares por determinar las intenciones de los candidatos a visa —en las breves entrevistas que les hacen— ellos siguen quedándose tras el vencimiento de sus visas.

En resumen, esas acciones son fundamentalmente simbólicas ya que las leyes que se han aprobado no están respaldadas por fondos que permitan aplicarlas realmente. La realidad es que el gobierno federal nunca realizará el esfuerzo de arrestar y deportar a esos millones de inmigrantes ilegales.

Una frase favorita entre los políticos de los dos principales partidos es describir nuestro sistema de inmigración como "averiado". No hay nada averiado en este sistema. Las leyes están allí; las autoridades están más que dispuestas y en capacidad de aplicarlas; pero no existe la voluntad de hacerlo. Aparte de aquellos que ingresan a nuestro país con la intención de hacernos daño, la inmensa mayoría de inmigrantes llegan a este país buscando una vida mejor para ellos y sus seres queridos. Mientras los inmigrantes ilegales logren conseguir empleo, los que ya están acá se quedarán y vendrán muchos más.

En su más reciente Discurso sobre el Estado del Estado, el gobernador de Texas, Rick Perry, afirmó que "debemos establecer castigos penales para los patrones que, a sabiendas, contraten empleados que están aquí violando las leyes de inmigración". Sin embargo, el gobernador Perry tan solo presionó por una ley "anti ciudad santuario", que declaró una "emergencia", pero fue incapaz de nombrar una sola ciudad santuario. ¿Qué pasó con los castigos penales que mencionó en su discurso sobre el Estado del Estado? ¿Será posible que algunos de los más generosos apoyos del gobernador Perry y miembros de su partido sean negocios que dependen de la mano de obra extranjera, tales como la construcción, agricultura y los restaurantes?

Por otra parte, la administración Obama incrementó las auditorías a empleadores para garantizar que cumplan con los requisitos de inmigración o reciban penas civiles. Su administración iba en camino de deportar mayor cantidad de ilegales que la administración anterior. Aunque eso puede sonar formidable, sigue sin enfrentar el problema ni hacer mella en la población ilegal de Estados Unidos. Acaso, ¿son acciones simbólicas para mostrar que la administración está aplicando la ley de inmigración y luego espera aprobar algún tipo de reforma amistosa como se prometió durante la última campaña para apaciguar al creciente electorado hispano?

Recientemente se ha llamado la atención sobre acaudaladas mujeres chinas que vuelan a Estados Unidos con la intención de dar a luz en este país y que sus hijos sean ciudadanos estadounidenses. El concepto del "bebé ancla" también se ha convertido en un tema muy controvertido. Nuestra Constitución garantiza la ciudadanía a cualquier nacido en el país exceptuando tan solo algunos casos de estatus diplomático. ¿Se debe permitir esta práctica? Como mencioné anteriormente, Filipinas ni siquiera reconoce como ciudadanos a los niños vietnamitas nacidos en sus campos de refugiados. Muchos mexicanos, especialmente cerca a la frontera, han querido mantener su ciudadanía mexicana pero tener también la ciudadanía estadounidense para sus hijos. De hecho, la doble ciudadanía ya ha sido reconocida por México.

No estoy de acuerdo con quienes viajan a nuestro país con este propósito específico, pero somos un país con leyes y nuestra Constitución garantiza ese derecho. A menos de que la Constitución sea enmendada, los "bebés ancla" seguirán siendo ciudadanos estadounidenses.

Solo como dato informativo, un niño no puede elevar una petición solicitando que sus padres se conviertan en residentes legales antes de cumplir los veintiún años, así que tener un hijo acá no da ningún estatus a los padres. Durante algún tiempo ya, varios miembros del Congreso y la actual administración han apoyado el Dream Act (Ley de fomento para el progreso, alivio y educación para menores extranjeros). Esa ley permitiría a los niños traídos ilegalmente al país cuando pequeños y criados y educados acá, legalizar su estatus cuando terminan su educación e, incluso, ingresar a las fuerzas armadas. Tras un periodo de tiempo, su estatus llegaría a ser el de residente permanente y, eventualmente, después de muchos años, podrían obtener la ciudadanía.

Uno de los argumentos de los defensores de los inmigrantes es que esos niños llegaron aquí a causa de otros, sin intención propia, se han asimilado en nuestra sociedad, han recibido una educación y tienen mucho que ofrecer al país. Argumentos todos muy razonables, pero no estoy totalmente de acuerdo en que debamos premiar a quienes violaron la ley viniendo a nuestro país, incluso si eran menores. También soy consciente de que debemos usar el sentido común y ser razonables.

Los cálculos actuales dicen que hay dos millones de personas en esa categoría. ¿Serán deportados si no se les permite trabajar? La respuesta es no. Entonces, ¿cuál es la respuesta? ¿Los dejamos en la sombra, donde no puedan aprovechar la educación y entrenamiento que recibieron acá ni contribuir positivamente a nuestras comunidades? Debemos encontrar una solución y sé que, finalmente, lo haremos. Dejemos de utilizar el comodín de "cuando nuestras fronteras sean seguras" para aplazar el tema.

Según un artículo de febrero de 2011 en *Los Angeles Times*, una oleada de inmigrantes de India dejó perplejos a los oficiales de fronteras en Texas. El artículo declara que "miles de inmigrantes de India han ingresado ilegalmente a Estados Unidos en el último año por el extremo sur de Texas, son parte de una misteriosa y creciente línea de contrabando humano que ha dado origen a investigaciones". Yo conocí esa línea de contrabando muy bien, habiéndome infiltrado en ella en el corazón de Suramérica y establecido los principios para juzgar a los principales criminales de la organización. Fue un excitante reto lleno de intriga, engaños y subterfugios en nuestras filas pero, al final, tuvo éxito. Pero esa historia la contaré en otra oportunidad.

Las soluciones fáciles a nuestros problemas de inmigración merecen un debate razonable. Nuestra época exige la mayor vigilancia en nuestras fronteras y en nuestros consulados que expiden visas. La dedicación de los hombres y mujeres a los que confiamos nuestra seguridad nacional nunca será exagerada. No existen respuestas fáciles.

Agradecimientos

Si pudiera, nombraría y agradecería a todos los amigos, familiares y colegas que creyeron en mí y tuvieron un papel decisivo en mi éxito y en hacer realidad este libro. A aquellos a los que no nombre en mis agradecimientos, les pido excusas pero sepan que los llevo en el corazón.

No podría comenzar a agradecer sin primero expresar mi amor y admiración por mi madre: Esperanza Acosta. Si todos en Estados Unidos tuvieran su ética de trabajo y su actitud de "nunca te des por vencido", seríamos una nación aun más grande. Ella no era perfecta, pero de ella aprendí que podía lograr cualquier cosa que me propusiera. Agradezco a mi padre, Salvador Acosta, por su fe en mí y su apoyo a pesar de los escasos recursos y oportunidades con que contábamos y a Jesús "Chuy" Prieto, un honorable y gran trabajador a quien tengo el orgullo de llamar mi suegro.

Mis maestros de la infancia, Lucia Rede Madrid y

Agradecimientos

Edmundo Madrid, quienes me inculcaron el valor de la lectura. Gracias a ellos, aprendí sobre la grandeza de nuestro país y adquirí el deseo de viajar por el mundo. Me siento orgulloso al decir que seguí sus consejos. Tengo que agradecer a mi gran amigo Marcelo Marini, periodista y uno de los pioneros de la televisíon hispana en Houston y dedicado servidor de nuestra comunidad, por escuchar mis historias y animarme a escribirlas. Mi gran aprecio para Irma Diaz-Gonzalez por su apoyo y liderazgo, así como a Jacob Monty, Eddie Seng, Abelardo Matamoros, Abel Sánchez, Ghulam Bombaywala y Terry Shaikh. Mi gratitud para Renzo Heredia de Univisión Radio y Grace Olivares por su apoyo y fe en el servicio comunitario. El Doctor Adán Ríos siempre estará en nuestros corazones por su ayuda en una etapa muy difícil. Gracias a Carol Pereyra Mckinney y José Pereyra por leer pacientemente mis capítulos y acogernos en sus hogares. No tengo suficientes palabras para agradecer a Carol sus muchas horas de trabajo ayudándome con mi primera propuesta y por presentarme a un gran agente literario. Mi sincero aprecio para Alice Peck y David Marion Wilkinson, grandes escritores y creyentes, que fueron de vital importancia para que mi proyecto comenzara.

Estoy orgulloso de haber pertenecido al Servicio de Inmigración y Naturalización de Estados Unidos, una gran organización que nunca ha recibido el apoyo apropiado, los recursos o alcance, debido a una falta de voluntad política para hacer nuestros trabajos a conciencia. No obstante, puedo decir sin dudarlo, que nuestra agencia era insuperable en la protección de nuestra nación debido a los muchos profesionales comprometidos que servían con orgullo en ella. Espero que estos casos e historias de éxitos den una idea de la dedicación e inmensos logros de nuestra agencia, aun sin contar con los recursos apropiados. Creemos en nuestra misión.

Ted Giorgetti, en Chicago, fue un gran líder que me influenció inmensamente. Gracias a Brian Perryman por insistir en que me convirtiera en un oficial profesional de amplio espectro, no solo en agente clandestino. No tengo duda de que tu sabio consejo tuvo un papel fundamental en que llegara a una posición cumbre como oficial. Nunca podré agradecer suficientemente a Roland Chase por creer en mí y tomarme bajo su ala para atrapar al mayor y mejor falsificador que nuestra agencia había arrestado mientras yo estaba en entrenamiento, y luego trabajar conmigo para manejar una de las mayores operaciones de falsificación en Chicago.

Fue maravilloso para mí tener al Oficial de Policía Greg Courchene y a su esposa Shirley de vecinos en nuestra primera casa en Chicago. Les debo mucho por cuidar de mi joven familia cuando me encontraba de viaje y en operaciones clandestinas. Fueron un faro para nosotros y los admiramos a ellos y su maravillosa familia.

Agradezco a Arthur L. Nieto, un gran amigo por su apoyo, siempre dispuesto a salir sin importar la hora o a dónde nos dirigíamos. A Mariela Melero por su liderazgo y dedicación para hacer de nuestra agencia la mejor y por ayudarme a ser un mejor miembro de nuestra comunidad.

Atribuyo mucho de mi éxito a los muchos buenos agentes que creyeron en mí y trabajaron incansablemente en estas misiones. Un agradecimiento especial al Agente Especial Gilbert Wise, mi compañero en dos gigantescos casos de contrabando humano. Descanse en paz. Un recuerdo para Dionisio "Dennis" Lopez, un auténtico y original "gurú" de las electrónicas que logro mucho con muy poco y a Jerry Goodman, un extraordinario líder que no tenía miedo enfrentar los grandes casos. David Garcia, Manny Perez y David Ramirez y Carlos Archuleta fueron gran oficiales. Les doy gracias igual que a Alfonso Pineda, mi Oficial Asistente a Cargo en Monterrey, México, y Ben Aguirre, jefe de nuestra oficina en Ciudad Juárez. Jorge Eisermann, jefe de nuestra oficina en Guatemala, fue un oficial excepcional y dedicado, al igual que Salvador Briseño y Manny Flores, jefes de nuestras oficinas en Quito y Panamá, respectivamente. Eddie Sotomayor y Abraham Lugo eran excelentes representantes de nuestra agencia en El Salvador. Estoy en deuda con tres Investigadores del Servicio Extranjero: Jorge Garibay, Mauro Huerta y Ricardo Reyes. Un agradecimiento muy especial para Amalia Delgado, orgullosa ciudadana de los Estados Unidos de America cuya historia debe ser conocida y una gran injusticia corregida.

Tuve la fortuna de trabajar con Dan Solís cuando encabezaba el Distrito de Bangkok, así como aprender y contar con el excelente apoyo de Greg B. Smith. Susan Vásquez fue una maravillosa y valiente compañera de trabajo clandestino y le agradezco esas cualidades y su dedicación. Patrick Comey fue un excelente compañero en el que podía confiar y me enorgullece llamarlo mi amigo, al igual que a Warren Lewis, nuestro Director del Distrito de Washington D.C., quien tuvo un papel decisivo en ayudarme a establecer procedimientos para juzgar a criminales que operaban fuera de nuestras fronteras. Carlos Salazar, Marc Sanders, Luis Massad y Carlos Archuleta fueron oficiales trabajadores cuyo apoyo fue invaluable. ¿Y cómo no agradecerle a Manuel "Manny" Ávila, quien pasó una noche conmigo en una prisión mexicana y a Bert Ávila, que trabajó furiosamente para sacarme de allí vivo?

No puedo agradecer suficientemente a Marianne Kilgannon-Martz por creer siempre en mis proyectos, apoyándolos y luchando por ellos mientras sirvió en la Oficina Principal en Washington D.C. Quienes trabajan en la aplicación de la ley federal saben que no es un trabajo fácil.

A. J. Irwin, sin duda uno de los mejores agentes en las ramas de la ley federal, y uno de mis mejores amigos. Estuve orgulloso de servir con él en uno de los casos más peligrosos que tuvimos en los Estados Unidos, en América Latina y en El Caribe. Mi compadre y gran amigo David Castaneda, un agente dedicado e intrépido con el que tuve la oportunidad de trabajar en algunos de los mejores y más exitosos casos y en honor a quien bautizamos a nuestro hijo menor.

Finalmente, un agente de mis primeros años, que trabajó en tantos casos conmigo a lo largo de los años y cuya amistad valoré durante toda mi carrera y hasta la fecha: es como un hermano para mí, Gary Renick. Gracias compañero.

A mis hermanos y hermanas: aprecio muchísimo nuestra cercanía, los sacrificios, las alegrías y todo lo que hemos vivido juntos. Estoy orgulloso de todos ustedes —Magdalena Hendrix, Minnie Hartnett, Delma Acosta, Alicia Anaya, Teresa Rodríguez, Rebecca Betz, Mary De La Rosa, Fernando Acosta, Abelardo Acosta, Leonardo Acosta, Salvador Acosta, Arturo Acosta y Arnulfo Acosta, que descanse en paz.

Agradezco el gran apoyo de mis cuñados Andy Parsley y su esposa Liz, Jesse Parsley y mis cuñadas Maria del Rosario

Parsley, Betty Cunningham y su esposo Virgle y finalmente a Billie Davis y su esposo Jerry.

Tuve la fortuna de que Lisa Pulitzer, una de las mejores en la industria, me acompañara como co-autora. Le agradezco a ella y a su editora, Martha Smith, su paciencia y por haber escuchado mis historias mientras escribíamos este libro.

Este libro no habría sido posible de no ser por el maravilloso agente literario que tengo —BG Dilworth. Gracias BG por tu fe, apoyo y por nunca darte por vencido. Tú, al igual que yo, practicas el lema de NUNCA ACEPTAR UN NO POR RESPUESTA.

A los hijos más maravillosos que puede tener un padre: Gabriel Acosta y su esposa Verónica Rodríguez, Keith Acosta y su esposa Cindy Cerrillo, Michelle Acosta y su esposo Michael Moore, y mi hijo menor David Acosta, un agente orgulloso y, como su hermano Keith, oficial militar. Estoy muy orgulloso de cada uno de ustedes. Gracias hijos por admirar a tal punto la profesión que escogí que cada uno de ustedes siguió mis pasos. Vivan con seguridad y apliquen las leyes de este gran país. Mi vida no sería completa sin la bendición de tener a los más maravillosos nietos que alguien puede tener: Gabriel Hipólito Acosta II, Talisa Acosta, Kayla Acosta y Mia Acosta Moore. Ustedes llenan a la familia de amor.

Este gran viaje habría sido imposible sin mi mejor amiga, alma gemela y firme compañera cuyo amor atesoro, mi esposa Terrie. Creíste en mí desde nuestra primera cita y tu apoyo en nuestros viajes por el mundo significó más de lo que nunca podrás imaginar. Gracias por presionarme a lo largo de los años para que escribiera este libro, por ser mi primera editora y por leer una y otra vez los capítulos, ayudándome con las fechas y eventos para asegurarnos de que fueran correctos. Admiro tu valor al testificar en dos juicios federales de casos en los que trabajé de clandestino. Has sido una verdadera compañera y lo mejor que puedo decir es: "La amo". Este es nuestro libro.